Selbstverteidigung für Frauen

In memoriam

Während der Arbeit an diesem Buch verstarb
Dr. Heribert Czerwenka-Wenkstetten, 10. Dan,
eine der prägenden Persönlichkeiten im internationalen Jujitsu.
Ihm widmen wir dieses Buch.

Aus Gründen der besseren Lesbarkeit haben wir uns entschlossen, durchgängig die männliche (neutrale) Anredeform zu nutzen, die selbstverständlich die weibliche mit einschließt.

HÖLLER | MALUSCHKA | REINISCH

SELBST VERTEIDIGUNG

FÜR FRAUEN

Meyer & Meyer Verlag

Selbstverteidigung für Frauen

Bibliografische Information der Deutschen Bibliothek

Die Deutsche Bibliothek verzeichnet diese Publikation in der Deutschen Nationalbibliografie; detaillierte bibliografische Details sind im Internet über <http://dnb.ddb.de> abrufbar.

2., überarbeitete Auflage 2016 von „Selbstverteidigung für Frauen und Mädchen"

Auckland, Beirut, Dubai, Hägendorf, Hongkong, Indianapolis, Kairo, Kapstadt, Manila, Maidenhead, Neu-Delhi, Singapur, Sydney, Teheran, Wien

Member of the World Sport Publishers' Association (WSPA)

Gesamtherstellung: Print Consult GmbH, München

ISBN 978-3-8403-7500-2

E-Mail: verlag@m-m-sports.com

www.dersportverlag.de

INHALT

VORWORT

Dieses Buch stellt eine deutsch-österreichische Gemeinschaftsproduktion dar. Von daher erklären sich auch Betrachtungen der rechtlichen Bedingungen und mundartliche Eigenheiten in den geschilderten Erlebnissen. Infolge der Ähnlichkeit der Rechtssysteme treffen die entsprechenden Kernaussagen für Deutschland und Österreich zu.

An dieser Stelle möchten wir unseren Modellen danken, die mit unermüdlichem und für uns manchmal schmerzhaftem Einsatz die Situationen so realtitätsgetreu wie möglich dargestellt haben:

- Gaia Keller (cand. jur. et phil.), 2. Kyu Jujitsu,
- Doris Innermair (dipl. Krankenschwester, Studentin der Pflegewissenschaft), 2. Dan Jujitsu,
- Regina Ney-Wilkens (Dipl. Soz. päd. und Kinder- und Jugendlichen-Psychotherapeutin),
- Norman, das Killerschaf (Auflösung erfolgt im Text).

Darüber hinaus sagen wir ausdrücklich Dank an die zahlreichen Schülerinnen, die mit ihren Erlebnisberichten für realistisches Anschauungsmaterial sorgten. Wir bedauern, dass wir an dieser Stelle nicht alle namentlich nennen können. Ein Dankeschön auch an die Fotografin des Schmuckbildes, Alexandra Runge. Zu danken haben wir last, not least unserem Verein, Shobukai Austria, Zentralinstitut für Jujitsu *(http://www.shobukai.at)*, für die Bereitstellung des Dojos für unsere Fotoaufnahmen.

Wir haben uns bemüht, möglichst geschlechtsneutral zu formulieren, wo es angebracht war. In den Fällen, wo wir dies offensichtlich vergaßen, handelt es sich um das generische Maskulinum, das inhaltlich sowohl Frauen als auch Männer einschließt.

Warum ein neues Buch zur Frauenselbstverteidigung?

Wir haben festgestellt, dass in einem Großteil der bisherigen Literatur zum Thema die Techniken im Vordergrund stehen. Wir möchten mit unserem Buch eine neue Perspektive einbringen. Dabei beleuchten wir ausführlich die Rahmenbedingungen einer Selbstverteidigungssituation. Im praktischen Teil steht die Zielorientierung im Vordergrund, die Techniken sind als Werkzeuge von sekundärer Bedeutung. So werden von uns als Ziele eines Selbstverteidigungskurses der Aufbau psychischer Einstellungen und die Fähigkeit, Lücken beim Angreifer zu sehen und auszunutzen, in den Vordergrund gestellt.

Bei einem Angriff ist nicht der Sieg anzustreben, sondern die Möglichkeit, bestenfalls unbeschadet weglaufen zu können bzw. aus der Situation herauszukommen. In diesem Sinne hoffen wir, dass dieses Buch Frauen hilft, Selbstverteidigungssituationen zu meistern, d. h. einem Angriff unbeeinträchtigt entkommen zu können. Unserer Meinung nach genügt es zur Vorbereitung allerdings nicht, ein Buch zu lesen. Der Besuch eines Kurses oder besser eines längeren Trainings ist Pflicht. In diesem Sinne schrieben wir dieses Buch auch für Trainerinnen und Trainer, die diese Kurse planen und durchführen (möchten).

Sollte letztlich nur eine Frau einen feigen Angriff durch einen Mann parieren können, weil sie unsere Tipps, Hinweise und Anregungen ernst nahm, hat sich das Schreiben dieses Buches schon gelohnt.

Jürgen
Axel
Stefan

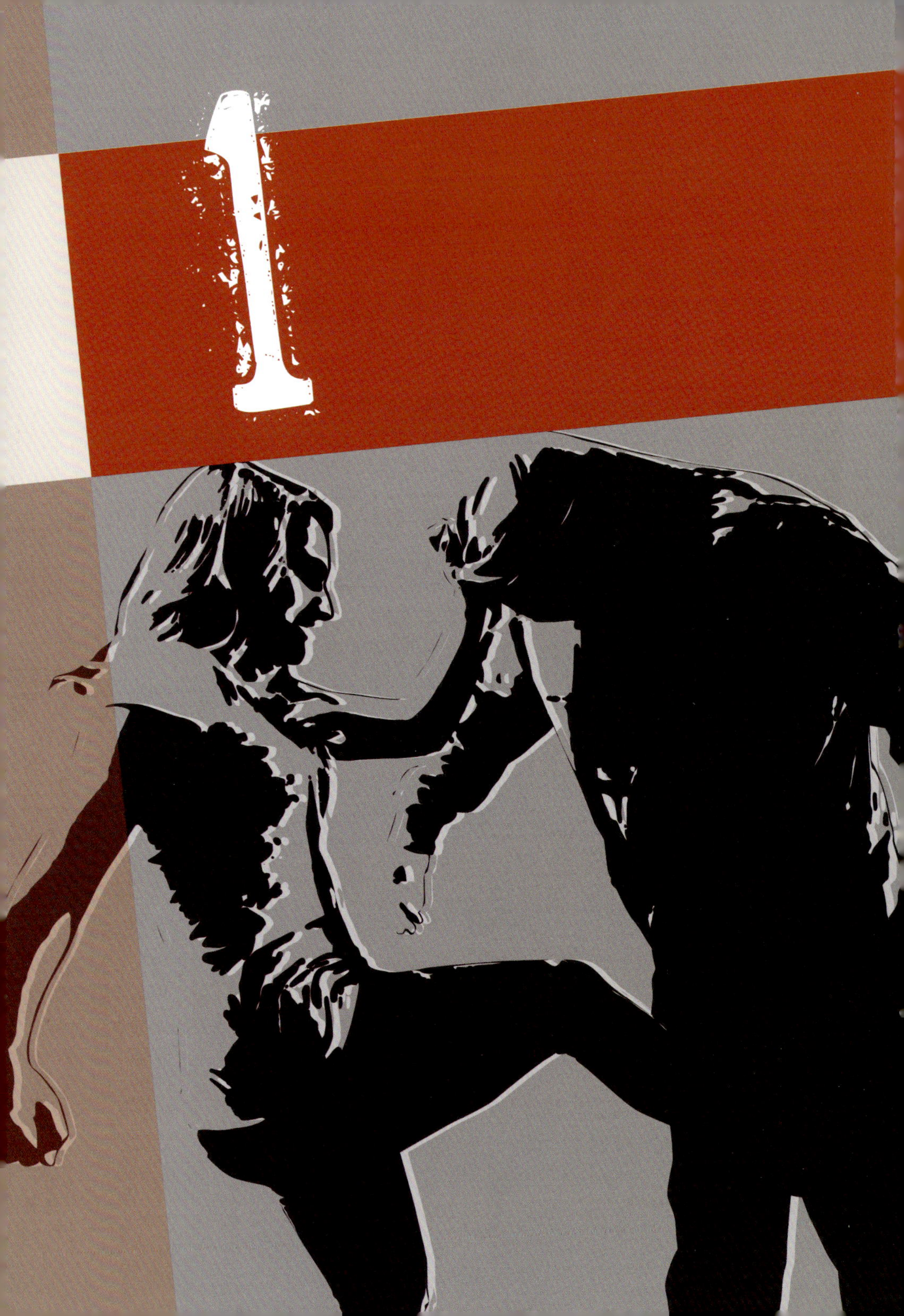
1

DIE RAHMENBEDINGUNGEN EINER SELBSTVERTEIDIGUNGSSITUATION

1 DIE RAHMENBEDINGUNGEN EINER SELBSTVERTEIDIGUNGSSITUATION

Bevor man ein Problem lösen kann, muss zunächst das Problem erkannt und überdacht werden. Wenn man daher Selbstverteidigung als das *Ergreifen von Schutzmaßnahmen bei Gewaltanwendung gegen die eigene Person* versteht, ergibt sich daraus eine Reihe von Fragen, denen wir in den folgenden Kapiteln nachgehen werden.

1.1 GEWALT – EINE DEFINITION

Was ist unter Gewalt zu verstehen?

Dazu hat das „Österreichische Bundesministerium für Gesundheit und Frauen" folgende Definition erstellt[1]:

„Unter ‚Gewalt gegen Frauen' werden alle Handlungen zusammengefasst, die Frauen körperlich, sexuell oder psychisch Schaden zufügen bzw. zufügen können. Darunter fallen auch die Androhung entsprechender Handlungen, Nötigung sowie Freiheitsberaubung. Die Folgen von Gewalt sind psychische und körperliche Schäden und Erkrankungen unterschiedlichster Art. Laut Angaben von Amnesty International haben rund 20 % aller Frauen weltweit körperliche und sexuelle Gewalt erlitten."[2]

1 Vgl. unter www.bmgf.gv.at sowie die Seite www.frauenratgeberin.at

2 Laut Monika Soukup, Gründerin des Vereins „Happy Kids", einem Verein gegen Kindesmissbrauch, sei sogar jedes dritte Mädchen (und jeder siebente Junge) in Österreich schon Opfer eines sexuellen Übergriffs.

Des Weiteren werden verschiedene Formen der Gewalt unterschieden:

A. *„Körperliche Gewalt ist nur eine der Formen von Gewalt, mit denen sich Frauen konfrontiert sehen. Etwa jede fünfte bis zehnte Frau ist von körperlicher Gewalt betroffen. Nach einer Statistik zum Wegweiserecht sind ca. neun von zehn gefährdeten Personen Frauen und 93 % der gefährdenden Personen Männer[3]. Als besonders gefährlich erweist sich die Situation einer Trennung bzw. deren Ankündigung durch die Frau.*

Am häufigsten erleben Frauen Gewalt in ihrer Familie, 90 % aller Gewalttaten werden nach Schätzungen der Polizei in der Familie und im sozialen Nahraum ausgeübt. Die Dunkelziffer bei familiärer Gewalt ist sehr hoch, Forschungsergebnisse weisen jedoch darauf hin, dass jede fünfte Frau bereits Gewalt in einer Beziehung erlebt hat.

Die Täter sind zu mehr als 90 % die eigenen Väter, Onkel, neuen Lebensgefährten der Mütter, Freunde der Eltern oder Nachbarn.

B. *Zur psychischen Gewalt zählen jene Formen von Handlungen, die Angst und Abhängigkeit erzeugen. Durch Drohungen und Einschüchterungen wird das Selbstwertgefühl und die Selbstachtung der betroffenen Frauen so zerstört, dass der Täter gar keine körperliche Gewalt mehr anwenden muss, um seine Macht zu demonstrieren.*

C. *Strukturelle Gewalt äußert sich in ungleichen Macht- und Besitzverhältnissen und ungleichen Lebenschancen. Darunter sind alle Bedingungen, Rollenzuschreibungen und gesellschaftlichen Verhältnisse zu verstehen, die Frauen diskriminieren und ihnen den Zugang zu Ressourcen und Einfluss erschweren oder verunmöglichen.*

D. *Sexuelle Gewalt, Vergewaltigungen und sexuelle Belästigungen am Arbeitsplatz sind keine aggressiven Ausdrucksformen von Sexuali-*

---

3 Nach Berichten von Teilnehmerinnen diverser Kurse an Schulen nimmt aber die Zahl aggressiv und gewalttätig auftretender Mädchen zu.

tät, sondern vielmehr sexueller Ausdruck von Aggression und Gewalt. Sexualität wird hier zu einer Form der Machtausübung und der Unterdrückung."

Zur Lösung des Problemfalls „Gewalt in der Beziehung und/oder Familie" weisen die Autoren auf die jeweiligen speziellen Beratungsstellen hin, auf Grund der speziellen Autoritäts- und Beziehungsverhältnisse kann ein Buch allein dazu nur wenig beitragen.

Die Lösung der unter „C" angeführten Gewaltform liegt natürlich ebenfalls außerhalb der Autorenkompetenz.

Selten ist es bisher vorgekommen, dass Teilnehmerinnen in Selbstverteidigungskursen der Autoren von Gewalt innerhalb der Familie berichtet haben, dafür ist die Hemmschwelle einfach zu groß.

Einige wenige Fälle gab es jedoch, so berichtete ein 17-jähriges Mädchen in dem Moment, als der Kursleiter sie im Rahmen einer Übung unter psychischen Druck setzte, ihren Vater vor sich zu sehen, der sie jahrelang geschlagen habe.

In einem anderen Fall erzählte ein 14-jähriges Mädchen, welches schon in der ersten Stunde durch die leise Bemerkung aufgefallen war, dass „das alles" unter anderen Gegebenheiten nicht funktioniere, im Laufe des Kurses vom in Kürze stattfindenden Prozess gegen ihren Vater, welcher sie missbraucht habe.

1.2 MOTIVE VON GEWALT

Was können die Motive von Gewalt gegen Frauen sein?

Eine Untersuchung von Dr. Gertraud Czerwenka-Wenkstetten[4] teilt Gewalttäter in vier große Gruppen auf:

1. Die „geschlagenen Schläger", die für die Vergangenheit Rache an Gegenwart und Zukunft nehmen.
2. Die „Kurzschluss-Aggressoren", die wenig Spannung aushalten und ihre Aggression den Weg des geringsten Widerstandes gehen lassen.
3. Die Menschen, bei denen Aggression durch hirnorganische Faktoren begünstigt ist (etwa Wegfall der „Beißhemmung" durch ein Schädelhirntrauma).
4. Religiös oder politisch indoktrinierte Fanatiker.

Nach eigenen Erfahrungen wird Gewalt durch die Täter aber oft genug einfach als Mittel zum Zweck eingesetzt, aus materiellen (der klassische „Handtaschenraub") oder sexuellen Motiven (Vergewaltigung) oder aus Freude an Machtgewinn über andere (dazu gehört es schon, wenn „mann" sich in der leeren U-Bahn direkt neben das Mädchen/die Frau setzt und deren ängstliche Reaktion beobachten kann) bzw. eine Mischung aus den beiden letztgenannten Motiven.

Eines der neuesten Gewaltphänomene nennt sich „Happy Slapping" (allein diese Bezeichnung ist schon zynisch und menschenverachtend) und stellt ein neues Bedrohungsszenario dar (angeblich nach Vorbild einer Reality-Fernsehserie). Personen werden ausgewählt, um diese dann meistens ohne

---

4 Vgl. dazu Dr. Heribert Czerwenka-Wenkstetten, „Kanon des Nippon-JuJitsu", Tyrolia-Verlag Innsbruck-Wien, 1993, S. 43.

Vorwarnung zu attackieren. Der Vorfall wird per Videohandy aufgezeichnet und manchmal auch ins Netz gestellt. So z. B.:

1. Der Angreifer nähert sich einer auf einer Bank sitzenden, offensichtlich auf den Bus wartenden Person, schlägt diese hart ins Gesicht und läuft davon.

2. Mehrere Jugendliche machen sich von hinten an eine junge Spaziergängerin heran, einer nimmt Anlauf und springt ihr mit beiden Beinen in den Rücken; sie rappelt sich auf und geht davon.

3. Mehrere Jugendliche umringen einen Jugendlichen, einer schlägt ihn ins Gesicht, ein anderer tritt in Richtung Kopf, er geht zu Boden.

   Beim „Happy Slapping" geht es nicht um materielle Vorteile, vielmehr steht unseres Erachtens der „Kick"/ der „Ruhm" im Vordergrund. Dieser ist für den Normalverbraucher in der vorliegenden Form nicht nachvollziehbar, rationale Erklärungsversuche sind daher eher sinnlos. Die Kosten-Nutzen-Analyse dürfte eher in den Hintergrund treten bzw. das Risiko ist vielleicht sogar Teil des „Kicks" (Je mehr Publikum, je stärker das Opfer, desto größer der Kick?).

1.3 SINN DER GEGENWEHR

Der Gewalttäter wird in der Regel stärker/größer/schwerer sein. Soll man sich daher im Fall des Falles wehren oder die Gewalt über sich ergehen lassen?

Viele Mädchen und Frauen fragen sich, ob eine Verteidigung gegen einen gewaltsamen Angriff eines Mannes überhaupt sinnvoll sei. Gerade in den Selbstverteidigungskursen kommt von Mädchen häufig der Einwand, Gegenwehr bringe nichts, weil Männer sowieso stärker seien und nur noch aggressiver werden würden.

Dem können wir eindeutig widersprechen. Gegenwehr ist sinnvoll!

In Selbstverteidigungskursen sollte auch der Leiter/die Leiterin entsprechend argumentieren. Wir wollen an dieser Stelle eine Begründung und ein wenig Argumentationshilfe liefern.

Oft denken sich – gerade jüngere Mädchen – absolute Horrorszenarien aus (mehrere Angreifer, keiner unter 2 m, mit mindestens 120 kg, das Opfer wehrlos ans Bett gefesselt). Oftmalige Schlussfolgerung: Sie als Mädchen hätten sowieso niemals eine Chance gegen einen Mann, daher bringe Gegenwehr nichts. Das ist ein gefährlicher Trugschluss: Dies wäre nämlich so, als würden wir bei einem Hausbau mit dem Dach beginnen. Ein Ziel für uns muss darin bestehen, den Mädchen und Frauen begreiflich zu machen, dass Selbstverteidigung bzw. Selbstbehauptung bei (leider) ganz alltäglichen Situationen beginnt.

Zwar gibt es keine Erfolgsgarantie, aber schon Bert Brecht hat erkannt:

„Wer kämpft, kann verlieren. Wer nicht kämpft, hat schon verloren".

Welche Kräfte jemand – auch bei Vorliegen des oben angeführten „Horrorszenarios" – entwickeln kann, wenn es für ihn (oder sie) quasi ums Ganze geht, lieferten in Österreich die TV-Kameras im Januar 2004 quasi frei Haus: Im Zuge eines Sorgerechtsstreits sollte ein Achtjähriger in Großgmain

(Salzburg) durch zwei Gerichtsvollzieher von seinem Vater weggebracht und in deren Auto verfrachtet werden. Die Fernsehbilder zeigten, wie der Junge schrie, kratzte, trat, schlug und biss. Für ihn ging es offensichtlich um sein Leben. Er konnte auch nach mehreren Versuchen nicht auf den Rücksitz des Wagens gebracht werden. Letztlich brach die von den Gerichtsvollziehern zu Hilfe gerufene Polizei (!) die Aktion ab.

Ein Blick in die Polizeistatistk untermauert die These, dass Gegenwehr Sinn macht[5]: Im Zeitraum 1991-1994 wurden von der Polizei Hannover (Kriminalhauptkommissarin Susanne Paul) 522 Fälle von Sexualstraftaten gesammelt und ausgewertet und der Zusammenhang von Gegenwehrverhalten in den Stufen „keine Gegenwehr", „leichte Gegenwehr" und „massive Gegenwehr" mit dem Abbruch der Tat verglichen. Abbruch der Tat bedeutet hier bei Vergewaltigung „Abbruch vor Penetration". Bei sexueller Nötigung „Abbruch vor oder während sexueller Handlungen".

Das Ergebnis dieser Langzeitstudie belegt ohne jeden Zweifel, dass bei massiver Gegenwehr durch die Frau oder das Mädchen gute Chancen bestehen, dass der Täter die beabsichtigte Tat nicht zu Ende führt: In rund 85 % der Fälle führte die massive Gegenwehr der Frauen/Mädchen zum Abbruch der Tat. Als massive Gegenwehr wurde Treten, Schlagen, lautes Schreien, Beißen und An-den-Haaren-Ziehen gewertet.

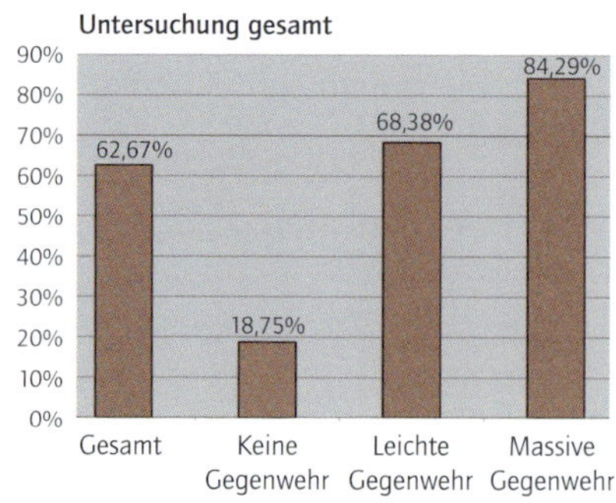

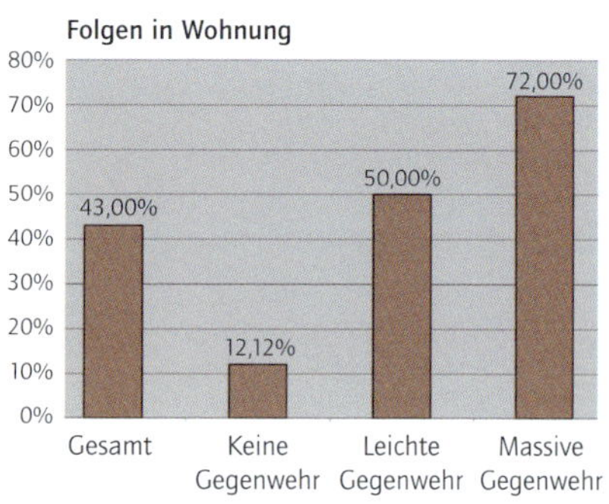

5 Homepage von Frank Plewka zum Thema „Selbstbehauptung/Selbstverteidigung". Zugriff am 21. Oktober 2006 unter www.plew.de/sbk/statistik.htm

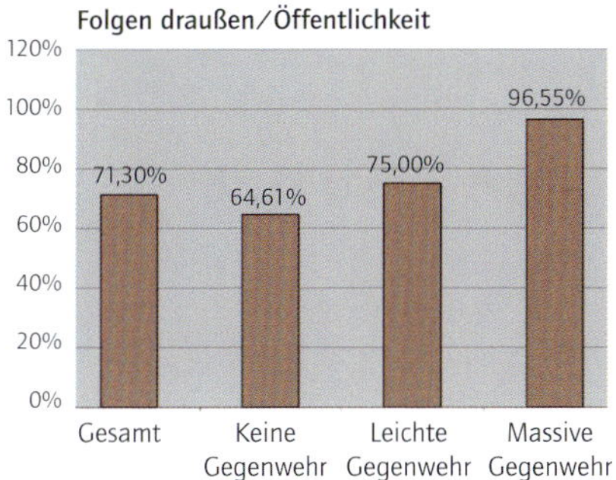

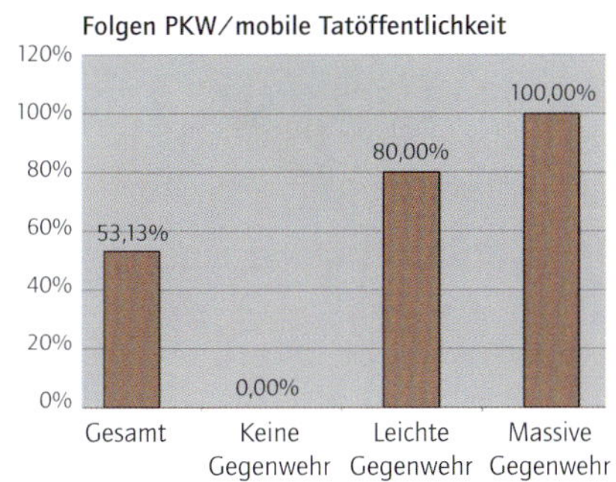

Nur eine einzige Frau war Kampfsportlerin und setzte entsprechende Techniken ein.

Schließlich möchten wir noch daran erinnern, dass im Falle einer vollendeten Vergewaltigung nicht nur eine ungewollte Schwangerschaft oder die Infektion mit Geschlechtskrankheiten bis hin zu HIV wahrscheinlich ist. Darüber hinaus ist es auch möglich, dass der Täter nach der Tat nicht riskieren kann, vom Opfer angezeigt zu werden, weshalb aus der Vergewaltigung ein Mord resultieren kann. Was aber ist mit dem restlichen Fünftel, das sich vergeblich gewehrt hat? Immerhin stehen dort die Chancen – verglichen mit passiven Opfern – besser, dass sich die Betroffene psychisch rascher erholen wird. Die Frau wird sich nie die quälende Frage stellen müssen: „Wäre es so weit gekommen, wenn ich mich gewehrt hätte?"

Also, liebe Frauen:
Wehrt euch!

1.4 MORALISCHE BEDENKEN

Ist es moralisch zu rechtfertigen, einem anderen u. U. Verletzungen zuzufügen?

„Wer gütig ist zu seinem Feind, ist grausam zu sich selbst." (Leung, 1996)

Oft werden Täter durch das nachgiebige Verhalten der Opfer in ihrer Haltung bestärkt, schließlich funktioniert ihre Strategie offenbar. Zu bedenken ist allerdings, dass das Opfer dadurch bis zu einem gewissen Maße gewissermaßen mit verantwortlich an den folgenden Taten des Täters ist (und wenn es nur um das „Begrapschen" in der U-Bahn geht).

Dazu wieder ein Zitat aus dem „Kanon des Nippon-JuJitsu", S. 42:

„Die Botschaft aus dem Neuen Testament, der Geschlagene möge dem Angreifer auch die zweite Wange hinhalten, ist eine Aussage, die aus der Sicht des modernen Terrorismus ihre Bedeutung verloren hat. Duldung von Gewalt ist immer wieder Verstärkung der Motivation des Angreifers. Jede ‚gestattete' Gewalt löst beim Aggressor eine Eskalation aus. Erfahrungen aus tausenden von Familientherapien ergeben den Tatbestand, daß nicht erwiderte Gewalt oder Gewalt, die uferlos aktiv werden kann, die Opferrolle fixiert und verstärkt. Dann wird von Mal zu Mal das Entkommen aus der Position des Verfolgten immer schwerer."

Fazit: Moralische Bedenken, einen Angreifer womöglich zu verletzen, haben in einer Selbstverteidigungssituation nichts zu suchen. Es ist schon ein besonders dreister Feigling, der nach einem erfolgten Angriff auf ein Mädchen oder eine Frau – überrascht, geschlagen und sicher gedemütigt ob des erfolgreichen Konters – den moralischen Zeigefinger hebt und sich beschwert, dass er verletzt wurde.

Da allerdings gesunder Menschenverstand und Rechtssprechung in vielen Gesellschaften nicht immer übereinstimmen, widmen wir uns im nächsten Kapitel kurz den rechtlichen Rahmenbedingungen.

1.5 JURISTISCHE AUSFÜHRUNGEN

Ist es juristisch zu rechtfertigen, einem anderen u. U. Verletzungen zuzufügen?

Die juristischen Aspekte des Themas „Gewalt gegen Frauen und Mädchen" betreffen nicht nur das Strafrecht, sondern werden auch an vielen anderen „Nebenschauplätzen" behandelt (z. B. hinsichtlich allfälliger Schadenersatzansprüche). Dies ist in jeder nationalen Rechtsordnung der Fall, jedoch wird es von Staat zu Staat Unterschiede geben. Die folgenden Ausführungen betreffen die Rechtslage in Österreich und Deutschland[6], verschaffen aber vielleicht auch Anhaltspunkte für Betroffene in anderen Staaten.

Da unser Zielpublikum Mädchen und Frauen sind, beginnen wir notwendigerweise mit einem Einblick in die Sexualdelikte.

1.5.1 RECHTSLAGE IN ÖSTERREICH

In Österreich sind die Sexualdelikte im Strafgesetzbuch (StGB) unter „Strafbare Handlungen gegen die sexuelle Integrität und Selbstbestimmung" geregelt.

6 Die Ausführungen beschränken sich dabei auf eine oberflächliche und verkürzte Darstellung der geltenden Rechtslage in Österreich und Deutschland. Für die Richtigkeit und Vollständigkeit kann keinerlei Haftung übernommen werden. Es liegt in der Verantwortung jedes Einzelnen, sich über die geltenden Gesetze zu informieren! Für D: http://dejure.org/gesetze/StGB; für Ö: http://ris.bka.gv.at/bundesrecht/

Exemplarisch fallen darunter Vergewaltigung (auch innerhalb der Ehe), geschlechtliche Nötigung, sexueller Missbrauch einer wehrlosen oder psychisch beeinträchtigten Person, sexueller Missbrauch von Unmündigen, pornografische Darstellung Minderjähriger, sittliche Gefährdung von Personen unter 16 Jahren, Blutschande, Missbrauch eines Autoritätsverhältnisses, Zuführen zur Prostitution, Förderung der Prostitution und pornografischer Darbietungen Minderjähriger sowie sexuelle Belästigung und öffentliche geschlechtliche Handlungen etc.

Wer immer von einer strafbaren Handlung Kenntnis erlangt, ist berechtigt, **Anzeige** zu erstatten, aber grundsätzlich nicht dazu verpflichtet. Anzeige sollte am besten bei der nächstgelegenen Polizei- oder Gendarmeriedienststelle erstattet werden.

Sicherheitsbehörden sind verpflichtet, von jeder Straftat, von der sie Kenntnis erlangen, eine Anzeige aufzunehmen.

Für **sonstige Behörden oder Dienststellen** (z. B. Jugendamt, Lehrer/innen) gilt, dass keine Anzeige erstattet werden muss, wenn die Anzeige das persönliche Vertrauensverhältnis beeinträchtigen würde, das für die Ausübung der amtlichen Tätigkeit notwendig ist. Es muss aber immer der Schutz der Betroffenen im Vordergrund stehen.

Auch **Ärzte** sind grundsätzlich zur Anzeige verpflichtet; diese kann bei minderjährigen Patienten unterbleiben, wenn die Einbeziehung einer Kinderschutzeinrichtung dem Wohl des Kindes zuträglicher erscheint.

Damit bei den Einvernahmen durch Polizei und Gericht und bei der Gerichtsverhandlung die Belastung für die Betroffenen verringert wird, wurden einige gesetzliche Maßnahmen vorgesehen:

- Einvernahme durch eine Kriminalbeamtin,
- Anwesenheit einer Vertrauensperson,
- schonende Einvernahme z. B. mittels Videogerät,
- Ausschluss der Öffentlichkeit,

- Schutz der Identität der Frau sowie
- Fragen zum höchstpersönlichen Lebensbereich (z. B. über das sexuelle Vorleben) dürfen nur in Ausnahmefällen (wenn dies nach den besonderen Umständen unumgänglich erscheint) gestellt werden.

Damit es aber gar nicht erst so weit kommt, kann nur jeder Frau/jedem Mädchen dringend empfohlen werden, sich gegen Gewalt zur Wehr zu setzen. Wie sich noch zeigen wird, kann entschlossene Gegenwehr beim Angreifer jedoch Verletzungen, schwere Verletzungen, ja sogar den Tod verursachen.

Jemand anderen zu verletzen oder gar zu töten, wird in einer zivilisierten Gesellschaft als nicht akzeptabel angesehen und wird vom Staat daher sanktioniert. Es gibt jedoch Ausnahmesituationen, in welchen es zwar zu einem Verfahren, bei Vorliegen bestimmter Voraussetzungen jedoch nicht zur Verurteilung kommt.

Wir bewegen uns nunmehr im Bereich der Notwehr.

In Österreich ist diese geregelt in § 3 StGB (Strafgesetzbuch):

Abs. 1: Nicht rechtswidrig handelt, wer sich nur der Verteidigung bedient, die notwendig ist, um einen gegenwärtigen oder unmittelbar drohenden rechtswidrigen Angriff auf Leben, Gesundheit, körperliche Unversehrtheit, Freiheit oder Vermögen von sich oder einem anderen abzuwehren. Die Handlung ist jedoch nicht gerechtfertigt, wenn es offensichtlich ist, daß dem Angegriffenen bloß ein geringer Nachteil droht und die Verteidigung, insbesondere wegen der Schwere der zur Abwehr nötigen Beeinträchtigung, unangemessen ist (sog. Unfugabwehr).

Abs. 2: Wer das gerechtfertigte Maß der Verteidigung überschreitet oder sich einer offensichtlich unangemessenen Verteidigung (Abs. 1) bedient, ist, wenn dies lediglich aus Bestürzung, Furcht oder Schrecken (asthenischer

Affekt) geschieht, nur strafbar, wenn die Überschreitung auf Fahrlässigkeit beruht und die fahrlässige Handlung mit Strafe bedroht ist.

Ob Notwehr zur eigenen Verteidigung oder zur Verteidigung eines anderen geübt wird (sog. Nothilfe), ist rechtlich völlig gleichgültig.

Die Voraussetzungen der Notwehr im Einzelnen

a) Gegenwärtiger oder unmittelbar drohender Angriff

Angriff ist stets ein menschliches Verhalten, wobei es gleichgültig ist, ob der „Angreifer" vorsätzlich oder fahrlässig handelt, ob ihm also bewusst ist, dass er einen Angriff setzt. Auch ist es irrelevant, ob der Angreifer wegen der Tat bestraft oder behördlich verfolgt werden kann oder wird (z. B. unterliegen Diplomaten nicht der österreichischen Gerichtsbarkeit und Unzurechnungsfähige werden nicht bestraft; auch gegen Unzurechnungsfähige ist Notwehr daher zulässig – betreffend Kinder und Geisteskranke vgl. jedoch die Ausführungen weiter unten).

Gegenwärtig oder unmittelbar drohend bedeutet eine enge räumliche und zeitliche Nähe. Es muss noch kein Angriff vorliegen, jedoch muss eine Situation bestehen, die einen solchen unmittelbar erwarten lässt. Der OGH (Oberster Gerichtshof) definiert folgendermaßen:

„Der zur Notwehr berechtigende rechtswidrige Angriff braucht nicht bereits im Gange (gegenwärtig) sein, es genügt, daß er unmittelbar bevorsteht (unmittelbar droht): Dies ist dann der Fall, wenn Gegenwehr bereits sachlich geboten ist, die Gefahr und damit die Notwendigkeit einer abwehrenden Reaktion sohin bereits eindeutig geworden sind. Dieses Stadium kann bereits während der Vorbereitung des Angriffs erreicht sein; Notwehr ist daher schon (aber auch erst) zulässig, wenn das gegnerische Verhalten zwar noch keine Rechtsverletzung darstellt, aber unmittelbar in eine solche umschlagen kann[7]."

Das heißt konkret für uns, dass die Frau/das Mädchen nicht warten muss, bis sie der Angreifer in einer Umklammerung gefangen hat, aus der es kein Entrinnen mehr gibt! Ist die Situation eindeutig auf Grund der bisherigen Geschehnisse und der Umstände, kann die Frau/das Mädchen von sich aus tätig werden!

Ist ein Angriff völlig abgeschlossen, so ist Notwehr nicht mehr möglich. Ausschlaggebend ist, ob die Angriffshandlungen abgeschlossen sind, z. B.: Der Angreifer gibt den Angriff selbst auf oder er ist bezwungen oder der Angriff ist sonst misslungen.

b) Notwehrfähige Rechtsgüter

sind streng nach § 3 StGB nur **Leben, Gesundheit, körperliche Unversehrtheit, Freiheit und Vermögen.** Die Ehre oder der eheliche Frieden gehört nicht dazu. (Der Freund oder Ehemann, der seine Gefährtin in flagranti erwischt und einen oder beide verprügelt, ist nicht durch Notwehr gerechtfertigt!)

Wie sieht es jedoch mit der **sexuellen Integrität** aus, um die es immer wieder in Schilderungen vieler Frauen und Mädchen geht: Belästigungen in öffentlichen Verkehrsmitteln oder auf der Straße (vgl. dazu die zahlreichen Erfahrungsberichte)?

Diese ist nicht explizit unter den notwehrfähigen Rechtsgütern zu finden, jedoch gibt es seit kurzem folgenden Paragrafen, der genau diesen Bereich abdeckt:

---

7 OGH vom 6.9.1989, GZ 14Os94/89, zu finden unter http://ris.bka.gv.at.jus/

c) § 218 StGB: Sexuelle Belästigung und öffentliche geschlechtliche Handlungen

1. „Wer eine Person durch eine geschlechtliche Handlung
   1. an ihr oder
   2. vor ihr unter Umständen, unter denen dies geeignet ist, berechtigtes Ärgernis zu erregen, belästigt, ist, wenn die Tat nicht nach einer anderen Bestimmung mit strengerer Strafe bedroht ist, mit Freiheitsstrafe bis zu 6 Monaten oder mit Geldstrafe bis zu 360 Tagessätzen zu bestrafen.
2. Ebenso ist zu bestrafen, wer öffentlich und unter Umständen, unter denen sein Verhalten geeignet ist, durch unmittelbare Wahrnehmung berechtigtes Ärgernis zu erregen, eine geschlechtliche Handlung vornimmt.
3. Im Falle des Abs. 1 ist der Täter nur auf Verlangen der belästigten Person zu verfolgen."

Nach Ansicht eines befreundeten Staatsanwalts ist daher auch die sexuelle Selbstbestimmung notwehrfähig, d. h. auch der „Griff an den fremden Po" ist nicht nur strafbar, sondern muss vom Opfer auch nicht tatenlos hingenommen werden.

Ein bekannter Oberstaatsanwalt bestätigt diese Ansicht und führt weiter aus, sollte ein Mädchen einem Belästiger einen Stoß versetzen und dieser so unglücklich fallen, dass er schwer verletzt würde, würde er den Fall nicht weiter verfolgen (vorausgesetzt natürlich, das Mädchen hat den Belästiger nicht vorsätzlich vor die U-Bahn gestoßen).

d) Notwendige Verteidigung

Es dürfen alle Mittel eingesetzt werden, dass der Angriff verlässlich, d. h. sofort und endgültig abgewehrt werden kann. Das heißt jedoch nicht, dass wir quasi mit Kanonen auf Spatzen schießen dürfen. Das Maß der zulässigen Verteidigung richtet sich nach der Art, der Wucht und der Intensität des Angriffs sowie nach den zur Abwehr zur Verfügung stehenden Mitteln. Der Angegriffene hat dabei unter mehreren Alternativen das den Angreifer am wenigsten gefährdende Mittel zu wählen. Die Anwendung einer den Angreifer mehr als notwendig schädigenden Technik ist Notwehrüberschreitung, nicht gerechtfertigt und daher grundsätzlich strafbar **(in der Stresssituation eines Angriffs werden vom Angegriffenen allerdings keine besonders diffizilen Abwägungen verlangt, so die Rechtsprechung des OGH).**

Es kann nach den Gegebenheiten daher durchaus angemessen sein, einen mit den Händen ausgeführten Angriff eines physisch überlegenen Gegners mit Waffengebrauch abzuwehren.

Es besteht keine Verpflichtung, einem Angreifer, so weit dies möglich ist, auszuweichen, denn Notwehr bedeutet Gegenwehr und nicht Verzicht auf Gegenwehr; genauso wenig besteht eine Pflicht, Situationen zu vermeiden, in denen die Gefahr eines rechtswidrigen Angriffs besteht (also bestimmte Bezirke nachts zu meiden oder Lokale nicht aufzusuchen, wo es bekanntermaßen leicht zu Schlägereien kommt oder den Kontakt mit Personen zu vermeiden, die einem schlecht gesonnen sind). Der Grundsatz des Gesetzes ist also: „Das Recht muss dem Unrecht nicht weichen"; trotzdem soll aus praktischen ethischen Gründen an den alten Budogrundsatz „Der Weise sucht die Stätte des Kampfs nicht auf" erinnert werden. Die beste Möglichkeit, einer Konfliktsituation zu entgehen, ist, eine solche in ihrer Entstehung zu erkennen und gar nicht erst aufkommen zu lassen.

Eine Ausweichpflicht besteht nur hinsichtlich folgender Personen: Kinder, Unreife und Geisteskranke, da diese unter dem besonderen Schutz der Gesetze stehen. Hingegen ist Notwehr gegen Angriffe Betrunkener und Personen, die unter dem Einfluss von Drogen stehen, in vollem Umfang zulässig, da diese oft gefährlicher sind als ein nüchterner Angreifer (reduzierte Schmerzempfindlichkeit!).

e) Notwehrexzess (Notwehrüberschreitung)

Ein Notwehrexzess liegt vor, wenn das Maß der durch die konkrete Situation gerechtfertigten Verteidigung überschritten wird (ein Herzstich mit einem Fixiermesser steht im krassen Gegensatz zum Griff ans Gesäß).

Ob ein Notwehrexzess vorliegt, ist laut dem OGH (ex ante) aus der dem Täter möglichen Perspektive zu beurteilen.

Die Folgen einer Notwehrüberschreitung richten sich nach den Gründen, die dazu geführt haben. Bei Notwehrüberschreitung ausschließlich aus **Bestürzung, Furcht oder Schrecken** kommt es nur zur Verantwortung wegen einer Fahrlässigkeitstat. Führt beispielsweise der Notwehrexzess aus Furcht zum Tod des Angreifers, so ist der Notwehr Ausübende wegen fahrlässiger Tötung zu bestrafen.

Bei Notwehrexzess aus **Zorn, Rache etc.** bleibt der Täter wegen der Vorsatztat, d. h. wegen Mordes, strafbar.

f) Irrtümliche Annahme eines rechtfertigenden Sachverhaltes (Putativnotwehr)

Wie sieht es aus, wenn eine Frau von einem Mann im dunklen Park angesprochen wird, sie glaubt an einen Überfall und verletzt ihn schwer, in Wirklichkeit wollte er nur die Uhrzeit wissen?

§ 8 StGB hat auch diesen Fall (natürlich abstrakt) geregelt:

Wäre dieser Irrtum auch einem Durchschnittsmenschen passiert und wäre die „Verteidigungshandlung" einem Überfall angemessen gewesen, so bleibt das „Überfallopfer" straflos.

1.5.2 RECHTSLAGE IN DEUTSCHLAND[8]

In **Deutschland** finden sich im Strafgesetzbuch (StGB) unter „Straftaten gegen die sexuelle Selbstbestimmung" ganz ähnliche Delikte wie in Österreich, so z. B. sexueller Missbrauch von Schutzbefohlenen, sexueller Missbrauch von Kindern, sexuelle Nötigung bzw. Vergewaltigung, sexueller Missbrauch von Jugendlichen, exhibitionistische Handlungen, Erregung öffentlichen Ärgernisses, Ausübung der verbotenen Prostitution, Verbreitung pornografischer Schriften etc.

Die Notwehr ist geregelt in § 32 StGB:

1. Wer eine Tat begeht, die durch Notwehr geboten ist, handelt nicht rechtswidrig.
2. Notwehr ist die Verteidigung, die erforderlich ist, um einen gegenwärtigen rechtswidrigen Angriff von sich oder einem anderen abzuwenden.

Richtet sich die Verteidigung gegen Dritte, so spricht man von Nothilfe.

Die Voraussetzungen der Notwehr im Einzelnen

a) Gegenwärtiger oder unmittelbar drohender Angriff

Ein Angriff ist **gegenwärtig**, sobald diese Bedrohung unmittelbar bevorsteht, gerade stattfindet oder noch andauert. Der vorliegende Angriff muss **rechtswidrig** sein. Eine Notwehr gegen eine Notwehrhandlung ist daher nicht möglich.

b) Notwehrfähige Rechtsgüter

Sämtliche Individualrechtsgüter (siehe beispielsweise die unter § 34 S. 1 StGB aufgeführten Rechtsgüter „Leben, Leib, Freiheit, Ehre, Eigentum") werden vom Notwehrparagrafen abgedeckt.

8 Auf der Grundlage der Ausführungen in „Wikipedia" zu den Stichworten „Notwehr" und „sexuelle Belästigung".

c) Sexuelle Belästigung

Sexuelle Belästigung ist kein eigener Straftatbestand und ist im Regelfall auch nicht gemäß anderer Tatbestände strafrechtlich relevant. In besonderen Fällen kann die einschlägige Handlung gleichzeitig als Beleidigung (mit sexuellem Hintergrund) gem. § 185 Strafgesetzbuch strafbar sein. Ob sich der Belästigte subjektiv beleidigt fühlt oder nicht, ist dabei nicht entscheidend. Da § 185 kein Auffangtatbestand ist, fallen sexualbezogene Handlungen nur dann unter diese Vorschrift, wenn besondere Umstände einen selbstständigen, beleidigenden Charakter erkennen lassen.

d) Erforderliche Verteidigung

Die Verteidigungshandlung muss angemessen sein (Verhältnismäßigkeit), z. B. defensives Ausweichen, defensive Abwehrtechnik bis offensiv wie Schubsen, Fixieren und Schusswaffengebrauch.

Erforderlich ist eine Verteidigung dann, wenn sie geeignet ist, den Angriff sicher und endgültig zu beenden. Der Notwehrübende hat dabei das relativ mildeste Mittel zu wählen, allerdings muss er sich auf Risiken bei der Verteidigung nicht einlassen. Ebenso wenig kommt eine „schimpfliche Flucht" in Betracht, da das Recht dem Unrecht nicht weichen muss. Dies gilt nicht bei erkennbar Geisteskranken, Minderjährigen oder auch Volltrunkenen. Wenn man dort ausweichen kann, muss dies geschehen.

e) Notwehrexzess (Notwehrüberschreitung)

Wenn jemand aus Verwirrung, Furcht oder Schrecken die erforderliche Verteidigung überschreitet, hilft ihm § 33 StGB. Das, was er getan hat, ist zwar rechtswidrig, er ist jedoch entschuldigt und kann nicht bestraft werden. Nicht in diese Gruppe fällt, wer aus Zorn, Wut oder im Kampfeseifer die Grenzen der Verhältnismäßigkeit überschreitet.

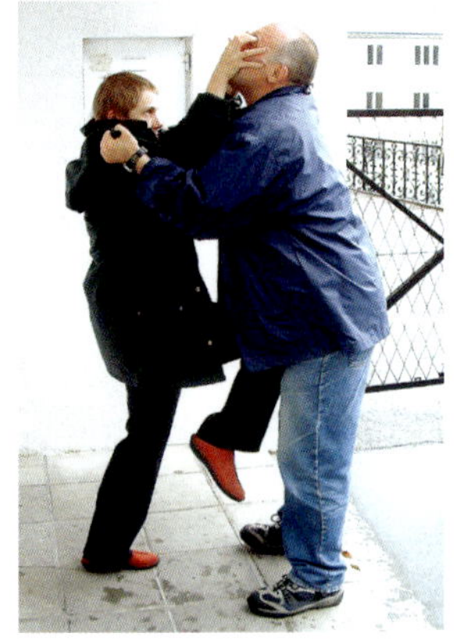

Bild 1: Reagiert die Frau auf die Frage nach der Uhrzeit wie dargestellt, kann man sicher von einer Notwehrüberschreitung sprechen.

1.6 SPEZIELLE KURSE FÜR FRAUEN

Warum spezielle Selbstverteidigungskurse für Frauen?

Wir haben bisher über Selbstverteidigung von Frauen allgemein gesprochen. Wir haben die Rahmenbedingungen der Selbstverteidigung abgesteckt: Definition und Sinn, Moral und Recht bei weiblicher Gegenwehr. Um in einer tatsächlichen Selbstverteidigungssituation bestehen – das heißt: möglichst unbeschadet herauskommen – zu können, genügt es allerdings nicht, sich rein akademische Gedanken zu diesem Thema zu machen. Zur Theorie gehört unserer Meinung nach unbedingt eins: die Praxis, in diesem Fall: das Training bzw. der Besuch eines Selbstverteidigungskurses für Frauen.

Doch warum ist ein spezielles Angebot für Frauen sinnvoll?

Wenn ein Trainer/eine Trainerin versucht, einen solchen Kurs anzubieten, hört er/sie oft von den Verantwortlichen an Schulen reichlich ablehnende Argumente. Angeführt wird, dass die Mädchen, die etwas über Selbstverteidigung lernen wollen, doch in einschlägige Kampfsportvereine gehen mögen. Andere argumentieren, dass Frauen bzw. Mädchen dadurch von vornherein in eine „Opferrolle" gedrängt würden. Diese Argumente ziehen jedoch nicht aus mehreren Gründen:

Zum einen sind Kampfkünste wie Karate, Judo, JuJitsu oder Aikido nur in eingeschränktem Maße für die Selbstverteidigung einsetzbar, auch wenn dies z. T. heftig bestritten wird. Ein Großteil des Trainings besteht, überspitzt ausgedrückt, aus einer Art „Gymnastik mit Partner". Dies ist nicht grundsätzlich zu verdammen, nur sollten die Trainierenden fairerweise auf die Tatsache aufmerksam gemacht werden, dass Selbstverteidigung etwas anderes ist als das Trainieren einer Kunst oder für den Wettkampf (der auf eine Art faire „Duellsituation" vorbereitet, nicht jedoch auf andere Bedrohungsszenarien).

Fatal wird es nur, wenn diese Tatsachen von den Trainingsleitern – bewusst oder unbewusst – verschwiegen werden.

Polemisch ausgedrückt: Was bringt die Verteidigung gegen Schwertangriffe bei einem Griff an den Po?

Zum anderen wird in Budo- und Kampfsportvereinen oft sehr hart an der Verbesserung der Kraft und Kondition gearbeitet, wodurch – Entschuldigung – viele Frauen einfach überfordert sind. Das Resultat sieht so aus, dass der weibliche Anteil in den diversen Kampfkünsten weit geringer ist als der männliche.

Gerade in der Pubertät ergeben sich darüber hinaus oft Probleme bei gemischten Kursen, da zur Identitätsfindung Rollenbilder oft überbetont werden und ein vernünftiges Training nur schwer durchzuführen ist. Dr. Heribert Czerwenka-Wenkstetten schreibt dazu:[9]

„In unserem sozialen Rollenverständnis ist das Verhalten der konventionellen Frau wenig mit Aggression assoziiert. Daher ist JuJitsu-Training auch in unserer heutigen Zeit für Frauen immer noch eine Verhaltensweise, die männlicherseits bewußt oder unbewußt viele Schattierungen von Ablehnung, von Ironie, über Geringschätzung bis Angst, annehmen kann."

Mit speziellen Kursen für Frauen lässt sich eine höhere Teilnehmerzahl erreichen; Frauen und Mädchen sind letztlich öfter Opfer von Gewalt und diese Gewalt ist zumeist männlich.

9 Dr. Heribert Czerwenka-Wenkstetten, „Kanon des Nippon-JuJitsu", Tyrolia-Verlag Innsbruck-Wien, 1993, S. 42f.

1.7 DER SELBSTVERTEIDIGUNGSLEHRER

Sind Männer oder Frauen die besseren Selbstverteidigungslehrer?

Es gibt spezielle Vereine, die Selbstverteidigungskurse für Frauen anbieten, welche ausschließlich von Frauen geleitet werden und Männer ohne Ausnahme ausschließen.

Ein Vorteil dieser Verfahrensweise ist sicher, dass die Hemmschwelle für Frauen niedriger ist, einen solchen Selbstverteidigungskurs zu besuchen und dort über eigene Erfahrungen zu berichten. Frau spricht dort letztendlich mit einer weiblichen Kursleiterin und den anderen Teilnehmerinnen.

Als Nachteil ist die Tatsache zu sehen, dass im konkreten Durchspielen von Gefahrenszenarios und in weiterer Folge im konkreten Training das durch den männlichen Selbstverteidigungslehrer gespielte, „aggressiv-männliche" Element fehlt.

Bewährt hat sich daher ein eingespieltes Frau-Mann-Doppel, das alle Vorteile vereint.

Männer müssen jedoch besonderes Einfühlungsvermögen besitzen: Ein relativ „freier" Kampf endet oft am Boden. Wie weit dort gegangen wird, muss mit der Schülerin im Vorhinein geklärt werden.

1.8 PSYCHOLOGISCHES TRAINING

Das psychologische Training ist mindestens so wichtig wie das körperliche

Wie wir in unserem Buch *„Taekwondo Selbstverteidigung" (2003)* schon dargelegt haben, sind wir der Meinung, dass der Erfolg in der Selbstverteidigung zu 90 % auf der Psyche und nur zu 10 % auf Technik beruht.[10]

Oft behaupten Mädchen: „Ich kann das nicht, ich kann dem anderen nicht wehtun." Es geht hier jedoch nicht um das „Können" (i. S. der technischen Durchführbarkeit), sondern um das „Wollen" (die Hemmschwelle).

Mögliche Argumentation gegen den vorgebrachten Einwand: „Wie würdest du reagieren, wenn nicht du, sondern deine kleine Schwester oder deine Mutter/dein Kind angegriffen würde?"

Im Mittelpunkt eines guten Selbstverteidigungskurses steht das Bestreben, den Frauen aus der „Opferrolle" herauszuhelfen. Dies geschieht u .a. dadurch, dass ihnen ihre eigene Gefährlichkeit bewusst gemacht wird. Sie müssen sich darüber klarwerden, dass sie einen anderen mit relativ wenig Aufwand schwer verletzen können, auch wenn sie körperlich unterlegen sind, ihre Perspektive soll – überspitzt formuliert – die eines Raubtieres sein, nicht die eines Opfers.

Das Ziel eines Kurses liegt daher darin, bei den Teilnehmerinnen die oben erwähnte Hemmschwelle für den Einsatz eigener körperlicher Gewalt zu senken. Eine mögliche Vorgehensweise, den Teilnehmerinnen diese Hemmschwelle bewusst zu machen und diese in weiterer Folge zu senken, besteht darin, einer Frau/einem Mädchen ein Schlagpolster in die Hand zu drücken und sie aufzufordern, mit aller Kraft und Gebrüll auf den Kopf des Kursleiters einzuschlagen und ihn quasi durch den Übungsraum zu treiben.

10 Vgl. dazu generell Thompson (1997) sowie Kernspecht (2002).

Oft genug folgt auf diese Aufforderung ungläubiges Staunen und es bedarf einiger Argumentation, bis es zu ersten zaghaften Versuchen kommt. Aber wenn diese Hemmungen wegfallen, sind die Teilnehmerinnen oft von ihrer eigenen Stärke und Aggressivität überrascht.

Das Absenken der Hemmschwelle verringert auch die Gefahr, im Ernstfall „gelähmt vor Angst" zu sein. Wer sich nie mit Bedrohungsszenarien zumindest geistig auseinandergesetzt hat, ist im Ernstfall hilflos.

Das Problem der mangelnden psychischen Vorbereitung tritt aber auch bei vermeintlichen Selbstverteidigungsspezialisten auf:

So berichtet Geoff Thompson (vgl. S. 35ff.) von einem 3. Dan Karate, einem hervorragenden Wettkämpfer. Dieser wurde auf offener Straße von einem untrainierten Straßenschläger zu Boden geschlagen. Der Grund lag darin, dass ihn sein Wettkampftraining psychisch nicht auf diese für ihn völlig neue Art der Konfrontation vorbereitet hatte.

Erfahrungsbericht 1:

„Dieser Vorfall ist schon etwas länger her, aber er war mit ein Grund, warum ich (w) mit dem JuJitsu Training begonnen habe.

Es passierte auf einem einwöchigen Ausflug nach Salzburg, wo einige meiner Freunde, wir waren dort ca. 20 Personen, in den ersten beiden Tagen ein kleines Lokal entdeckten. Was sie erst später herausfanden, war, dass es sich um ein Gaylokal handelte. Das war ihrer Meinung nach aber kein Grund, nicht mehr dort hinzugehen, da es ja vollkommen egal ist, wo man seine Getränke bestellt. Warum auch nicht?

Am vorletzten Abend bin ich dann auch erstmals im Schlepptau einer Freundin und eines Freundes mitgegangen. Schon die Ankunft in diesem Lokal war etwas ungewöhnlich, da sie meine Freundin und mich nicht hereinlassen wollten. Erst auf Bitten unseres mitgekommenen (männlichen) Freundes, der schon mal dort war, durften wir eintreten.

Ich dachte mir schon, ‚komisches Lokal', aber solange man mit Freunden dort ist, wird es eh lustig. Also passierten wir die Türschwelle des Lokals. Innen war es recht nett ... eine Bar, die für diesen kleinen Raum ungewöhnlich groß gestaltet war, füllte beinahe das ganze Lokal aus, sodass man gerade noch genug Platz hatte, auf den Barhockern vor der Bar zu sitzen und eventuell vorbeizugehen. Links vom Eingang war eine kleine Nische mit ein paar Tischen, an denen zum Zeitpunkt unseres Eintreffens niemand saß. Das übrige Lokal, also die Bar, war ziemlich gut besetzt und es war auch dementsprechend laut. Der Rest unserer Gruppe befand sich allerdings im der Tür gegenüberliegenden Teil der Bar, also schickten wir uns an, das Lokal zu durchqueren. Zwei Schritte später das nächste Hindernis: Ein älterer Mann, der etwas eigenartig wirkte, verwehrte uns den Durchgang. Aus ‚komisch' wurde Unbehagen. Nach einigen Worten unseres Freundes ließ er uns passieren. Wir folgten also unserem Freund, der vorausging, und schlängelten uns an der Bar und den dort Sitzenden vorbei. Ich ging als Letzte. Da es Weihnachtszeit war, befand sich im hinteren Eck des Lokals ein geschmückter Christbaum, der uns etwas behinderte, da, wie schon erwähnt, nicht sehr viel Platz war.

Kaum war meine Freundin dort vorbei, packte mich von hinten unsanft eine raue, kräftige Hand am Arm und zog mich zurück. Aus Unbehagen wurden Überraschung, Empörung und Angst. So überrascht, wehrte ich mich nicht einmal. Als ich mich umblickte, sah ich wieder diesen komischen älteren Mann. Sein Gesichtsausdruck und seine Körperhaltung wirkten aggressiv.

Ich sagte ihm, dass er mir wehtue und fragte ihn, warum er das mache. Er antwortete zwar, aber ich verstand kein Wort, weil er ziemlich undeutlich sprach und es auch laut war. Was ich allerdings mitbekam, waren der Ausdruck und Unterton in seiner Stimme: Aggression.

Mittlerweile hatte er mich grob zu den Tischen am Eingang gezogen und auf die kleine Bank in der Ecke gedrückt, fast geschleudert. Er stand knapp vor mir. Jetzt war ich allein und hatte keinen Ausweg mehr. Angst wurde zu Panik. Ich versuchte, ruhig zu bleiben und ihn meine Panik nicht durch meine

Stimme merken zu lassen. Ich brachte einen mehr oder weniger versöhnlichen, ruhigen Ton zu Stande und versuchte wieder herauszufinden, was für ein Problem er mit mir hatte, aber seine Reaktion darauf war nicht angemessen. Er schrie irgendwas, riss urplötzlich seine Hand in die Höhe und ballte sie zu einer Faust, die dann auf mich zuschnellte. Kurz vor meinem Gesicht, das mittlerweile erstarrt war, stoppte die Faust. Erleichterung, gemischt mit Panik. Ich erkannte, dass Reden wohl keine Lösung war und blickte mich nach Hilfe suchend um, aber niemand hatte meine Notlage bemerkt, oder wollte sie nicht bemerken. Meine Freunde auf der anderen Seite der Bar waren weit weg von mir und hatten auch kein freies Sichtfeld auf mich. Warum merkte das keiner? Wieder eine geballte Faust, die auf mein Gesicht zuraste. Stopp. Wütende, unverständliche, aggressive Worte und Gesten. Mein Blick wanderte wieder zum Platz meiner Freunde. Sie hatten mich noch immer nicht gesehen. Warum hilft mir keiner? Wieder die Faust, die kurz vor meinem Gesicht stoppt. Ich konnte nicht mehr weg, nichts mehr sagen, nicht mehr atmen. Verzweiflung. Plötzlich, wie durch Zauber, stand ein Freund neben mir und zog die Aufmerksamkeit des Mannes auf sich. Freude und Erleichterung. Diskussion zwischen den beiden. Aggressive Gesten des Mannes. Mein Freund stellte sich zwischen den Mann und mich und sagte halblaut über seine Schulter: ‚Geh!'

Ich ging nicht nur, ich rannte – nach hinten zu meinen Freunden.

Dort angekommen, fragte mich auch schon der Erste sehr besorgt, was da los gewesen sei. Ich konnte nichts mehr sagen, ich brach in Tränen aus und flüchtete in die danebenliegenden Toiletten.

Ich weiß nicht, was mit diesem Mann noch war, ich war nur froh, von dort weg zu sein."

Anmerkung: Wenn Frauen in ein Gaylokal gehen, müssen sie damit rechnen, dass von einigen männlichen, homosexuellen Besuchern dieses Verhalten als Provokation aufgefasst werden könnte. In allen Männergruppen – auch denen der Schwulen – gibt es Menschen, die auf solche Übergriffe handgreiflich reagieren können. Wir wollen damit körperliche Übergriffe nicht rechtfertigen, wir verurteilen sie nach wie vor. Allerdings kann frau sich generell vor bedrohlichen Situationen schützen, indem sie potenziell gefährliche Orte gar nicht erst aufsucht. Exakt mit diesem Thema beschäftigt sich das nächste Kapitel.

1.9 DIE ROLLE DER INTUITION ALS FRÜHWARNSYSTEM

Unter **Intuition** wollen wir eine unmittelbare, unvermittelte Gesamtschau einer Situation verstehen. Anders ausgedrückt: Wir reden vom „Bauchgefühl". Plötzlich ahnt frau, dass „da etwas nicht stimmt". Der Verstand hat keinen Grund zur Beunruhigung geliefert, Logik und rationale Analyse schlagen bei der Beurteilung einer Situation oder Umgebung keinen Alarm. Und dennoch wissen wir, hier droht Gefahr. Oder sie könnte drohen.

Wir möchten jedes Mädchen und jede Frau ermutigen, diesem Gefühl zu trauen und danach zu handeln. In eine intuitive Beurteilung einer Situation gehen mehr Informationen ein, als durch den Verstand erfasst werden. Intuitive Signale, „die Boten der Intuition"[11], können sich manifestieren als

- Unbehagen,
- quälende, nagende Gedanken,
- schwarzer Humor,
- Verwunderung,
- Beklemmung,
- Neugierde,

11 vgl. dazu Gavin de Becker, „Mut zur Angst – Wie Intuition uns vor Gewalt schützt", Frankfurt a. M. 1999, S. 106

- Ahnungen,
- „in den Knochen spüren",
- „Bauchgefühl",
- Zweifel,
- Zögern,
- Misstrauen,
- Besorgnis und
- Angst.

Damit das intuitive Frühwarnsystem funktioniert, ist es zwingend notwendig, mit offenen und wachen Sinnen die Umgebung wahrzunehmen. Mit lauter Musik in den Kopfhörern zu joggen, um nur ein Beispiel zu nennen, schränkt das eigene Frühwarnsystem ein; sich unter Drogen/Alkohol zu setzen, ebenso.

Wir wollen Mädchen und Frauen dazu ermutigen, ihre eigenen Frühwarnsysteme zu kultivieren und ihnen zu vertrauen. Dies sollte in Selbstverteidigungskursen auch behandelt und angestrebt werden. Wenn eine noch stärkere Sensibilität für Gefahren geweckt wird und die Mädchen und Frauen entsprechend handeln, ist das ein wichtiger Schritt in die Richtung, potenziell „gefährliche" Situationen im Vorfeld zu erkennen und sie zu meiden.

Damit sind wir in den letzten Kapiteln schon zum wichtigen Part der Selbstverteidigung übergegangen, den wir im Folgenden vertiefen und ausführlich behandeln werden: die Praxis.

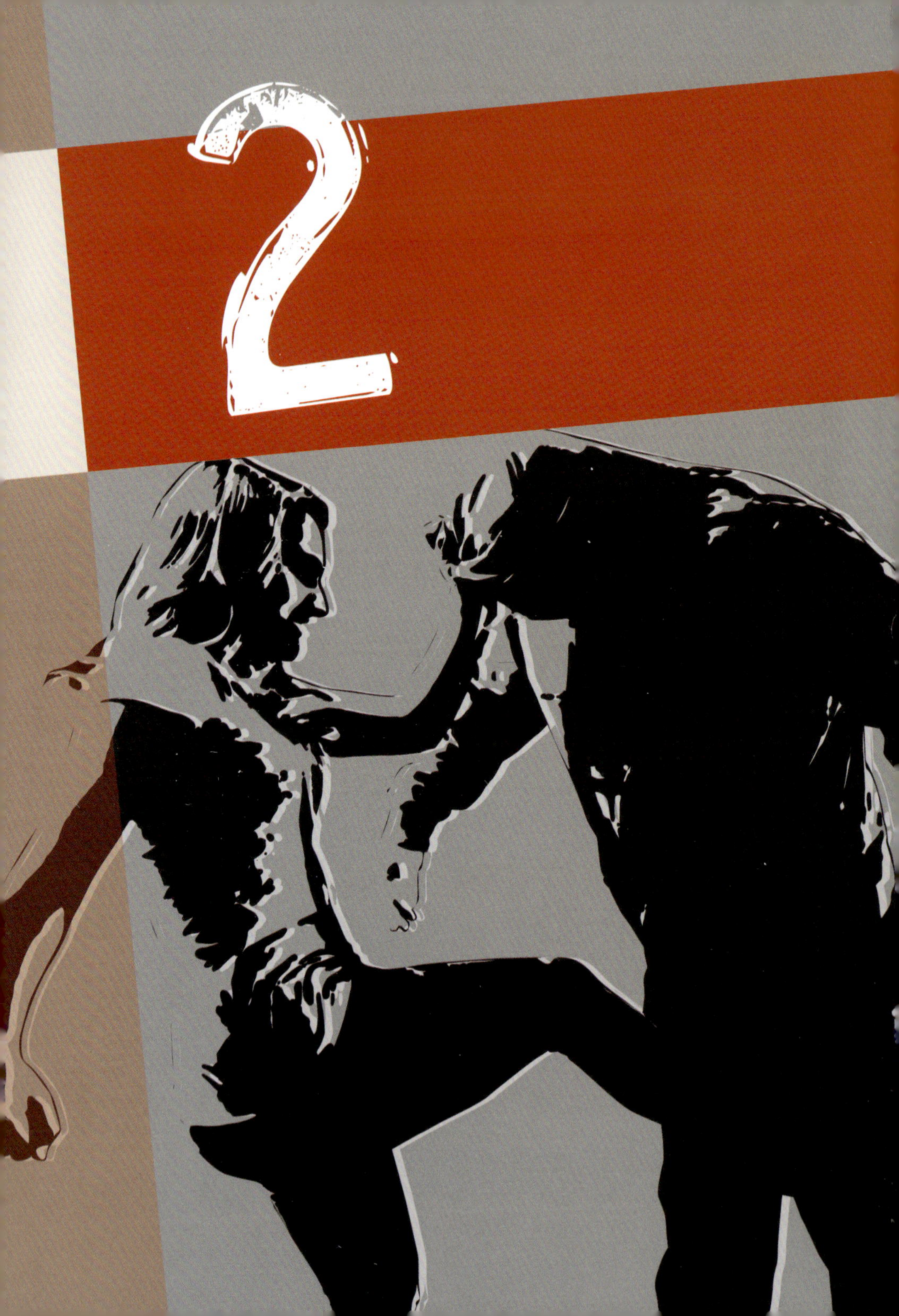
2

PRAXIS

2 PRAXIS

2.1 TYPISCHE „ANMACHSITUATIONEN" BEI FRAUEN UND MÄDCHEN

Während die typischen „Vorbereitungssprüche" zwischen Jugendlichen bzw. Männern eher einfallslos sind (Österreich: *„Was is, Trottel, was schaust so deppert?"* bzw. Deutschland: *„Was glotzt du?/Was guckst du?"*, Ziel ist die Annäherung an und Einschüchterung des Opfers[12]), lassen sich Täter bei Frauen und Mädchen oft mehr einfallen:

- *„Entschuldige, hast du mal eine Zigarette (Tschik)/ Feuer für mich?"*
- *„Verzeihung, könnten Sie mir bitte den Weg zu ... erklären?"*
- *„Ja, hallo, ich bin der Onkel Erwin, kennst du mich nicht mehr?"*
- *„Entschuldigung, mir ist gerade das Handy gestohlen worden. Dürfte ich Ihres benutzen, um die Polizei zu rufen?"*
- *„Hast du vielleicht einen Euro für mich, ich muss ganz dringend telefonieren und habe mein Handy vergessen."*
- *„So ein schöner Tag heute! Wie wär's, ich lad dich auf ein Eis ein?"*
- *„Du musst ganz schnell mitkommen, deine Eltern hatten einen Unfall und liegen im Krankenhaus. Ich soll dich zu ihnen bringen."*
- *„Verzeihung, könnten Sie mir sagen, wie spät es ist? Ich habe meine Uhr zu Hause vergessen."*

Alle diese Sprüche wurden den Autoren von Frauen und Mädchen schon berichtet.

---

12 Vgl. dazu Kernspecht (2002).

Wie sollte darauf verbal reagiert werden?

Manche Mitmenschen sind mit einer geradezu genialen (geistigen) Schlagfertigkeit gesegnet. Das sind diejenigen, die einem potenziellen Angreifer bereits in dieser Phase den Wind aus den Segeln nehmen. Dem überwiegenden Teil der Menschheit fällt leider immer erst im Nachhinein ein, was man/frau hätte sagen können, was gut und locker „rübergekommen“ wäre. Weil man oder frau gerne schlagfertig wäre, wird angestrengt nachgedacht und alle freien Kapazitäten in das Finden einer passenden Antwort investiert. Damit sind aber alle anderen Sinne ausgeschaltet, und wir sind quasi blind für das „wahre“ Geschehen: Der Übeltäter hat genau diese Konfusion beabsichtigt und rückt langsam näher.

Was ist geschehen? Wir sind dem anderen in die Falle gegangen, wir sind in sein Spielchen eingestiegen und damit automatisch in der Defensive. Wer fragt, bestimmt die Richtung! Man beobachte rhetorikgeschulte Pressesprecher und/oder Politiker: Unangenehme Fragen werden schlicht ignoriert und das eigene Statement vorgebracht, wodurch die Führung nicht aus der Hand gegeben wird.

Dieselben Tricks wenden wir an, um aus diesem Kreis auszubrechen, hier illustriert zunächst beim männlichen „Vorgeplänkel“:

A: *„He, du Trottel, was guckst du so dämlich?“* (kommt näher)
B: Versucht, A zu ignorieren und schaut weg.
A (aggressiver, lauter): *„Schau mich an, wenn ich mit dir rede!“* (kommt noch näher)
B: Schaut A an.
A: *„Was guckst du so blöd?“* (ist schon ganz nah)
B: *„Aber ich gucke doch gar nicht ...“*
A: *„Willst du sagen, ich lüge?“* Damit sollte auch für alle Umstehenden klar sein, dass A gar nicht anders kann, als B „anzugreifen (schließlich hat er ihn ja – wenn auch nur indirekt – als Lügner bezeichnet ...). B überlegt fieberhaft, was er jetzt noch erwidern könnte und ist geistig so blockiert, dass er den Angriff höchstwahrscheinlich nicht abwehren wird.

Wie könnte man verfahren?

1. Das Spielchen erkennen.
2. Das Spielchen nicht mitspielen:

A: *„He, du Trottel, was guckst du so dämlich?"* (kommt näher)
B: *„Komm schon, mach keinen Stress!"*

A muss bereits seinerseits nachdenken, was er als Nächstes sagen könnte, während B alle geistigen Kapazitäten frei hat, um A zu kontrollieren: Gleichgültig, was A sagen wird, B wird sich auf den einen Satz zurückziehen: „Mach keinen Stress!"

Wie sollten sich Frauen und Mädchen verhalten?

A: *„Na, Mädel (= Hey, Puppe), wie sieht's aus, darf ich dich auf etwas zu trinken einladen?"*
B: *„Nein, danke, ich muss gleich nach Hause."*
A (kommt näher): *„Aber das macht ja nichts! Dann trinken wir etwas auf dem Weg zu dir! Ich lad dich ein!"*
B (immer nervöser): *„Danke, aber ich lasse mich nie einladen."*
A (schon ziemlich nahe): *„Dann kannst du ja mich einladen, na, komm schon!"*
B: *„Es ist wirklich schon spät, ich muss los!"*
A: *„Mein Auto steht um die Ecke, ich fahr dich auch gerne ein Stück!"*
B: *„Da müsste ich zuerst zu Hause anrufen, aber mein Handy hat kein Guthaben mehr."*
A: *„Kein Problem, vorne um die Ecke ist eine Telefonzelle!"*

Bevor die Sache jetzt zu konstruiert wird und sich in die Länge zieht: Dieses Beispiel soll einfach zeigen, dass es egal ist, was das Opfer sagt, der Täter weiß immer eine passende Antwort darauf *(„Du kennst keinen Onkel Erwin? Tja, ich war immer schon das schwarze Schaf der Familie ...").*

Am besten ist es, sich auf die simpelsten Dinge zu beschränken:

„Nein."
„Kein Interesse."
„Lassen Sie mich Ruhe."
Schließlich (als Vorgriff auf spätere Kapitel): *„Verpiss dich!", „Hau ab!" oder: „Schleich di!"*

2.2 ANDERE UNANGENEHME SITUATIONEN

Selbstverständlich können Belästigungen auch anders ablaufen, wie die folgenden Erfahrungsberichte zeigen:

Erfahrungsbericht 2:

In der U-Bahn: Ein Mann sitzt einem Mädchen gegenüber, macht seine Hose auf und beginnt, sich zu befriedigen. Das Mädchen überlegt kurz, was es machen soll (Ignorieren? Weggehen?), fängt dann an zu lachen und zeigt mit dem Finger auf den Typen. Sie hat erzählt, so schnell habe sie noch nie jemanden aussteigen gesehen …

Erfahrungsbericht 3:

Ein Mädchen steigt in die S-Bahn und wird von drei (männlichen) Jugendlichen am Weitergehen gehindert. Sie telefoniert jedoch gerade mit ihrem Vater und reagiert ganz cool: „Bleib kurz dran, ich muss schnell was klären." Sie fährt die Jugendlichen schroff an und drängt sich energisch an ihnen vorbei.

Erfahrungsbericht 4:

Wieder U-Bahn: Zwei Freundinnen werden von einem Typen blöd angemacht. Er lässt sich nicht abschütteln, daher gehen die Mädchen zu zwei Jugendlichen und tun so, als würden sie ihre Freunde treffen. Die beiden machen das Spiel mit und der Typ verschwindet.

Erfahrungsbericht 5:

„Auf meiner Tour die amerikanische Ostküste antlang war ich alleine als Rucksacktouristin unterwegs und habe mich meistens an Leute aus Jugendherbergen gehalten. Ich war in New Orleans allein zu einem Treffpunkt mit Freunden unterwegs, voll gepackt mit Rucksack und allem, hab also so richtig abgefuckt ausgesehen, mehr wie ein Sandler (= Obdachloser), als eine ‚Beute' irgendwelcher Art.

Mitten in den Menschenmassen in der Altstadt hat mich plötzlich ein Typ gerufen und angemacht, so auf die Art: ‚Bist du alleine unterwegs, so ein schwerer Rucksack, soll ich dir nicht tragen helfen, komm, gib mal was her davon!', und versucht, mich am Arm zu packen. Ich bin ausgewichen und weitergegangen, ohne zu reagieren, das klappt meistens am besten. Zwei Straßen lang war auch nichts mehr zu sehen von dem Typ, bis ich in eine weniger belebte Straße eingebogen bin, da war er plötzlich wieder hinter mir, mit den gleichen Sprüchen und blieb mir trotz ‚Nein, danke!', dicht auf den Fersen.

Ich war ziemlich erschrocken, hatte damals noch nie was von Jujitsu gehört und wäre mit dem ganzen Zeugs wahrscheinlich ohnehin unfähig gewesen, mich irgendwie zu wehren. Also hab ich mich an ein Ehepaar gehängt, das direkt vor mir ging, so, als würde ich dazugehören. Als er um die Ecke kam, blieb er dann auch sofort stehen, hat nur noch was weitergeschwafelt: ‚Ah, da sind deine Eltern, hab nicht gewusst, dass du nicht alleine bist, na, dann brauchst du mich ja nicht und warum lasst ihr das kleine Mädl alles alleine tragen, ihr alten Pisser' und ähnliche Schimpfworte. Das Ehepaar hat sehr gut reagiert, ist näher zu mir gekommen. Zum Glück ist der Typ dann auch sehr hurtig abgezogen. Meine ‚Eltern' waren dann so freundlich, noch ein paar Blocks mit mir zu gehen, just in case.

Obwohl hier keine direkte Drohung im Spiel war, war das für mich eine ausgesprochen unangenehme Situation. Die Idee, mich an wen zu hängen, kam mir spontan, hätte er mich alleine erwischt, wäre es vermutlich – ohne paranoid wirken zu wollen – nicht so harmlos abgelaufen."

Anmerkung: Super reagiert! Als Touristin wird frau oft als „leichte Beute" angesehen, daher werden oft Tipps gegeben, wie z. B. nicht mit dem Stadtplan gemütlich herumzuschlendern, sondern so energisch zu gehen, als wäre man auf dem Weg zur Arbeit. Ist zugegeben mit einem Rucksack auf dem Buckel eher schwierig.

Das „Nein, danke!" ist wichtig, muss aber unbedingt mit der Körpersprache übereinstimmen, d. h., verbale und nonverbale Botschaft müssen dasselbe ausdrücken, sonst funktioniert es nicht. Solche Typen, wie oben beschrieben, suchen Opfer, keine Gegner!

Erfahrungsbericht 6:

Eine Gruppe von 10 (!) Mädchen wird in einem Kinocenter von zwei (männlichen) Jugendlichen belästigt. Sie bitten einen Mann um Hilfe, dem ist die ganze Sache jedoch egal. Sie versuchen es nochmals bei einem Pärchen, da funktioniert es: Der Mann verscheucht die Jugendlichen.

Anmerkung: Das Ansprechen von Paaren hat sich oftmals als wirkungsvoller erwiesen als das Ansprechen von Einzelpersonen. Möglicherweise ist da Imponiergehabe des männlichen Parts ein Faktor ...

Erfahrungsbericht 7:

Ein 10-jähriges Mädchen wird aus einem neben ihr anhaltenden Auto heraus von einem Mann angesprochen und nach dem Weg gefragt. Sie bemerkt, dass er weder Hose noch Unterhose trägt. In der Meinung, dass er diese zu Hause vergessen hat, beschreibt sie ihm den Weg. Schließlich kommt der Mann zum eigentlichen Punkt und fragt, ob ihr „das" (dabei deutet er zwischen seine Beine) gefalle. Sie läuft nach Hause, ihre Eltern benachrichtigen die Polizei, allerdings ohne Ergebnis. Das Mädchen hatte noch wochenlang Albträume und lief, wenn sie auf der Straße unterwegs war, aus einer unbestimmten Angst heraus manchmal spontan los.

Anmerkung: Eine objektive Analyse fällt bei solchen Gemeinheiten schwer. Trotzdem kann man in einem solchen Fall mit einiger Sicherheit davon ausgehen, dass dieser Typ nicht ausgestiegen wäre, geschweige denn, sein Auto im Stich gelassen hätte, um dem Mädchen nachzulaufen. Schön wäre es gewesen, hätte sich das Mädchen die Autonummer gemerkt, was in dieser Situation aber auf jeden Fall zu viel verlangt wäre.

2.3 PHASEN DER SELBSTVERTEIDIGUNG

In Kap. 1.3 „Sinn der Gegenwehr" wurde die folgende Problematik schon angesprochen.

Frage eines Mädchens: „Was kann ich tun, wenn ich gefesselt auf einem Bett liege/im Keller an der Heizung festgebunden bin?"

Antwort des Kursleiters: „Wahrscheinlich nichts mehr." Die Reaktion der Mädchen: lange Gesichter. Denn: Die Gefahr der Aussichtslosigkeit der Verteidigung steigt mit der Dauer des Angriffs!

Wann beginnt nun aber die eigentliche und Erfolg versprechende Selbstverteidigung?

Die einzig richtige Antwort lautet:

Schon lange vor dem physischen Übergriff (und wird dann eher mit dem Begriff der „Selbstbehauptung" beschrieben).

Die ideale Strategie, die es erlaubt zu siegen, ohne zu kämpfen, und das Maximum zu erreichen, indem man am wenigsten tut, trägt den charakteristischen Stempel des Taoismus, der alten Wissenstradition, aus der sowohl die Heilkunst als auch die Kampfkünste in China hervorgingen.

Das „Tao Te King" (ein taoistisches Werk aus China, ca. 500 v. Chr. entstanden) oder „Der Weg und seine Kraft" von Laotse wendet eben jene Strategie auf die Gesellschaft an, die Sun Tsu den Kriegern früherer Zeiten zuschreibt:

„Plane etwas Schwieriges, solange es noch leicht ist; tu was groß ist, solange es klein ist. Die schwierigsten Dinge in der Welt müssen getan werden, wenn sie noch leicht sind; die größten Dinge in der Welt müssen getan werden, während sie noch klein sind. Aus diesem Grund tun die Weisen nie, was groß ist, und dies ist es, warum sie jene Größe erlangen können."

In ähnlicher Weise wird dieses Prinzip im „Das Buch des Gleichgewichts und der Harmonie" (ein mittelalterliches taoistisches Werk, ebenfalls aus China) beschrieben:

„Tiefes Wissen heißt, der Störung vor der Störung gewahr zu sein, der Gefahr vor der Gefahr gewahr zu sein, dem Unglück vor dem Unglück gewahr zu sein ..."

Auch die Rechtsordnung kennt die sog. „Präventivnotwehr", d. h. (physische, konkrete) Maßnahmen können bereits dann ergriffen werden, wenn ein Angriff unmittelbar droht.

2.3.1 PHASE VERMEIDUNG

Ich muss meine Hand nicht ins Feuer halten, um zu wissen, dass ich mich verbrennen werde. Mädchen und Frauen, die lernen wollen, sich selbst zu verteidigen, müssen sich auch die Grenzen im körperlichen und technischen Sinne bewusst machen. Dies sollte ebenfalls Ziel eines ernsthaften Selbstverteidigungskurses sein. Im Kapitel zur „Intuition als Frühwarnsystem" haben wir dies bereits ausgeführt.

Sun Tsu/Sunzi[13] in „Die Kunst des Krieges":

„Wenn du den Feind und dich selbst kennst, brauchst du den Ausgang von hundert Schlachten nicht zu fürchten. Wenn du dich selbst kennst, doch nicht den Feind, wirst du für jeden Sieg, den du erringst, eine Niederlage erleiden. Wenn du weder den Feind noch dich selbst kennst, wirst du in jeder Schlacht unterliegen."

Da niemand von uns (auch nicht nach jahre- und jahrzehntelangem Training) zum unbesiegbaren Superhelden wird, muss die **Kampfvermeidung durch Aufmerksamkeit** an allererster Stelle stehen.[14]

Nochmals Sun Tsu/Sunzi:

„In all deinen Schlachten zu kämpfen und zu siegen, ist nicht die größte Leistung. Die größte Leistung besteht darin, den Widerstand des Feindes ohne einen Kampf zu brechen."

Heißt das nun, dass wir alle paranoid werden müssen? Zum Glück nicht. Zur Verdeutlichung: Niemand von uns kann es sich als Auto-/Motorrad-/Fahrradfahrer leisten, träumend den Weg durchs Verkehrsgewühl zu suchen – zumindest nicht sehr lange. Am Anfang sind alle Sinne noch angespannt,

13 „Die Kunst des Krieges" verfasste der chinesische Philosoph und General Sun Tsu (oder Sunzi) vor mehr als 2.500 Jahren.

14 Das ist auch die zentrale Aussage von Marc „Animal" Mac Young (2001).

um nur jede Gefahrensituation rechtzeitig zu erkennen. Mit zunehmender Routine wandelt sich diese stressige Angespanntheit zu einer entspannten Aufmerksamkeit. Wieso sollte dieser Zustand nicht auch möglich sein, wenn man zu Fuß unterwegs ist? Man stellt fest, wie viel man auf einmal wahrnimmt und gewinnt dadurch auch an Lebensqualität. Man bemerkt aber auch, wie viele Menschen eigentlich „blind" durchs Leben gehen und ihr Leben der Aufmerksamkeit anderer anvertrauen.

Erfahrungsbericht 8:

„Ich war auf dem Weg in die Stadt, um ein Geburtstagsgeschenk zu kaufen und hab in der Längenfeldgasse auf die U4 gewartet. Ich war vorher in einem Fitnessclub sporteln, also hab ich eine Sporttasche umgehängt gehabt und die – schlampig wie ich bin – nicht zugemacht und noch dazu die Geldbörse einfach hineingeworfen – man kann sagen: eine große Versuchung für Taschendiebe!

Die U-Bahn fährt ein und ich geh zur Türe hin – ich merk, dass sich hinter mir ein paar Leute anstellen und sich ein jüngeres Mädl sehr eng hinter mich stellt. Ich steig in die U-Bahn, zieh die Tasche wie immer automatisch nach vorn und denk mir, ich schau lieber nochmal nach, ob meine Börse eh noch in der Tasche ist – und da merk ich natürlich, dass sie nicht mehr da ist! Ich spring wieder aus der U-Bahn heraus und schau nach links und nach rechts ... in dem Moment seh ich das Mädl, das zuerst hinter mir gestanden ist, wie sie rasch zu den Rolltreppen geht und bei einem Mülleiner meine Börse hineinwirft! Da ja doch sehr viel Geld drinnen war (wegen dem Geburtstagsgeschenk) bin ich ohne viel nachzudenken losgelaufen und hab sie festgehalten und laut gerufen: ‚Sie haben meine Geldbörse gestohlen, und jetzt geben Sie mir sofort mein Geld wieder!' – ich war ja der Ansicht, dass sie die Börse sicher ausgeleert und dann weggeschmissen hat. Es sind wie immer viele Passanten herumgestanden und haben zwar zu mir geschaut, aber geholfen hat keiner. Ich hab sie aber nicht losgelassen – sie hat sich natürlich gewehrt, und ich hab laut um Hilfe gerufen. In dem Moment kommt eine ältere Frau und versucht, ihr zu helfen und beschimpft mich aufs Wildeste – in einer

Sprache die ich nicht verstand – war vielleicht auch besser so, möchte ja nicht wissen, was die alles zu mir gesagt hat!

Auf jeden Fall hat mir ziemlich lange keiner geholfen; Gott sei Dank ist dann ein älterer Mann – der nicht gerade einen gepflegten Eindruck gemacht hat – zu mir geeilt und hat das Mädl festgehalten, daraufhin ist die andere schnell weggelaufen und ich hab inzwischen meine Börse aus dem Mülleimer gefischt – ich war ziemlich überrascht, dass noch alles drinnen war! Kurze Zeit später ist dann der Bahnvorsteher gekommen und hat uns geholfen, bis dann schließlich die Polizei gekommen ist. Sie haben unsere Daten aufgenommen und die Taschendiebin dann mitgenommen. Am selben Tag bin ich dann noch aufs Revier gefahren und habe meine Aussage nochmals zu Protokoll gegeben und bei einer Gegenüberstellung das Mädl identifizieren müssen. Der sehr nette Inspektor, mit dem ich dann noch geplaudert hab, hat mir dann erklärt, wie diese Banden vorgehen: Eine stielt die Börse, die andere geht weiter hinten und wartet, bis die Vordere die Börse in den Mülleimer schmeißt und schnell weitergeht – die andere holt sich dann das gestohlene Gut und sie treffen sich dann irgendwo anders wieder.

Tja, ich war von dem Erlebnis ziemlich geschockt – aber am meisten von der typischen Reaktion unserer Mitmenschen, dass dir da ja wirklich kein S..... hilft! Einer, den ich direkt angeschaut und aufgefordert hab, mir zu helfen – ein jüngerer, kräftiger Mann, hat sich wirklich von mir weggedreht und ist ein paar Schritte weitergegangen!

Auf jeden Fall hab ich daraus meine Lehre gezogen: eine Tasche nie wieder offen und schlampig am Rücken zu tragen, sondern immer vorne und geschlossen. Aber auch meine Aufmerksamkeit in der U-Bahn oder in anderen öffentlichen Verkehrsmitteln ist größer geworden und somit meine Gedankenverlorenheit und Verträumtheit doch ein bisschen gewichen – was ja auch nicht schlecht ist!"

Anmerkung: In einem Buch über Selbstverteidigung wird das Ignorieren einer/s Hilfsbedürftigen (z. B. kippt jemand in der Fußgängerzone um) als eine von der Natur vorgesehene Reaktion (Flucht, weil man für die Situation nicht genügend ausgebildet ist und Angst hat, beim Helfen etwas falsch zu machen) beschrieben.

Dass mangelnde Aufmerksamkeit eine der wichtigsten „Opfereigenschaften" ist, zeigt der Überfall auf die Vizepräsidentin des österreichischen Verfassungsgerichtshofs (VfGH), Brigitte Bierlein, am 2.9.2004 (Quelle: die österreichische Tageszeitung *Der Standard*):

Da sie die Arme vollgepackt hatte, musste Bierlein, als sie ihr Haustor aufsperren wollte, ihre Pakete auf dem Gehsteig abstellen, um den Schlüssel suchen zu können. Genau in diesem Moment versuchte ein Unbekannter, ihr die Handtasche zu entreißen. Da sie nicht losließ, wurde sie zu Boden gerissen und erlitt leichte Verletzungen. Der Unbekannte flüchtete.

Wir Autoren sind uns äußerst sicher: Hätte sie den Kopf nicht noch voller Akten gehabt und wäre – wie beim Autofahren – sich ihrer Umgebung halbwegs bewusst gewesen und hätte den Schlüssel vorbereitet gehabt, dieser Überfall hätte nicht stattgefunden.

Es handelt sich um ein typisches Szenario, ähnlich läuft es oft nach umfangreichen Einkäufen im Moment des Türröffnes am Auto ab.

2.3.2 ABSCHRECKUNG DURCH AGGRESSIVITÄT

Aggression ist in der Konfrontation eine der wichtigsten Waffen. Diese Erkenntnis resultiert aus rund 4.000 Kämpfen mit Mädchen, die Stefan eine angebrochene Nase, einen gebrochenen Mittelhandknochen, ungezählte Hämatome, Kratz- und Bisswunden und mehrere K-O-Niederschläge eingebracht haben.

Abschreckend wirkten dabei weniger die konkret angewandten Techniken als vielmehr die Aggressivität, mit der sie von den Frauen eingesetzt wurden.

Sollte die kritische Distanz unterschritten werden, probieren wir es als letzte Möglichkeit vor der tatsächlichen Kampfaktion mit Abschreckung.

Wir verpassen unserem Gegenüber unerwartet einen heftigen Stoß vor die Brust, verbunden mit der möglichst aggressiv und laut vorgebrachten Aufforderung:

„Schleich di!" (in Österreich zu empfehlen)
„Verpiss dich!" (eher in Deutschland daheim)

Jedoch haben viele Frauen und Mädchen bereits hier eine sehr hohe Hemmschwelle: Es zeigt sich in den Kursen, dass es den meisten anfangs sehr schwer fällt, dem Kursleiter einen heftigen Stoß zu versetzen, noch schwieriger gestaltet sich das Anschreien. Ungezählte Male haben wir schon das „Argument" gehört: „Das kann ich nicht." Hier wird jedoch das „Nichtkönnen" mit dem „Sich-nicht-Trauen" verwechselt. Der Grund hierfür liegt in der Sozialisation der Mädchen: Auch heute noch sollen Mädchen hübsch, still, brav und unauffällig sein. So finden sie leichter ihren Prinzen.

Es liegt am Kursleiter, durch entsprechendes Verhalten die Teilnehmerinnen so weit zu provozieren, dass sie sich aus der Reserve locken lassen. Manchmal gelingt nicht einmal das, die Mädchen argumentieren dann häufig damit, dass sie jetzt einfach „keine Lust dazu" hätten, im Ernstfall würden sie es natürlich machen. Da unterliegen sie jedoch einem gefährlichen Irrtum: Im Ernstfall wären sie wahrscheinlich gelähmt vor Angst.

Von entscheidender Bedeutung ist die Heftigkeit des Stoßes: Fällt dieser zu schwach aus (in Form eines leichten „Schubses"), erfolgt fast immer reflexartig ein „Gegenschubs"; wer dies nicht glaubt, kann das gerne mit uneingeweihten Freunden oder Bekannten ausprobieren.

Da wir uns aber noch immer in der Phase der Abschreckung bewegen, sollte der Schubs nicht vor den nächsten Autobus erfolgen ...

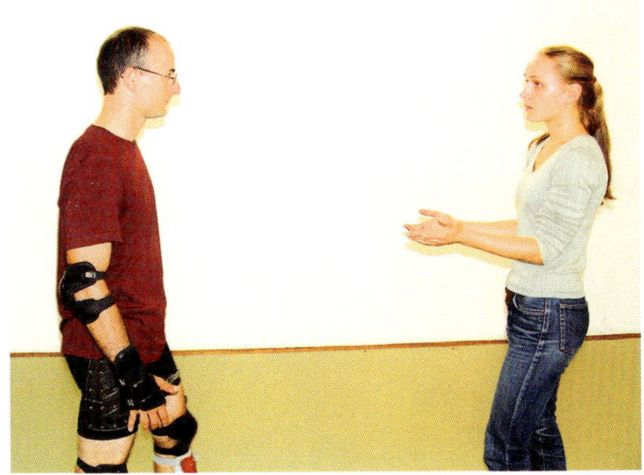

Bild 2a: Angreifer nähert sich. Verteidigerin nimmt eine nach außen hin neutrale, aber abwehrbereite Haltung ein. Die Hände dienen als Sensoren bzw. als „Zaun".

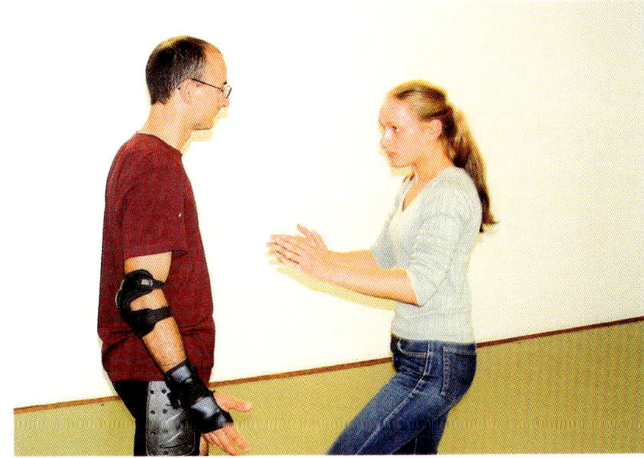

Bild 2b: Beginn des Vorwärtsdrucks

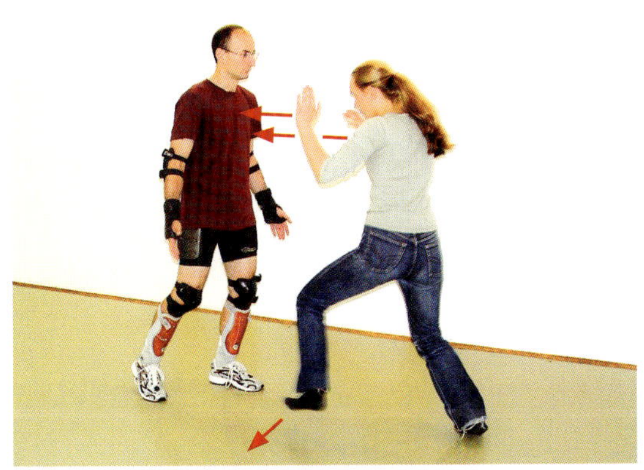

Bild 2c: Verteidigerin nutzt den so genannten Falling Stepp, um das gesamte Körpergewicht hinter den doppelten Handballenstoß zu bringen.

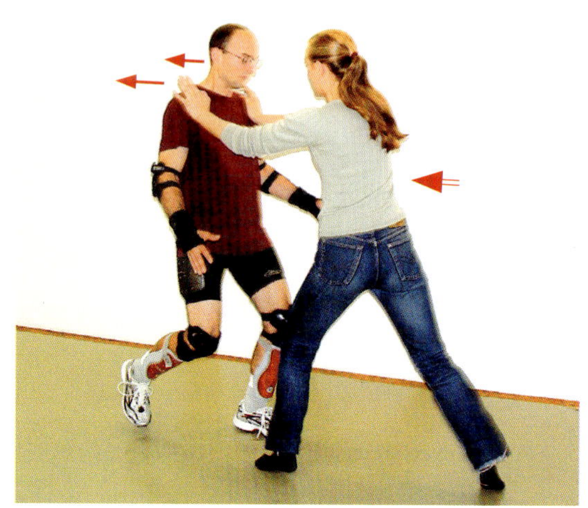

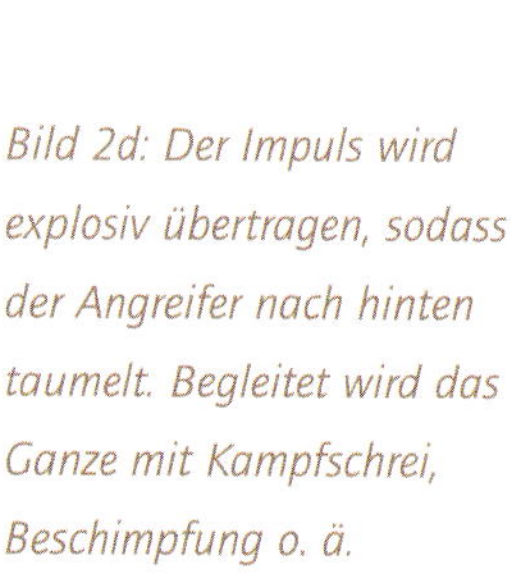

Bild 2d: Der Impuls wird explosiv übertragen, sodass der Angreifer nach hinten taumelt. Begleitet wird das Ganze mit Kampfschrei, Beschimpfung o. ä.

Von Bedeutung ist auch der Augenkontakt: Den Blick in diesem Moment zu senken, wäre kontraproduktiv, da dies ein Nachgeben bedeuten würde. Die Handlung wäre somit nicht mehr stimmig. Vielmehr sollte ein aggressiver Blickkontakt hergestellt werden.[15]

Aus dem vermeintlich leichten Opfer ist plötzlich ein Gegner geworden. Der Angreifer hat sich offensichtlich verschätzt, die Kosten-Nutzen-Rechnung geht nicht auf. In ca. 80 % der Fälle wird der (geplante) Angriff nicht ausgeführt!

Es handelt sich dabei um ein Verhalten, das in dieser Form auch aus dem Tierreich bekannt ist: Selbst so gefürchtete Räuber wie Haie brechen ihren Angriff ab, wenn ihr vermeintliches Opfer plötzlich Zeichen von Mut zeigt: das Risiko, selbst verletzt zu werden, wiegt zu hoch.

Anders ausgedrückt: Wer am lautesten schreit, am aggressivsten auftritt, muss nicht kämpfen!

Schaum vor dem Mund macht sich natürlich auch nicht schlecht.

---

15 Zur Bedeutung des Blicks vgl. auch Kernspecht, 2002, S. 29ff.

Aggressivität ist daher eine gute Strategie zur **Kampfvermeidung**, jedoch ganz klar zu unterscheiden von der ziellos auftretenden Destruktivität.

Erfahrungsbericht 9:

Wieder mal U-Bahn: Zwei Schwestern werden von einem jungen Mann blöd angemacht, er lässt nicht locker. Nachdem die Situation schon langsam unangenehm wird, stößt die kleinere Schwester dem Typen ihr Eisstanitzel (Anm.: Eistüte, Eiswaffel) ins Gesicht. Das war eindeutig. Er verschwindet.

Erfahrungsbericht 10:

Ein Mädchen wird auf der Straße von einem Betrunkenen belästigt. Sie macht ihm energisch klar, dass er sie in Ruhe lassen soll, schließlich stößt sie ihn heftig gegen ein parkendes Auto.

Normalerweise reicht das, um die Situation zu klären, hier jedoch kam er wieder. Betrunkene reagieren oft anders als Nüchterne, zum Glück sind sie in ihren Bewegungen aber auch langsamer. Das Mädchen lief schließlich weg.

Erfahrungsbericht 11:

Eine junge Frau geht im Prater (weitläufiges Grüngebiet in Wien) spazieren. Ein Mann steht am Wegrand und winkt ihr mit einem Geldschein, dabei macht er eindeutige Gesten. Sie beschimpft ihn, doch er verfolgt sie. Als er ihr zu nahe kommt, versetzt sie ihm einen heftigen Stoß, sodass er zurücktaumelt. Er macht sich davon.

Erfahrungsbericht 12:

„Es war in Spanien, ich war mit meiner Freundin unterwegs, die Landessprache konnten wir zwar leidlich, aber wir hatten keine Vokabeln für solch einen Vorfall.

Wir badeten an einem Atlantikstrand, eine kleine Bucht mit sehr vielen großen Felsen, wodurch man sehr ungestört lagern konnte. Der Strand war gemischt, FKK und für Bekleidete. Als wir von oben (Steilküste) runterkamen, fiel uns ein FKK-Typ auf, der gerade aus dem Wasser kam. Wir hatten nicht vor, extrem lange zu bleiben, es war schon Abend, also legten wir unsere Handtücher nur auf einen Stein und gingen ins Wasser – bekleidet. Wir schwammen ein wenig, kamen wieder heraus und setzten uns mit Handtuch auf einen Stein. Der Typ war weg, wir unterhielten uns ein wenig, da fiel uns auf, dass dieser Typ nicht weg war, sondern hinter einem anderen Stein stand, das Handtuch um die Schultern gehängt und sich einer körperlichen Beschäftigung widmete. Mir war so was schon einmal passiert, und ich habe damals kaum reagiert (außer mit Weggehen und Wegschauen), denn ich bin der Meinung, diese Typen haben eine echt kranke Fantasie, egal, wie man angezogen ist, oder was man macht, sie werden immer einen Grund finden, sich aufzugeilen. Meine Freundin packte aber die Wut, sie rannte auf ihn zu und schrie in einer Mischung aus Spanisch und Deutsch auf ihn ein. An diesem Strand befanden sich ja (hinter anderen Felsen) noch andere Badegäste, sie wollte diese offensichtlich auf den Spanner aufmerksam machen. Die anderen Gäste haben aber überhaupt nicht reagiert. (Verständigungsprobleme oder waren wir halt nur lästige Touristen?)

Daraufhin hat meine Freundin den Typen attackiert, nicht wirklich körperlich, wahrscheinlich hat ihr auch vor ihm gegraust, sie hat einige Hände voll Sand genommen und ihn beworfen. Er ist zurückgewichen und hat sich – glaub ich – relativ schnell eine Hose angezogen. Wir sind schließlich von dort abgehauen.

Ich habe keine Ahnung, was in so einer Situation die richtige Reaktion ist, wie gesagt, war es für mich nicht das erste Mal. Beim ersten Mal hatte ich den Eindruck, dass Nichtbeachtung und eventuell lächerlich machen (‚Hi hi, so ein Kleiner.') für solche gehemmten Typen die schmerzvollste Reaktion wäre. Dort in Spanien habe ich mich aber ein wenig von der Wut meiner Freundin anstecken lassen und habe im Nachhinein einen tätlichen Angriff in Erwägung gezogen, aber wie gesagt:

Eigentlich hat mir vor dem Typen gegraust, ich hätte ihn nicht berühren mögen. Nachdem eine solche Handlung strafbar ist, wäre natürlich eine Anzeige die richtige Reaktion gewesen, aber wer möchte schon seinen Spanienurlaub bei der Polizei absitzen und sich mit Händen und Füßen verständigen müssen, bzw. ist der Typ beim ersten Mal so schnell abgehauen, dass ich in diese Richtung auch keine Chance hatte."

Anmerkung: Nach all den Berichten, die Stefan bislang von betroffenen Frauen/Mädchen erhalten hat, sind gerade solche Typen eher konfliktscheu und scheuen es, quasi „in die Öffentlichkeit" gezerrt zu werden. Das Verhalten der Freundin beurteilen wir daher als richtig und angemessen.

Erfahrungsbericht 13:

„Ich finde zwar meine Erlebnisse nicht so spektakulär, aber vielleicht ist's doch interessant:

Ich bin als kleine Frau (1,60 m) früher sehr oft auf der Straße ‚blöd' angesprochen worden, vor allem abends, und das war immer recht unangenehm. Geändert hat sich das im letzten Sommer mit einem Buch über Selbstverteidigung, in dem besonders die Gedanken über das ideale Opfer und Körpersprache für mich interessant waren. Als ich begonnen habe, an meiner Körpersprache zu arbeiten und mit dem Gedanken ‚belästige mich und du bekommst Probleme' an unangenehmen Typen vorbeizugehen, bin ich kein einziges Mal mehr auch nur schief angeschaut worden. Fast schon unheimlich. ;-)"

Erfahrungsbericht 14:

„Meine Mutter ging eines Abends einen menschenleeren Feldweg entlang, als sie einen unbekannten jungen Mann hinter sich bemerkte, der ihr immer näherkam. Sie war unbewaffnet und hatte kein Training in den Knochen, doch schließlich drehte sie sich um und schrie den Mann zusammen, dass

dieser die Flucht in die entgegengesetzte Richtung ergriff (Indiz für seine bösen Absichten, er hätte ja weitergehen können). Was sie brüllte, ist nicht mehr zu eruieren, jedenfalls tat sie das einzig Richtige in dieser Situation, sie wehrte sich, ehe der vermeintliche Angriff erfolgte, mit ihrer stärksten Waffe (Handys oder Pfeffersprays gab es nicht).

Beispiele für falsche Reaktionen:

Erfahrungsbericht 15:

Ein Mädchen wird von mehreren Jugendlichen in der U-Bahn belästigt, u. a. mit blöden Sprüchen wie: „Hast du einen Freund? Hast du schon mit ihm geschlafen? Warum nicht? Bist du noch Jungfrau?" etc. Sie reagiert ängstlich, ein anderer Jugendlicher/junger Mann kommt ihr schließlich zu Hilfe.

Anmerkung: Das ist eine besonders gemeine Methode, einem Mädchen Angst zu machen, welche leider sehr oft vorkommt und auch funktioniert. Vorschlag: Sich nicht ängstlich immer weiter zurückziehen (Genau das wollen diese Typen!), sondern zunächst verbal aggressiv zurückschlagen: „Was willst du, Wichser? Verpiss dich!"

Generell ist es empfehlenswert, sich in der Nähe des Fahrers aufzuhalten.

Erfahrungsbericht 16:

Große Aufregung vor einem Gymnasium im 15. Bezirk: Schüler der benachbarten Hauptschule haben sich den „Spaß" gemacht, Schülerinnen, die gerade ihre Schule verlassen wollten, von hinten ans Gesäß zu greifen. Die Schülerinnen liefen in das Schulgebäude zurück und holten ihre Turnprofessorin, die aber auch nicht mehr tun konnte, als mit den Jugendlichen zu schimpfen. Deren Reaktion war klar: „Geh Oide, wos wüllst?" („Geh, Alte, was willst du?") Auch der Schulwart hatte (erwartungsgemäß) nicht mehr Erfolg.

Anmerkung: Hätten die Mädchen doch in diesem Fall sofort selbst gehandelt: dem Typen eine Ohrfeige verpassen oder wegstoßen; der „Spaßvogel" hätte es sich mit einiger Wahrscheinlichkeit gut überlegt, so etwas noch mal zu versuchen.

Erfahrungsbericht 17:

Schon viele Male vorgekommen: Gedränge in der U-Bahn/im Bus, ein Typ rückt immer näher und plötzlich spürt frau eine Hand am Gesäß. Manche der Frauen/Mädchen bekommen es mit der Angst zu tun und steigen bei der nächsten Haltestelle aus. Das bestärkt den Täter aber nur in seinem Tun, er hatte ja Erfolg. Besser ist es, den Täter aus der Masse „herauszuholen", indem man anfängt, ihn zu beschimpfen („Du Scheißkerl, nimm deine Hand da weg!") oder ihm einen Stoß zu geben. Im Großteil der Fälle (so haben es Stefan die betroffenen Frauen/Mädchen erzählt) ist der Typ bei der nächsten Station aus der U-Bahn gerannt.

Wenn man einmal die Initiative ergriffen hat, darf man diesen Vorteil nicht mehr aus der Hand geben, so auch schon Miyamoto Musashi[16] in seinem Schwertkampf-Buch „Fünf Ringe":

„‚Aufs Kissen drücken bedeutet so viel wie, jemanden den Kopf nicht heben lassen'. Beim Kämpfen ist es nie gut, wenn man sich vom Gegner lenken lässt und dadurch ins Hintertreffen gerät. Das Ziel muss immer und unter allen Umständen sein, den Gegner so zu lenken, wie man selbst es will. Natürlich wird auch der Gegner das Gleiche versuchen; aber er kann nicht zum Zuge kommen, wenn du es nicht zulässt ..."

16 Berühmtester Samurai Japans, 17. Jh.

2.3.3 PHASE EINSATZ VON STRATEGIEN UND KAMPFTECHNIKEN

In einem zeitlich eng begrenzten Kurs kann es nicht das Ziel sein, den Teilnehmerinnen beizubringen, wie man den Angreifer fachgerecht fixiert, verpackt und zur Polizei transportiert. Das Ziel lautet vielmehr, es dem Angreifer so schwer wie möglich zu machen und ihn – sollte die Abschreckung alleine nicht genügen – durch konsequentes Angreifen aus dem Konzept zu bringen, wodurch die Verteidigerin Zeit gewinnt, die Flucht zu ergreifen.

Hebel, Würfe, Würgetechniken sind daher unter diesen engen Prämissen zu vergessen, ebenso das Prinzip der weichen und nachgiebigen Techniken. Dieses Prinzip ist als Konzept einer friedlichen Lebensführung absolut zu begrüßen, im Falle der körperlichen Konfrontation ab einem bestimmten Punkt jedoch gefährlich.

Stichwort Aikido: Wie lange muss dort trainiert werden, bis diese Techniken auch außerhalb des Dojos, mit einem „nichtkonditionierten" Uke, sprich Angreifer, funktionieren?

Das Bild vom elastischen Weidenzweig, der der Sturmgewalt oder der Schneelast ausweicht, ist schön, aber nicht immer realistisch.

Es bleiben daher die Techniken des Schlagens, Tretens, Schreiens, Beißens und Kratzens in ihren einfachsten Formen.

Ein Irrtum besteht auch darin zu glauben, je mehr Techniken ich beherrsche, desto flexibler kann ich auf die jeweilige Situation reagieren. Vielmehr befinde ich mich dann als „Meister der 1.000 Griffe" in der Position der „Qual der Wahl" und ich werde auf Grund meiner langsamen Reaktion keine Zeit haben, auf die Bedrohung zu reagieren.

Das Prinzip „Go with the Flow" funktioniert erst nach jahrelangem Training (hoffentlich)!

2.3.4 DIE BEDEUTUNG DER DISTANZ

Als erstes Kampfprinzip gilt die Verteidigung der persönlichen Sphäre. Jeder von uns fühlt sich unwohl, wenn diese Distanz durch jemanden unterschritten wird, sofern es sich bei dieser anderen Person nicht um jemanden handelt, dem wir großes Vertrauen entgegenbringen (sei es jemand aus der Familie oder dem Freundeskreis).

In unseren Kursen vermitteln wir dieses Prinzip folgendermaßen: Aus der Gruppe der Teilnehmerinnen wird eine Freiwillige nach vorne gebeten mit der Versicherung, sie werde nicht angefasst, sie solle nur dastehen. In weiterer Folge nähert sich ihr der Übungsleiter und baut sich vor ihr auf, fast Nasenspitze an Nasenspitze. In nahezu allen Fällen erfolgt ein nervöses Verhalten der Teilnehmerin, sie sieht zur Seite in Richtung der anderen Teilnehmerinnen, lacht, geht manchmal ein wenig zurück. In den allerwenigsten Fällen kommt es zu einer heftigeren Reaktion wie Wegstoßen o. Ä. Auf die Frage, ob dies nun angenehm gewesen sei, kam **immer** – egal, wie alt die Teilnehmerin war bzw. wie selbstbewusst sie zuvor aufgetreten ist – die Antwort „nein". Als Begründung wird angeführt, der Übungsleiter sei „zu nahe dran" gewesen.

Der Distanz kommt daher größte Wichtigkeit zu; wir wissen wahrscheinlich aus Instinkt, dass wir bei Unterschreitung einer gewissen Distanz verwundbar werden: Bei der oben genannten Übung wäre es auch einem versierten Kampfsportler/Künstler so gut wie unmöglich gewesen, sich gegen einen Angriff zur Wehr zu setzen.[17]

Ausreichende Distanz verschafft uns Zeit zu reagieren!

---

17 Dies passierte vor Jahren einem Schwarzgurt unseres Vereins: Er wurde auf der Straße um Geld angebettelt. Als er seine Brieftasche öffnete und hineinsah, um ein paar Münzen herauszunehmen, wurde er niedergeschlagen.

Julius Fast beschreibt in seinem Buch „Körpersprache"[18] vier Distanzzonen:

- die intime Distanz,
- die persönliche Distanz,
- die gesellschaftliche Distanz,
- die öffentliche Distanz.

Die persönliche Distanz reicht nach Fast bis maximal 150 cm. Wird diese persönliche Distanz oder vielleicht sogar die intime Distanz (weniger als 60 cm) von einem Fremden unterschritten, beginnt man, sich unwohl zu fühlen und reagiert. Diese Reaktion kann in einem Zurückweichen bestehen oder in einer verbalen Zurechtweisung.

Instinktiv wird oftmals versucht, eine genehme Distanz zu erhalten: Man denke an die Situation, dass man sich zunächst allein im Lift befindet und – in der Mitte stehend – diesen quasi in Besitz nimmt. Sobald jedoch jemand einsteigt, rückt man automatisch zur Seite, um die Distanz zu wahren. Ähnlich die Situation an einer fremden Wohnungstüre: Man klingelt; sobald man wahrnimmt, dass sich die Türe im nächsten Moment öffnen könnte, tritt man unwillkürlich einen Schritt zurück.

In bestimmten Situationen lässt sich die Distanz jedoch nicht wahren, so bei dichtem Gedränge in der U-Bahn oder im Bus. In dieser Situation wird versucht, den anderen zu ignorieren, man richtet den Blick auf die (entfernte) Umgebung oder kontrolliert sein Handy.

Instinktiv – oder auch bewusst – werden daher alle Vorbereitungshandlungen (vgl. dazu Kap. 2.1) nur zu einem Zweck eingesetzt: Das Opfer geistig zu entwaffnen und gleichzeitig die Distanz zu verkürzen. Dies funktioniert in den Kursen in schöner Regelmäßigkeit – trotz vorheriger Besprechung – in 90 % der Fälle: Die Teilnehmerinnen lassen sich auf Diskussionen ein,

18 Vgl. Fast (2000).

schalten in den Rückwärtsgang, überlassen so dem Angreifer die Initiative und geraten dadurch in gefährliche Nähe ihres Gegenübers.

Im Frühjahr 2005 kam es in Wien zu mehreren Überfällen auf junge Frauen, einer davon mit tödlichem Ausgang:

Wien (APA) – Ein Sex-Unhold treibt derzeit in Wien sein Unwesen. Wie die Kriminaldirektion am Freitag mitteilte, ist eine 31-jährige Frau am Donnerstagabend im Hof ihres Wohnhauses von einem Unbekannten mit einem Messer schwer verletzt worden. Der Fall weist große Parallelen zu einer ähnlichen Tat vom 2. Mai in der Leopoldstadt auf.

Die 31-jährige Natascha I. war kurz vor 21.30 Uhr von der U 6-Station Josefstädter Straße zu ihrem Wohnhaus in der Veronikagasse gegangen. Dabei hatte sie bereits bemerkt, dass ihr ein Mann folgt. Der Mann ging hinter ihr in das Wohnhaus und attackierte sie im Hof, nachdem er sie nach der Uhrzeit gefragt hatte. Er zerrte an ihrer Bluse und sagte, dass er Sex wolle. Natascha I. wehrte sich, der Mann stach zweimal zu. Anwohner wurden durch die Schreie aufmerksam, der Mann flüchtete. Nach einer Notoperation ist die Frau außer Lebensgefahr.

Vor allem der Umstand, dass der Täter nach der Uhrzeit fragte, deutet darauf hin, dass der Täter zumindest ein weiteres Mal zugeschlagen hat, hieß es. Am 2. Mai wurde eine 43-jährige Frau in der Schrotzberggasse auf dem Nachhauseweg überfallen. Auch damals fragte der Täter, wie spät es ist. Als sich die Frau seinen sexuellen Avancen widersetzte und um Hilfe schrie, fügte er ihr eine Schnittverletzung am Hals zu.

Möglicherweise könnte ein weiterer Vorfall ebenfalls diesem Täter zuzuordnen sein. Am 4. April ging eine Frau von der U-Bahnstation Friedensbrücke zu ihrer Wohnung auf der Spittelauer Lände in Alsergrund. Sie wurde ebenfalls von einem Unbekannten nach der Uhrzeit gefragt. Die Frau konnte allerdings die Haustür sofort hinter sich zuziehen.

In diesem Zusammenhang ist auch ein zentraler Satz aus dem Buch des Kriminalpsychologen Thomas Müller[19] „Bestie Mensch" (2004) zu erwähnen:

„Es ist nicht entscheidend, was jemand sagt, sondern das, was er tut, denn jeder Mensch hat das Recht zu lügen, bestimmte Dinge beschönigend darzustellen und Fakten zu verdrehen. Aber es gibt einen Augenblick der Wahrheit: die Handlung – die Tat."

Auch Paul Watzlawick versteht Verhalten jeder Art als Kommunikation. Da Verhalten kein Gegenteil hat, man sich also nicht nicht verhalten kann, ist es auch unmöglich, nicht zu kommunizieren.[20]

Und in unserem Fall zu ergänzen: Die Absicht völlig zu verschleiern.

Wie verhindert frau nun, dass der andere die Initiative ergreift und seiner Absicht gemäß handelt?

Durch folgendes Verhalten:

- Stehen bleiben (nicht rückwärts gehen), sich dem anderen zuwenden und ihn dadurch konfrontieren. Das ist nach den Erfahrungswerten der Autoren die schwierigste Übung.[21]
- Die Hände vor den Körper bringen, das macht dem anderen die Annäherung schwieriger.
- Auf keine Diskussion einlassen, sondern stereotyp und laut wiederholen: „Nein, ich habe kein Interesse" bzw. „Lassen Sie mich in Ruhe".

---

19 Thomas Müller ist Kriminalpsychologe und Gründer des Kriminalpsychologischen Dienstes im österreichischen Innenministerium.

20 Paul Watzlawick (*27. Juli in Villach, Österreich) ist ein österreichischer Psychotherapeut und Autor mit Wahlheimat in Kalifornien.

21 Ein Mädchen schaffte es jedoch, während der „Anmachphase" unmerklich von sich aus die Distanz zu verkürzen. Am Ende der Übung stellte Stefan fest, dass er sich nun in einer Rückwärtsbewegung befand.

Selbstverständlich ist es auch möglich, dass der andere tatsächlich nur die Uhrzeit oder den Weg erfragen möchte. Dann können wir die gewünschte Auskunft natürlich erteilen, achten aber dennoch auf die Distanz.

2.4 ZIEL- STATT TECHNIKORIENTIERUNG

Die besondere Lage einer Frau in einer Selbstverteidigungssituation (Kraftunterschied, Adrenalinausschüttung, Konfrontation mit brutaler Gewalt und übelster verbaler Bedrohung etc.) lässt eine Konzentration auf bestimmte Techniken nicht zu. Die primären Ziele einer Selbstverteidigungssituation lauten daher **Zeit- und Raumgewinn**. Das bedeutet, dass **alle** Aktionen der Herausarbeitung der Möglichkeit wegzulaufen dienen. Als allgemeines Muster könnte man anführen:

Schreien + Aktion landen + Sprint weg vom Angreifer.

Wie die Aktion in diesem Muster aussieht, ist zweitrangig. Wenn eine Frau mental darauf eingestellt ist, eines oder mehrere der folgenden Ziele anzugreifen, dann ist es egal, mit welcher Technik oder welchen Hilfsmitteln das geschieht:

1. **Augen**
   Sehr empfindlich! Deshalb ist keine große Kraft nötig, um einen (eventuell nicht wieder gutzumachenden) Schaden anzurichten oder dem Angreifer die Sicht für eigene Folgeaktionen zu nehmen. Aber: Präzision ist vonnöten!

2. **Hals (Kehlkopf, Luftröhrengrube)**
   Ein potenziell tödliches Angriffsziel! Geeignet, dem Angreifer die Luft zu nehmen.

3. **Unterleib**
   Ob treten, schlagen, quetschen, reißen usw., der Albtraum eines jeden Mannes! Aktionen in dieser Region müssen schnell und konsequent erfolgen, da einem Mann Böses schwant, wenn Bewegungen in diese Richtung erfolgen ...

4. **Schienbeine/Knie**
   Tritte gegen diese Ziele sind schwer abzuwehren und äußerst schmerzhaft. Ein Angriff auf diese Stellen ist zwar für sich genommen keine K.O.-Technik, doch durch die Überraschung und die Schmerzen beim Angreifer ergeben sich eventuell Lücken für Folgetechniken bzw. die Möglichkeit wegzurennen (siehe oben). Weiterhin dämmert es dem Angreifer, dass er vielleicht doch nicht das wehrlose Opfer vor sich hat, das sich der Feigling erhofft hatte!

Resümee: Techniken werden vergessen, wenn sie nicht genügend trainiert werden. Die Zielorientierung entspricht jedoch einer mentalen Matrix, an der frau sich im Ernstfall entlanghangeln kann.

2.5 „WÄHLEN SIE IHRE WAFFEN, MADAME!"

2.5.1 KONKRETE KAMPFTECHNIKEN

Wir behandeln hier „Notfalltechniken", hässliche Techniken. Oft genug wollten die Teilnehmerinnen vergangener „Selbstverteidigungskurse" mit ihrem Können glänzen, auf die Art: „Halt mich einmal am Handgelenk fest und ich werde mich mit einer kleinen Bewegung befreien." Das hat noch nie funktioniert! Eher sah es regelmäßig so aus, als würde das Mädchen mit dem Kursleiter Volkstanzen wollen. Solche Techniken sollten Leuten vorbehalten bleiben, die Jahre in ihr Training investieren wollen.

Sollte sich der Angreifer durch das Wegstoßen nicht abschrecken lassen, wird es gefährlich, mehr als 2 x sollte diese weiter oben beschriebene Strategie nicht ausgeführt werden, da das Überraschungselement verloren geht. Bei Vorliegen einer ernsthaften Gefahrensituation – deren Beurteilung jedem selbst überlassen bleiben muss – hilft jetzt nur noch konsequenter Angriff mit einfachsten, jedoch wirksamsten Techniken[22], die, wenn angewandt, dem Angreifer schwere Verletzungen zufügen können.

Jeder, der schon einmal eine Katze beobachtet hat, weiß um deren Strategie: Schläge mit den Pfoten zum Gesicht ihres Widersachers. Genau so können wir auch angreifen: eine Reihe von Schlägen und Stößen mit den Händen und Fingern zum Gesicht des Angreifers. Dies bleibt jedoch weit gehend ohne Wirkung, wenn wir nicht gleichzeitig vorstürmen, so, als würden wir den Angreifer niederrennen, plattmachen wollen. Das hat einen ungeheuren Schockeffekt: Glaubte er soeben noch, leichtes Spiel zu haben (sonst hätte er sich ja von vornherein ein anderes Opfer ausgewählt), wird er nun urplötzlich angegriffen.

Ungemein verstärkt wird diese Wirkung noch, wenn wir im Vorstürmen auch noch losbrüllen, so laut und aggressiv wie nur möglich. Je mehr Angst wir haben, umso lauter schreien wir sie aus uns heraus. Dieses Schreien kann man als eine Art seelisches Korsett sehen. Nicht umsonst wird in den Budokünsten auch der „Kiai" („Schrei") geübt. Was wir schreien, ist weit gehend egal, Hauptsache, es ist laut (zur besseren Vorstellung male man sich vor dem geistigen Auge eine Horde heranstürmender Wikinger aus).

Eine weitere Technik, welche ebenfalls für größere Entfernung gedacht ist, ist eine Beintechnik, wie sie hauptsächlich im Thaiboxen praktiziert wird, auch bekannt als „Low Kick": Der Tritt mit dem Schienbein zum Oberschenkel bzw. zum Knie. Wird das Knie richtig getroffen, wird es zu Bänderrissen und Knorpelverletzungen kommen. Wird der Oberschenkel getroffen, ist es für kurze Zeit vorbei mit Gehen, geschweige denn mit Laufen. Zumindest so lange, dass sich das „Opfer" aus dem Staub machen kann.

---

22 So sagte schon Mikinosuke Kawaishi, Begründer der Kawaishi-Ryu JuJitsu, man solle „ne pas compliquer".

Um maximale Wirkung zu erzielen, sollte das Schienbein ca. im 90°-Winkel am Oberschenkel auftreffen, so entfaltet sich die kinetische Energie komplett in der Muskulatur – mit entsprechender Wirkung. Dazu ist es notwendig, dass das Standbein ausdreht. Der Tritt sollte so ausgeführt werden, als wollte man durch das Bein hindurchtreten, ansonsten bliebe der Tritt an der Oberfläche (schön in einem Wettkampf, fatal in der Selbstverteidigung). (Genaue Beschreibung und Bilder: siehe Kapitel „Schienbeintritte")

Sollte es trotz aller Bemühungen (oder aus Unentschlossenheit) zu Körperkontakt kommen, muss es schnell gehen, ansonsten findet sich das Opfer innerhalb kürzester Zeit in der Bodenlage wieder.

Erfahrungsbericht 18:

Ein Mädchen wird auf dem Schulweg durch einen Mann von hinten gepackt und festgehalten. Sie kämpft, tobt herum und fasst ihn an der Kehle. Der Mann flüchtet.

Anmerkung: Kämpfen zahlt sich immer aus! Noch besser ist es freilich, sich nicht überraschen zu lassen: Das Mädchen lauschte ihrem iPod, weshalb sie wahrscheinlich ein wenig unaufmerksam war.

Erfahrungsbericht 19:

„Ich (22 Jahre, w) war vor ca. zwei Jahren mit ein paar Freundinnen in einem Lokal, als sich plötzlich irgend so ein angesoffener, bulliger Typ neben uns gestellt hat! Erst hat er nur blöd herumgelabert und gesagt, er würde jede von uns ankotzen, dann hat er sich hinter eine Freundin von mir gestellt und angefangen, sie überall anzutatschen! Also, ich bin nun wirklich kein gewalttätiger Mensch, denn ich verabscheue Gewalt, aber da hab ich echt rotgesehen! Ich hab ihn am Arm gepackt, ihn von meiner schon fast weinenden Freundin weggezogen und ihm mit den Worten, er solle sich ja verpissen, einen Stoß gegeben! Plötzlich hat sich dieses Subjekt mitten in der Bewegung

umgedreht und wie ein Wahnsinniger angefangen, auf mich einzuschlagen! Da ich selbst schon ziemlich angetrunken war, konnte ich nicht so schnell reagieren, aber Gott sei Dank bin ich instinktiv einen Schritt zurückgegangen, sonst hätte er mir die Zähne ausgeschlagen. So hatte ich aber ‚nur' einen kleinen Riss in der Lippe (was meiner Meinung auch schon zu viel ist). Nach ein paar abgeblockten Schlägen hab ich endlich die Möglichkeit bekommen, mir Luft zu verschaffen und ihm einen Schlag auf die Nase verpasst. Um noch mehr Abstand von ihm zu bekommen, hab ich ihm in den Solarplexus getreten, wonach er nach hinten getaumelt und gegen eine Gruppe von Burschen geprallt ist. Die haben dann bemerkt, was los ist und ihn auch sofort festgehalten, da dieser Verrückte nochmals auf mich losgehen wollte. Als das nicht ging, versuchte er, auf die ihn festhaltenden Jungs einzuschlagen. Dann hat er es doch geschafft, sich loszureißen und ist abgehauen.

Meine Freundinnen und die umstehenden Leute haben alle ziemlich geschockt dreingeschaut. Ich war auch leicht geschockt, da mir so etwas noch nie zuvor passiert ist. Ich meine, als Mädchen wird man öfters blöd von irgendwelchen Typen angemacht, aber zugeschlagen hat bis jetzt noch keiner. Okay, vielleicht hätte ich ihm auch keinen Stoß geben sollen, denn das wird er als Kampfansage gewertet haben, aber ich habe nur versucht, meine Freundin zu beschützen. Ich kann doch nicht einfach nur zusehen und nichts machen, wenn sie belästigt wird, und wie hätte ich den sonst von ihr wegbekommen?

Ich hatte zwar beim Training (hab eine Zeit lang Karate gemacht) schon öfters Schaukämpfe, aber die waren nur gestellt. Nie hätte ich mir zu träumen gewagt, in so einer Situation so gut reagieren zu können. Es ist alles so schnell gegangen, der Kampf hat gerade einmal 10 Sekunden gedauert, wenn überhaupt, mir sind sie aber wie Minuten vorgekommen.

In der heutigen Zeit kann ich wirklich nur jedem empfehlen (besonders Frauen), irgendeine Kampfsportart auszuüben, denn glaubt mir, irgendwann einmal werdet ihr froh sein (so wie ich), wenigstens die Grundkenntnisse zu besitzen."

Anmerkung: Betrunkene können unangenehm werden, da sie weniger auf scharfe Aufforderungen oder Einschüchterungsversuche (Wegstoßen) reagieren als Nüchterne und auch schmerzunempfindlicher sind (dafür sind sie langsamer – daher wegrennen, wenn möglich), Hemmschwellen (Schlagen eines Mädchens) fallen weg.

Die Erzählerin hat sehr genau alle wesentlichen Elemente eines echten Kampfs geschildert: Alles ist in ein paar Sekunden vorbei, veränderte Zeitwahrnehmung, das Gefühl danach. Wir denken, hätte sie nicht schon Trainingserfahrung gehabt, hätte der erste Schlag gegen sie gesessen und das Ganze wäre anders ausgegangen.

2.5.2 RICHTIGES FALLEN

Wer nicht gelernt hat, zu fallen, hat Angst vor dem Boden. Man hat gelernt, dass ein Sturz gefährlich sein kann und will daher um jeden Preis einen Bodenkontakt vermeiden. Dies wird häufig dadurch versucht, dass sich der Stürzende mit den Händen abstützt. Nun ist das immer noch besser, als mit dem Kopf aufzuschlagen[23], aber auch hierbei kommt es zu typischen Verletzungen, wie sie auch bei Sportarten, wie z. B. Inlineskaten oder Snowboarden, häufig auftreten, und zwar zum Bruch der Speiche. Bei einer derartigen Verletzung erkennt der Arzt ohne große Befragung des Verletzten den Unfallhergang.

Ist es daher besser, sich mit dem Ellbogen abzustützen? Auch das ist nicht eben ratsam: So kann es zu Knochenabsplitterungen und Verletzungen der Schleimbeutel kommen.

Dass der Kopf nicht aufschlagen sollte, müsste wohl jedem klar sein.

Wäre es vielleicht sinnvoll, den Fall (zumindest beim Fall rückwärts) auf eine möglichst große Fläche zu verteilen, also flach auf den Rücken zu fallen?

---

23 Eine Studie in Deutschland hat ergeben, dass die Kopf- und Gesichtsverletzungen bei Schulkindern zunehmen. Grund: Der reduzierte Turnunterricht, wodurch die Kinder „normale" Schutzmechanismen wie eben das Abstützen oder das Wegdrehen des Gesichts verlernen.

Auch ein solcher Vorschlag kann nur von jemandem kommen, der als Kind nie von der Schaukel auf den Rücken gefallen ist, sonst wüsste er oder sie, dass dies eine äußerst unangenehme Erfahrung ist: Abgesehen von der Gefahr einer Verletzung der Wirbelsäule wird bei einem derartigen Fall die Luft in der Lunge komprimiert (was ebenfalls Verletzungen auslösen kann) und der Betroffene hat tatsächlich (zumindest für einige Sekunden) das Gefühl, ersticken zu müssen.

Sollte man sich daher weit zur Seite drehen? Auch das ist nicht zu empfehlen. Schlägt man mit der Schulter auf, kann es zum Bruch des Schlüsselbeins oder zu Bänderverletzungen in der Schulter kommen.

Was bleibt nun übrig? Die Budokünste haben verschiedene Methoden entwickelt. So wird z. T. die Energie durch eine Rolle aufgenommen oder ein Teil der Bewegungsenergie durch kraftvolles „Abschlagen" mit einem oder beiden Armen auf den Boden vernichtet. Wer aber schon einmal z. B. auf Parkettboden mit Schwung abgeschlagen hat, weiß, dass diese Methode auf weichen (Matten-)Boden beschränkt bleiben sollte.

Die Angst vor dem Boden ist angelernt. Kleine Kinder haben diese Angst noch nicht, sie fallen (meistens) unbekümmert hin – wenn auch ihre Fallhöhe eine geringere ist – und stehen unbeschadet wieder auf. Diese Unbekümmertheit gewinnen unter gewissen Umständen auch Erwachsene wieder: und zwar, wenn sie ein wenig zu tief ins Glas geschaut haben ... Betrunkene – sofern sie nicht mit dem Kopf aufschlagen – verletzen sich beim Fallen nicht, sie sind „entspannt".

Eine Methode, die sich bewährt hat und die rasch zu lernen ist, ist folgende:

Zunächst rollt man aus der Hocke nach hinten und kommt in die Ausgangsposition zurück. Auf weichem Boden funktioniert dies einwandfrei, dann sollte man das Abrollen jedoch auf hartem Untergrund ausprobieren. Der Schüler/die Schülerin wird selbst feststellen, dass dies für die Wirbelsäule äußerst unangenehm ist und wird sich von selbst – oder mit kleiner Hilfestellung seitens des Lehrers – in eine seitlichere Position bringen, sodass über die Rückenmuskulatur neben der Wirbelsäule abgerollt wird.

Diese Übung wird im Stand fortgesetzt, indem man sich – mit verschränkten Armen – jeweils auf eine Pobacke setzt, ausatmet, nach hinten abrollt und wieder aufsteht (Letzteres ruhig auch mit Zuhilfenahme der Hände). Ab und zu kommt der Einwand, man könnte sich doch auf beide Pobacken setzen, das würde den Aufprall besser dämpfen: Grundsätzlich wäre das eine Überlegung wert, wäre da nicht unser Steißbein. Dieses kann bei einer derartigen Belastung brechen, was einen sehr langen und schmerzhaften Heilungsprozess nach sich zieht (Was sollte man hierbei auch eingipsen?).

Im schlimmsten Fall erleidet man blaue Flecken am hinteren Beckenrand oder am Schulterblatt, diese vergehen jedoch relativ rasch wieder. Wir haben nun mal Knochen (sonst könnten wir nicht aufrecht stehen), und diese stehen bei dem einen mehr, bei dem anderen weniger hervor.

Auch hier geht es uns schlussendlich um Schadensminimierung.

2.5.3 VERTEIDIGERIN AM BODEN, ANGREIFER IM STAND

Nun kann es selbstverständlich geschehen, dass die Frau/das Mädchen trotz aller Vorsichtsmaßnahmen selbst gestoßen wird, vielleicht hat sie den Angreifer nicht energisch genug weggeschubst und es erfolgte automatisch der „Gegenschubs". Normalerweise genügen ein, zwei Schritte, um das Gleichgewicht wieder herzustellen. Was aber, wenn sich hinter uns ein Hindernis befindet, z. B. eine Gehsteigkante? Dann ist ein Sturz unvermeidlich. Wer aber verletzt am Boden liegt, dessen Chancen verschlechtern sich erheblich.

Wie schon gesagt, die Ausgangslage ist nicht eben günstig: Der Angreifer scheint alle Vorteile auf seiner Seite zu haben, er kann mit den Beinen treten, er kann schlagen, er kann sich auf sein Opfer stürzen.

Unsere Strategie im Stand war es, den anderen mit den Armen auf Abstand zu halten. Dies wird hier natürlich nicht funktionieren. Unser Ziel muss es sein, uns Zeit zu verschaffen, um aufstehen und wegrennen zu können. Dies gelingt uns, indem wir dem anderen wehtun: In unserer gegenwärtigen Position können wir höchst effektiv mit den Beinen agieren und den Angreifer mit unseren Füßen dort treffen, wo es wehtut: selbstverständlich zwischen den Beinen, am Knie und – im Übungsfall – am Schienbein.

Wie positionieren wir uns dazu? Es gibt zwei Möglichkeiten, jeder sollte die für ihn angenehmere wählen:

Zum einen kann man sich nach dem Fall einfach hinsetzen und sich mit den Armen (die hoffentlich noch heil sind) hinten abstützen. Ist der Angreifer in

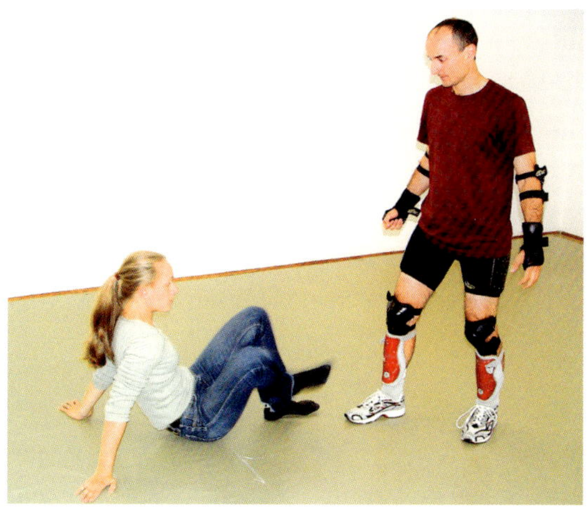

Bild 3a

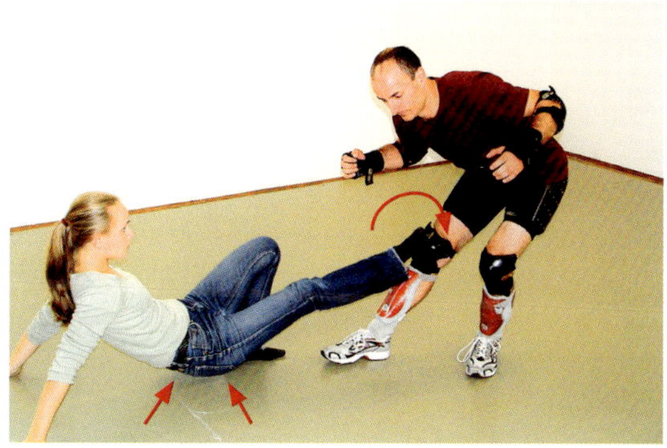

Bild 3b

Reichweite, wird auf die oben genannten Regionen gezielt. Um in die Tritte mehr Energie zu legen, das Gesäß vom Boden heben. Keinesfalls sollte man mit den Füßen wie ein Käfer in der Luft herumzappeln, sondern gezielt mit Schub nach vorne zutreten. Der Fuß wird – um die Trefferwahrscheinlichkeit zu erhöhen – nach außen gedreht.

Zu bedenken beim Üben ist, dass ein Tritt ins Knie zu Bänderrissen und Knorpelschäden führen kann.

Zum anderen empfiehlt sich eine liegende Seitposition. Aus dieser Position heraus wird – am besten mit dem oberen Bein – wieder angegriffen. Ein großer Vorteil dieser Position besteht darin, dass – sollte der Angreifer es schaffen, an den Beinen vorbeizukommen und zu treten – der Kopf und das Gesicht mit den Armen geschützt werden kann: In diesem Fall muss die Verteidigerin mit beiden Unterarmen mit aller Kraft zum Schienbein des tretenden Beins schlagen; dies ist für beide Seiten schmerzhaft, jedoch schützt ein defensives Verstecken des Kopfs in den Armen nicht vor der Gewalt eines Tritts.

Allen Methoden ist gemeinsam, dass mit aller Vehemenz vorgegangen werden muss. Die Verteidigerin sollte sich vergegenwärtigen, dass der Mann derjenige ist, welcher angreift. Sollte dies nicht geschehen, ist die Wahrscheinlichkeit groß, dass die Verteidigerin einfach überrannt wird oder ihre Beine gepackt und damit für eine Verteidigung unbrauchbar werden.

Ebenso muss sich die Verteidigerin mit dem Angreifer mitbewegen, sollte dieser versuchen, die tretenden Beine zu umlaufen.

Nach einem kraftvollen Treffer darf die Verteidigerin keine Zeit verlieren, sondern sollte so rasch wie möglich aufspringen und sich in Sicherheit bringen.

2.5.4 VERTEIDIGERIN UND ANGREIFER AM BODEN

Kann das Opfer – welches in der Regel kleiner, schwächer und leichter als der Angreifer sein wird – diese Nachteile im Stand u. U. noch durch eine größere Behändigkeit wettmachen, sieht es am Boden, im Bodenkampf, traurig aus: Nicht umsonst gibt es im Judo oder auch im Ringen Gewichtsklassen, die den Wettkämpfern annähernd gleiche Chancen einräumen sollen.

Am Boden gilt daher – in noch höherem Ausmaß als im Stand – dass alles erlaubt sein muss, auch in Hinblick auf die nunmehr klare Intention des Angreifers. Die Frau/das Mädchen darf nunmehr jede Technik anwenden, welche ihr hilft, diese außerordentlich gefährliche Situation möglichst unbeschadet zu überstehen. Dazu gehören **Schlagen, Treten, an den Haaren ziehen, an den Ohren ziehen, Kratzen, Spucken, Kneifen („Zwicken"), Beißen[24] und – ganz generell – Rumtoben wie verrückt.**

Wir nehmen jetzt beispielhaft eine Art des Angriffs heraus, wie er – wie Untersuchungen gezeigt haben – typischerweise gegen Frauen und Mädchen passiert. Motive liegen wiederum im sexuellen Bereich, auch spielt der Gedanke, „Macht" ausüben zu können, eine große Rolle: das Würgen mit den Händen am Hals des Opfers. Dieser Angriff bedeutet Lebensgefahr: Wird der Kehlkopf – ein Knorpel – verletzt bzw. bricht er, zieht sich das ganze Gebilde zusammen, schwillt an. Die Folge: Tod durch Ersticken. Mögliche Gegenmaßnahme: ein Luftröhrenschnitt – wer's kann ... Wir dürfen uns daher mit den hässlichsten Techniken, die uns zur Verfügung stehen, zur Wehr setzen.

Grundsätzlich sind folgende (räumliche) Positionen der beiden Personen zueinander möglich:

---

24 Wegen der Gefahr von Infektionen durch Blut sollte nach Möglichkeit durch ein T-Shirt, Hemd, Hose etc. und nicht ins nackte Fleisch gebissen werden!

2.5.4.1 Opfer in Rückenlage, Angreifer kniet daneben

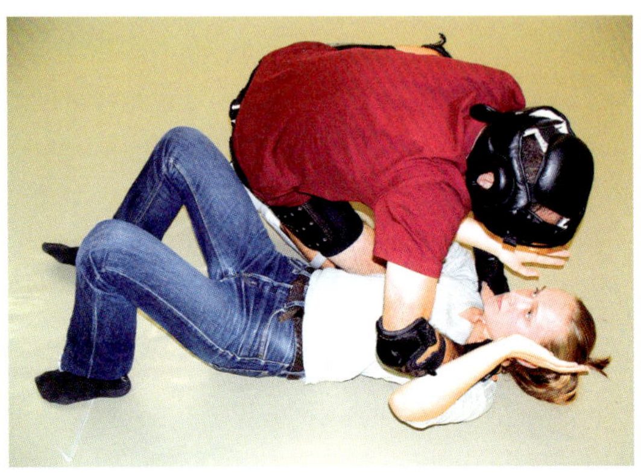

Bild 4a: Ausgangssituation: Hände direkt hochnehmen.

Erster Schritt „Schildkröte": Kinn an die Brust, Schultern hoch. Dadurch ist der verletzliche Kehlkopf geschützt, selbst wenn der Angreifer seine Hände schon am Hals des Opfers hat.

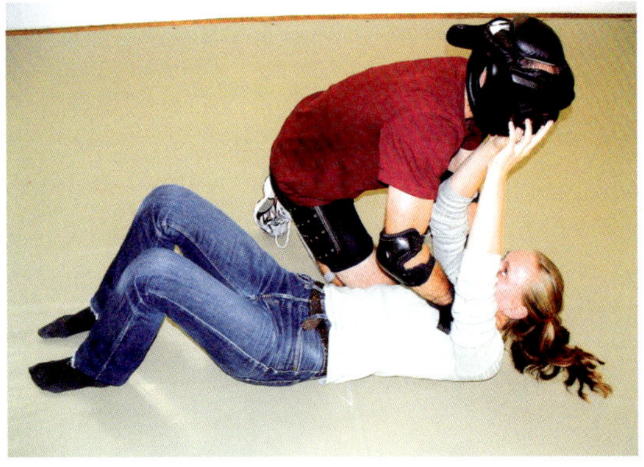

Bild 4b: Direkter Angriff zu den Augen. Dadurch wird Distanz geschaffen, die die Verteidigerin dazu ausnutzt, ein Knie zwischen sich und den Körper des Angreifers zu bringen.

Zweiter Schritt: Dem Angreifer nicht à la „Stan und Ollie" mit einem, sondern mit allen 10 Fingern ins Gesicht stoßen. Die Chance, dass zumindest ein Finger den Weg in ein Auge findet, ist dadurch relativ hoch, zumal wenn man bedenkt, dass die Augen quasi in zwei Trichtern sitzen, sodass jeder Weg zu ihnen führt. An dieser Stelle erhebt sich in den Kursen regelmäßig ein Geschrei der Ablehnung und des Ekels, jedoch dient das Ganze einem guten Zweck – Überleben einer lebensbedrohlichen Situation.

Wenn die Autoren jedes Mal, wenn die Frage: **„Was ist aber, wenn die Arme zu kurz sind?"**, auftaucht, einen Euro bekämen, wären sie reich. So bleibt nichts anderes übrig als die Teilnehmerinnen selbst ausprobieren zu lassen, ob sie selbst (als Angreifer) mit gestreckten Armen und weggedrehtem Gesicht noch fest zudrücken könnten.

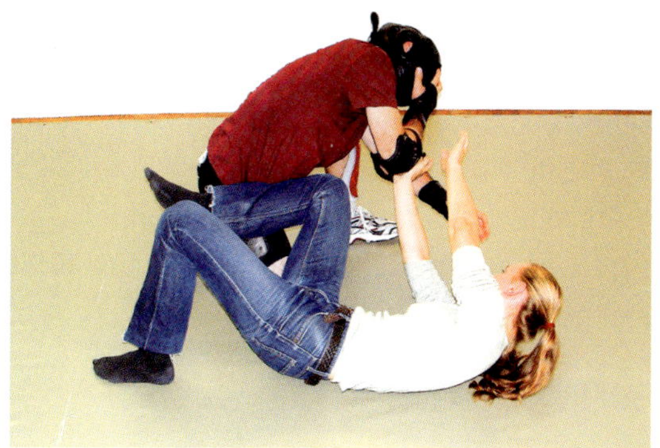

Bild 4c

Dritter Schritt (falls noch nötig): Den Angreifer wegstoßen (mit den Knien, Füßen, Armen).

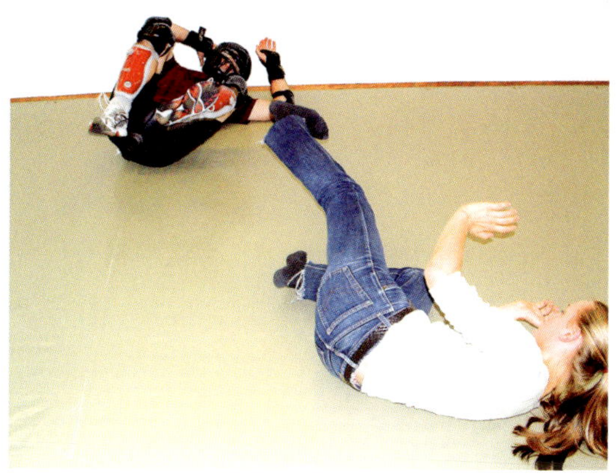

Bild 4d

Vierter Schritt: Aufstehen, wegrennen.

2.5.4.2 Opfer in Rückenlage, Angreifer zwischen den Beinen

Selbstverständlich ruft diese Position bei Frauen und Mädchen besondere Ängste hervor. Man kann ihnen jedoch klarmachen, dass sich der Angreifer in Wahrheit in einer schwachen Position befindet, dass geübte Bodenkämpfer sich sogar bemühen, den Gegner in diese Position zu bekommen.

Allerdings ist es z. T. haarsträubend, wenn man im Zuge der Kurse von den Teilnehmerinnen zu hören bekommt, was ihnen schon als „Selbstverteidigungstechniken" in dieser Situation verkauft wurde: So sollten Mädchen im Volksschulalter den Angreifer in eine Nierenschere nehmen und zudrücken, anderen Mädchen wurde ein komplizierter Ellbogenhebel (für Kenner: Gyaku-juji) als wirksame Technik gezeigt. Wohlgemerkt in Kurzkursen und nicht im Rahmen eines Vereinstrainings.

Wir bleiben bei den einfachen Dingen:

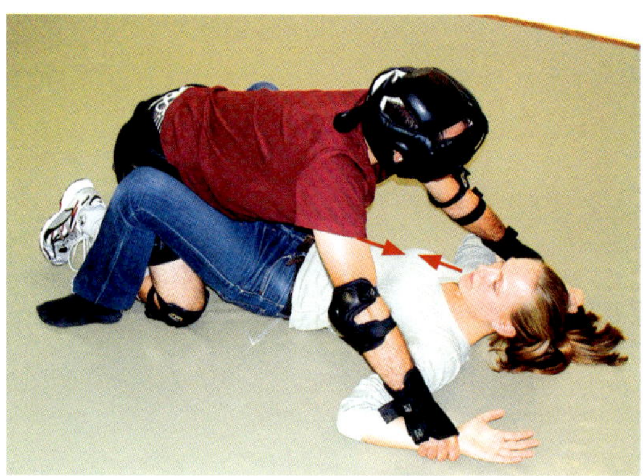

Bild 5a

Auf den ersten Blick wirkt diese Situation für die Verteidigerin aussichtslos. In Wirklichkeit handelt es sich jedoch um eine Pattsituation. Will der Angreifer eine Vergewaltigung versuchen, so muss er zumindest eine Hand lösen, um seine oder die Hose des Opfers zu öffnen. Dies bietet für die Verteidigerin die Gelegenheit, die nachfolgende Abwehrsequenz durchzuführen.

Zu Beginn macht sich die Verteidigerin klein und krümmt ihren Körper, um sich der Idealform einer Kugel anzunähern. Dadurch fällt es dem Angreifer schwerer, sie zu kontrollieren.

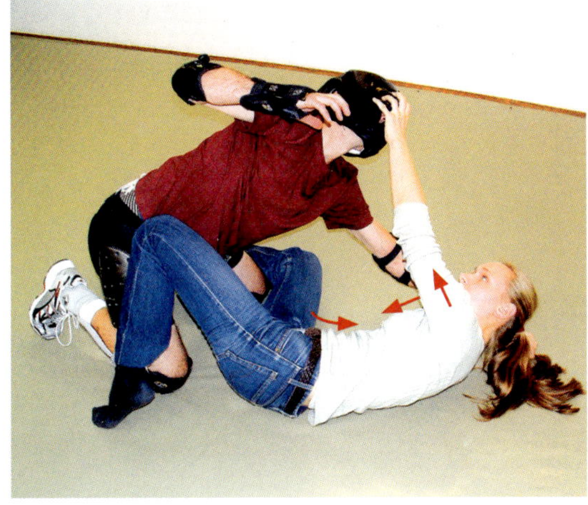

Bild 5b: Vehement stößt das vermeintliche Opfer die Handkralle in die Augen des Angreifers. Durch Anspannung der Bauchmuskulatur wird die Kraft dieses Gegenangriffs noch gesteigert.

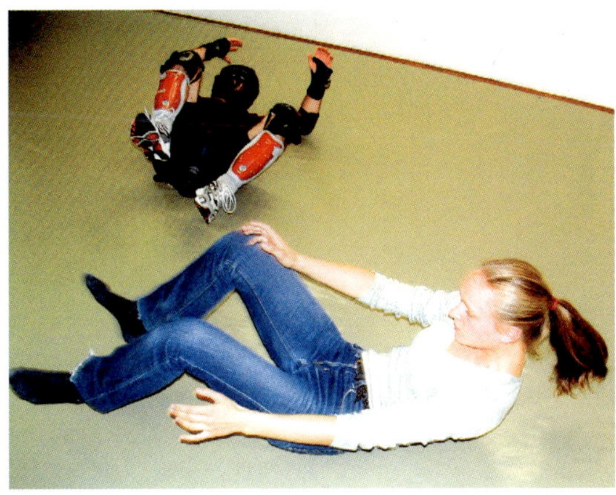

Bild 5c

2.5.4.3 Opfer in Rückenlage, Angreifer im Reitsitz auf dem Bauch

Jetzt wird es gefährlich: Der Angreifer befindet sich in einer sehr starken Stellung und hat die Möglichkeit, sein Opfer zu schlagen oder aber – wie bisher – zu würgen. Bleiben wir beim Würgen:

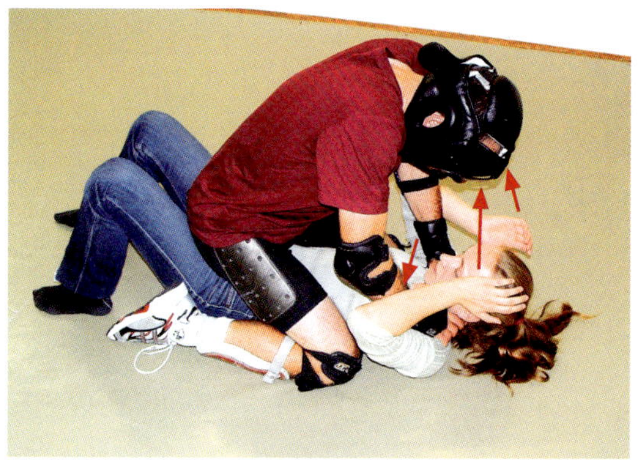

Bild 6a: „Schildkröte": Arme hoch, Kinn runter

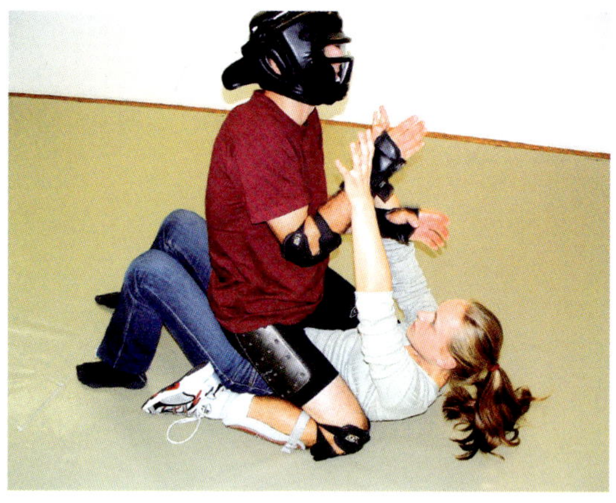

Bild 6b: Konsequenter Angriff in die Augen

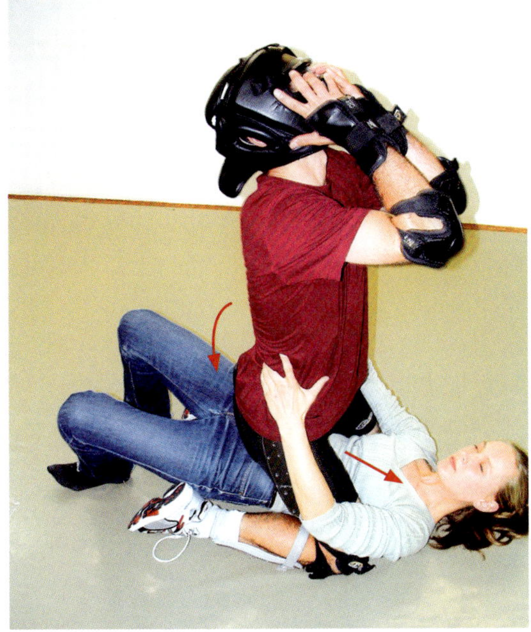

Bild 6c

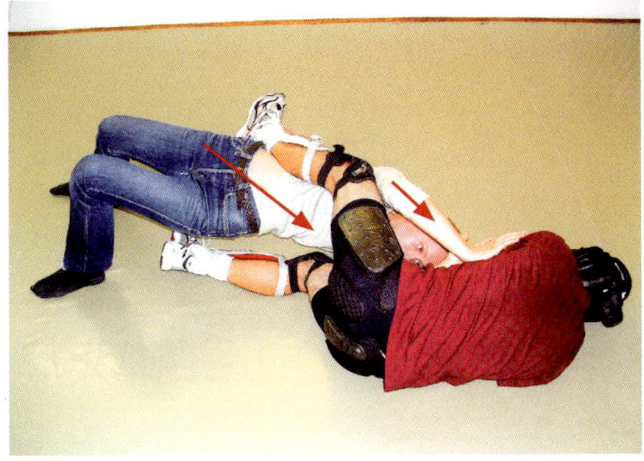

Bild 6d

Vom Angreifer lösen (wegstoßen). Das ist der schwierigste Teil (sofern der Angreifer im Schmerz nicht schon zur Seite gekippt oder aufgesprungen ist). Um bei den Teilnehmerinnen die Akzeptanz für das Kommende zu erhöhen, kann man sie selbst herumprobieren lassen, wie man einen Gegner am besten loswird (Prämisse muss jedoch sein, dass wir ihn schon in den Augen erwischt haben, sonst wäre die Sache ziemlich aussichtslos). In gut 90 % der Fälle kommen die Frauen und Mädchen selbst auf die Methode, die noch am ehesten Erfolg verspricht:

Abwurf des Angreifers mittels der im brasilianischen Jujitsu so genannten „Upa": Die Hüfte schnellt hoch, der Körper dreht ein wenig zur Seite und die ganze Bewegung wird noch von den Armen unterstützt. Bei dieser Technik sind nahezu alle Muskeln des Körpers beteiligt. Funktioniert es nicht auf der einen Seite, dann sofortiger Seitenwechsel, wenn nötig mehrmals. Das Ganze ist kraftraubend (wie generell der Bodenkampf), leider wurde bislang noch nichts Besseres erfunden. Es hilft, wenn man sich selbst dabei als Schleudersitz oder bockendes Pferd sieht.

Sitzt der Angreifer sehr nahe beim Kopf, so ist es auch möglich, im Zuge des Rumtobens zuzubeißen – was immer man dabei zwischen die Zähne bekommt.

2.5.4.4 Opfer in Bauchlage, Angreifer im Reitsitz auf den Rücken

Wenn wir eben noch geglaubt haben, dass es schlimmer nicht kommen kann, haben wir uns geirrt: Hier handelt es sich um den schlechtesten Fall. Im vorigen Fall konnten wir wenigstens noch unsere Arme einsetzen, dies

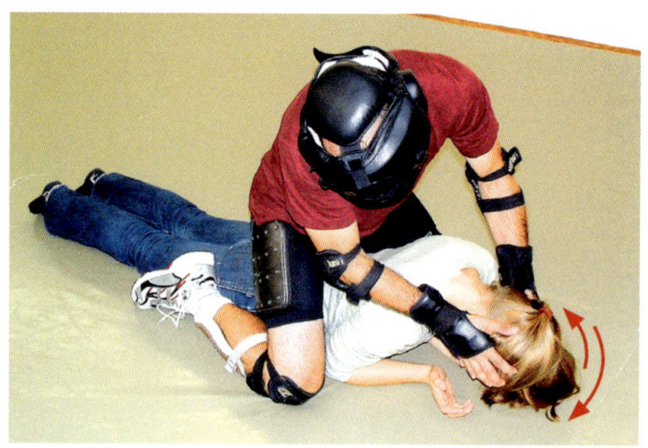

Bild 7a

fällt in dieser Situation weg. Der Angreifer kann schlagen, würgen oder auch unseren Kopf mit dem Gesicht voran gegen den Boden schlagen. Es muss daher schnell gehen!

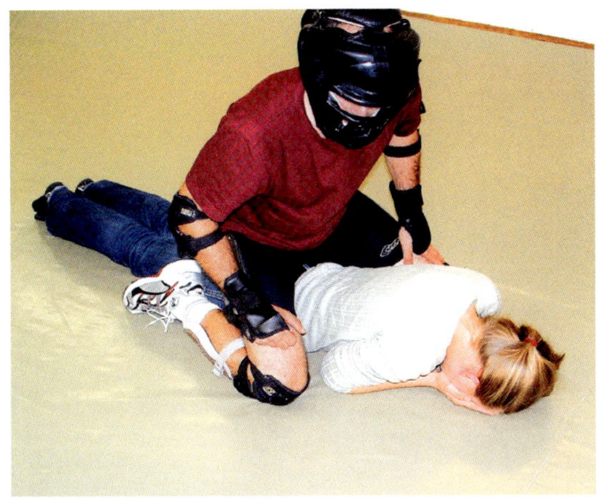

Bild 7b

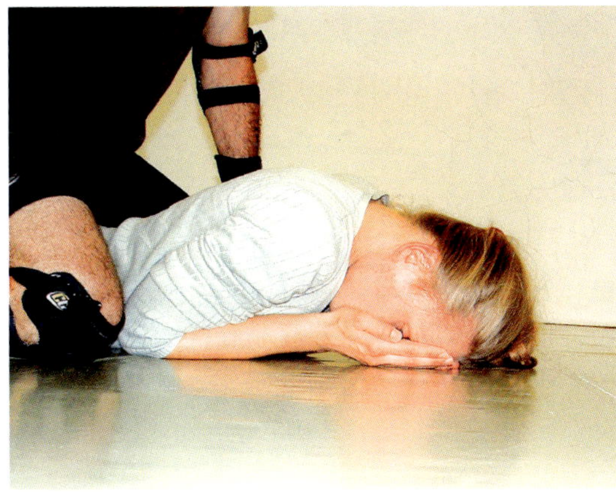

Bild 7c: Das gleiche Bild noch einmal von der Seite

Erster Schritt: Gesicht in den Händen verstecken („Einschauen"), Stirn gegen den Boden pressen. Das schützt uns für die ersten drei Sekunden davor, dass unser Kopf gegen den Boden gestoßen wird.

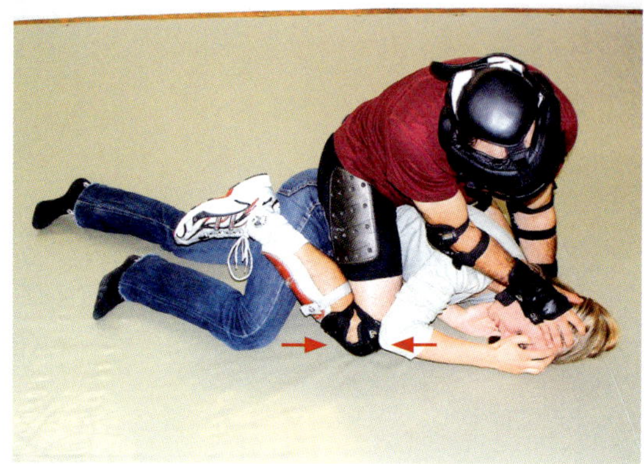

Bild 7d

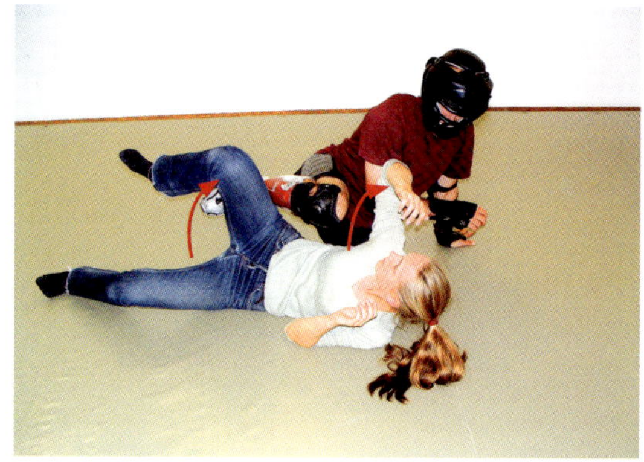

Bild 7e: Abwurf

Zweiter Schritt: Den Rücken seitlich krümmen, rechten Ellbogen, rechtes Knie zusammenbringen (oder links-links) und vom Boden wegdrücken. Wenn wir Glück haben, schaffen wir es, den Gegner abzuwerfen. Wenn wir weniger Glück haben, rotieren wir lediglich und der andere bleibt auf uns sitzen, diesmal auf unserem Bauch. Dann: Siehe vorhergehende Sequenz.

Auch hier gilt: rumtoben, rechts-links-rechts. Alles andere ist wenig Erfolg versprechend: sich mit beiden Händen in Liegestützposition zu drücken, schafft nicht mal Schwarzenegger, ebenso wenig, beide Beine unter den Bauch anzuziehen, sodass man in den Kniesitz kommt (sofern man sein Kreuz liebt).

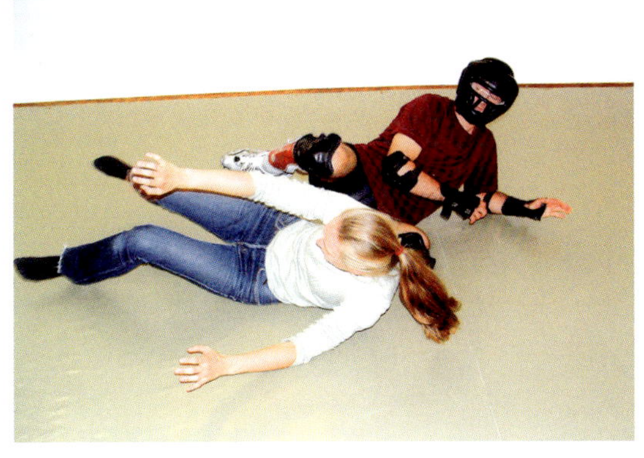

Bild 7f: Flucht!

Dritter Schritt: Aufstehen, wegrennen (s. o.).

2.5.4.5 Opfer in Rückenlage, Angreifer oberhalb des Kopfs

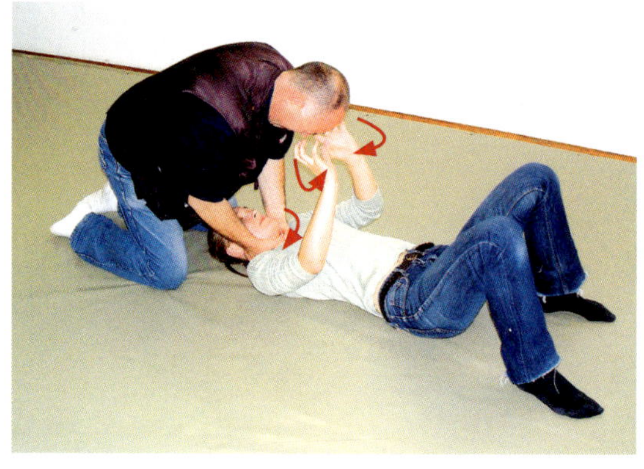

Bild 8a: Verteidigerin: Kinn runter, Arme hoch Die Finger werden in die Augen „geschraubt".

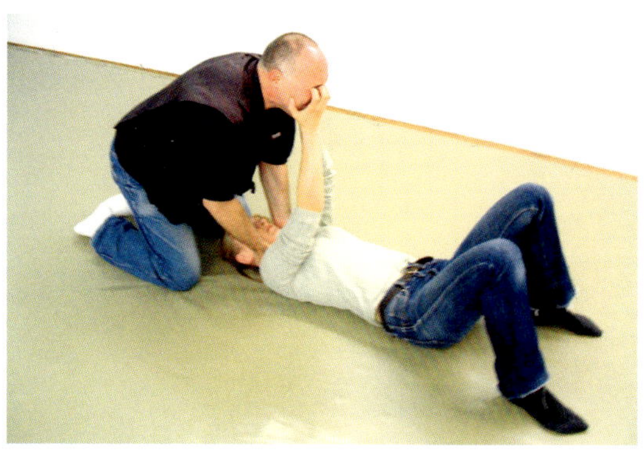

Bild 8b: Finger in die Augen

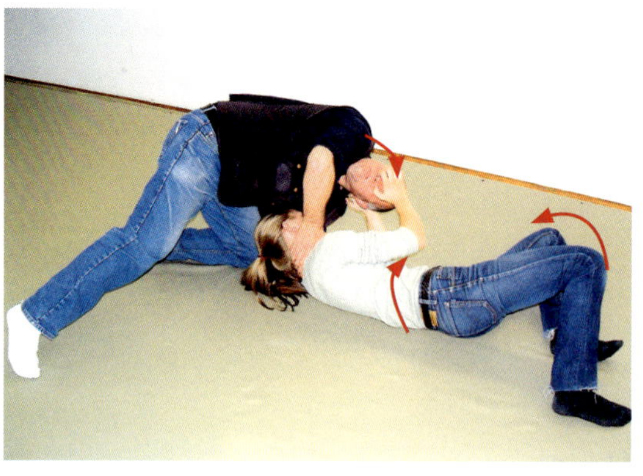

Bild 8c: Finger bleiben in den Augen. Kopf des Angreifers wird gedreht.

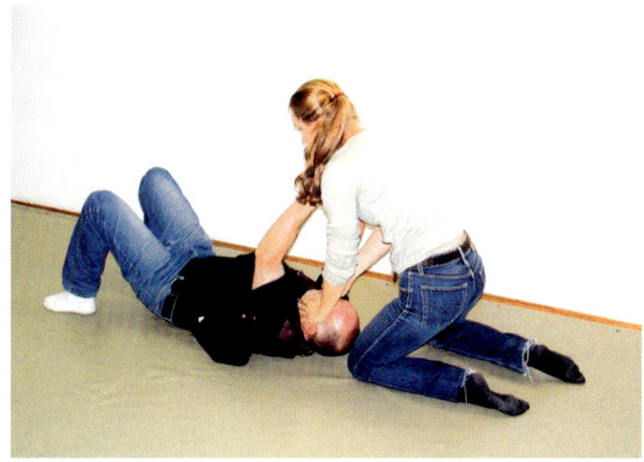

Bild 8d: Kopf des Angreifers wird am Boden fixiert.

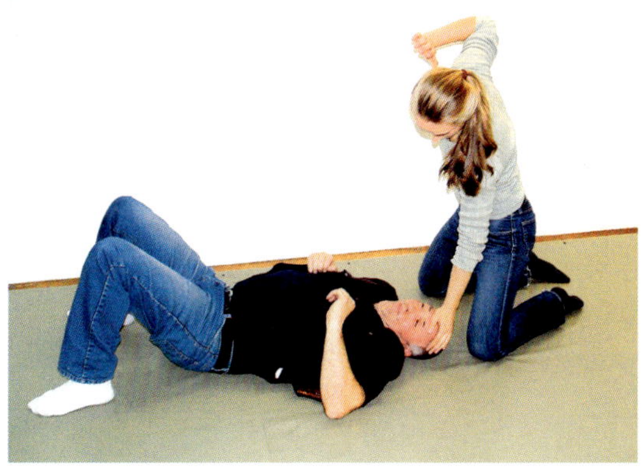

Bild 8e

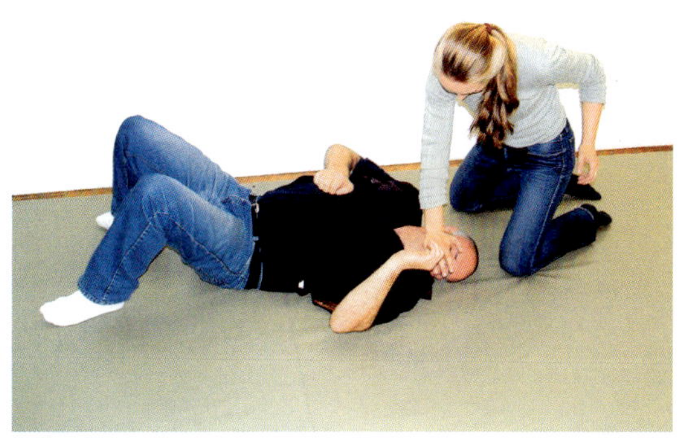

Bild 8f: Handballenstoß gegen den Kopf: Sandwichsituation. Der Angreifer nimmt den Schlag von vorne, gleichzeitig schlägt sein Kopf auf den Boden.

2.5.5 WERKZEUGE DER SELBSTVERTEIDIGUNG

Das Ziel eines Selbstverteidigungstrainings für Frauen und Mädchen besteht in erster Linie darin, eine Einstellung zu schaffen, sich im Ernstfall konsequent zu verteidigen. Das bedeutet, sich auf Lücken = Ziele zu konzentrieren und nicht Techniken in den Vordergrund zu stellen (s. Kap. 2.4 „Ziel- statt Technikorientierung"). Die Lösungen, die wir im Folgenden vorstellen wollen, sind beispielhafte Möglichkeiten, diese Zielregionen beim Angreifer zu „beschädigen".

2.5.5.1 „Kettensäge"

Was hier so salopp als „Kettensäge" bezeichnet wird, stammt ursprünglich aus dem Wing Tsun. Das zu Grunde liegende Prinzip besteht darin, dass Techniken in einer Endlosschleife ausgeführt werden und dadurch für den Gegner schwer abwehrbar sind. Kombiniert man diese in schneller Frequenz geschlagenen Techniken mit starkem Vorwärtsdruck, sowohl in physischer als auch in psychischer Hinsicht (Kampfschreie, Mimik), so kann der Angreifer buchstäblich überrannt werden.

Für die Verteidigerin stellt dieses unbedingte Vorgehen darüber hinaus einen Selbstbefehl zur konsequenten Aggression dar.

Bei dieser Art der Techniksequenz wird der Angreifer mit Reizen überflutet. Sein Bild vom Opfer wird zerstört und im günstigsten Fall ergreift er die Flucht.

Zum Einsatz kommen in der Frauen- und Mädchenselbstverteidigung Handballen, Zangenhand und Handkante.

Der Handballen kommt in der Frauen- und Mädchenselbstverteidigung wegen seiner guten muskulären Abpolsterung und dem damit verbundenen geringeren Eigenverletzungsrisiko zum Einsatz.

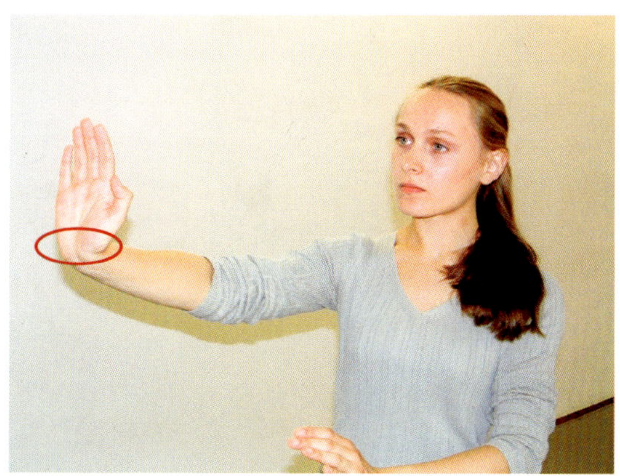

Bild 9: Auftrefffläche des Handballens

Die Faust sollte in der Frauen- und Mädchenselbstverteidigung nicht eingesetzt werden, da nach Meinung der Autoren das Verletzungsrisiko zu groß ist wegen zu schwacher Handgelenke, falscher Auftreffwinkel, Anfälligkeit der Gelenkkapseln der Fingergrundgelenke etc.

Im Folgenden zeigen wir drei Anwendungsmöglichkeiten für das Prinzip der Endlosschleife:

Handballen

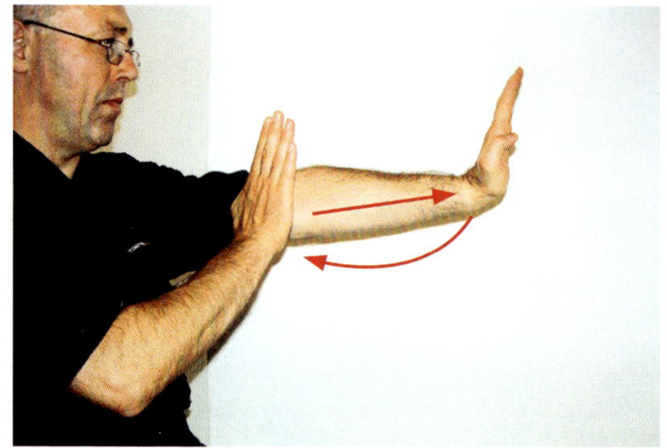

Bild 10a

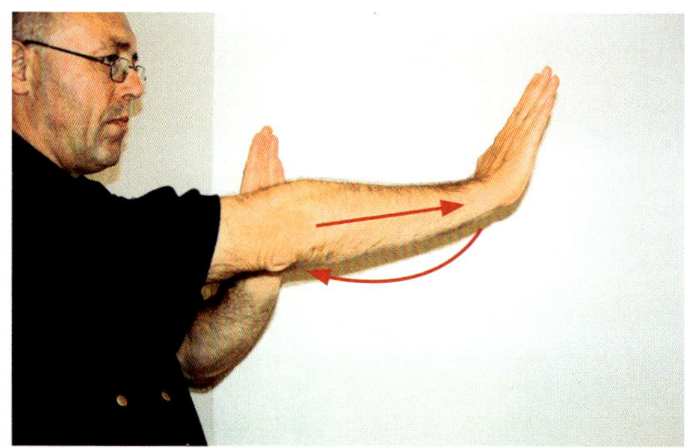

Bild 10b

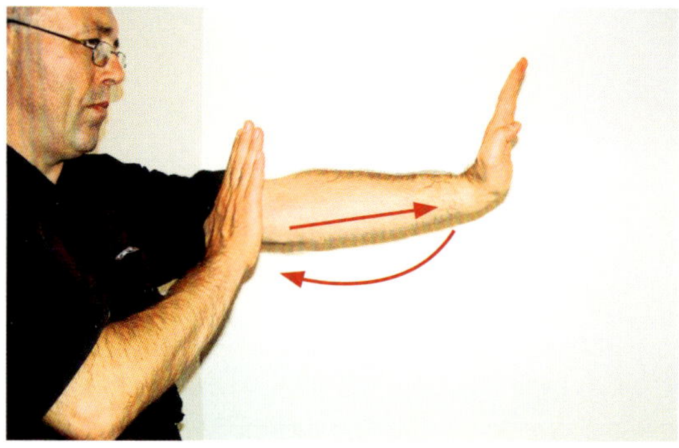

Bild 10c

Sobald eine Technik getroffen hat, wird der Weg direkt freigemacht für die nachfolgende. Der Bewegungsfluss wird an keiner Stelle unterbrochen. Es entsteht eine elliptisch geformte, runde und schnelle Bewegung.

Zangenhand

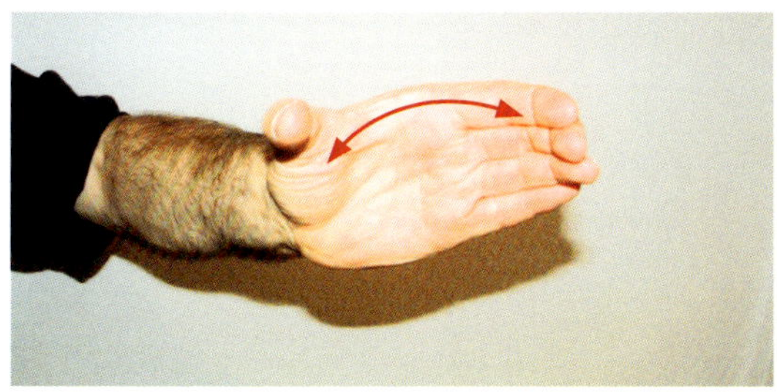

Bild 11: Die Auftrefffläche ist die Hautfalte zwischen Daumen und Zeigefinger. Zielregion beim Angreifer ist der Hals bzw. der Kehlkopf.

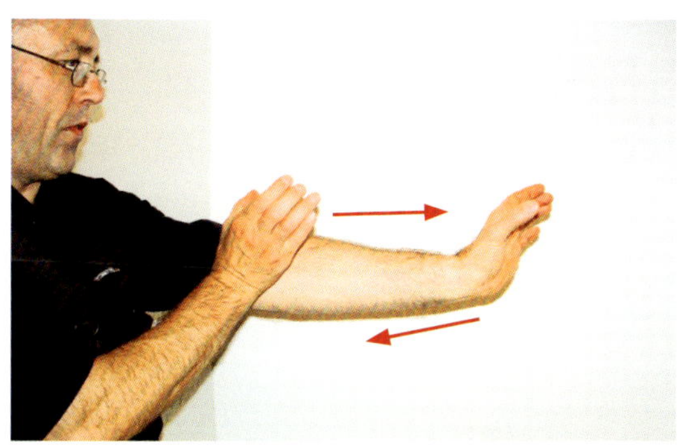

Bild 12a

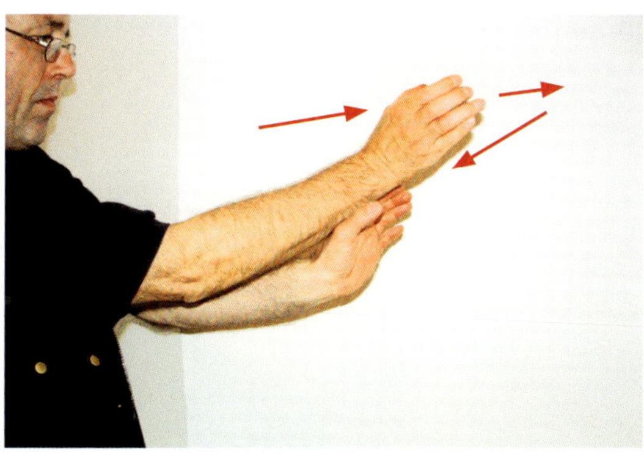

Bild 12b: Die Hände stehen übereinander. Die Hand, die gerade geschlagen hat, macht Platz für die andere.

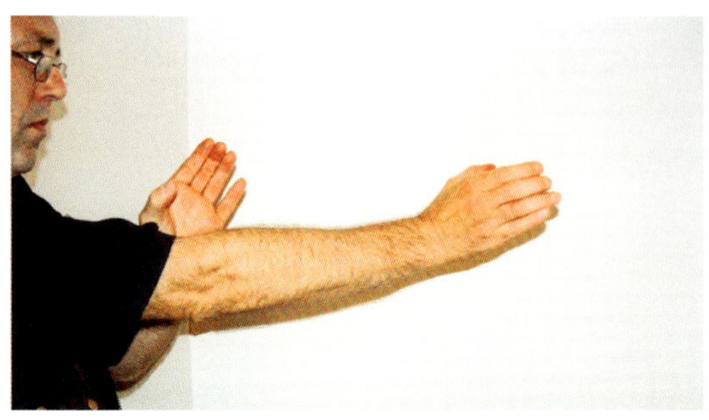

Bild 12c

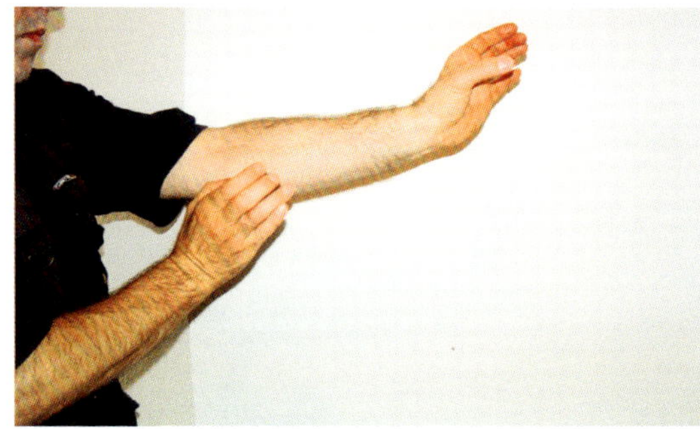

Bild 12d

Handkante

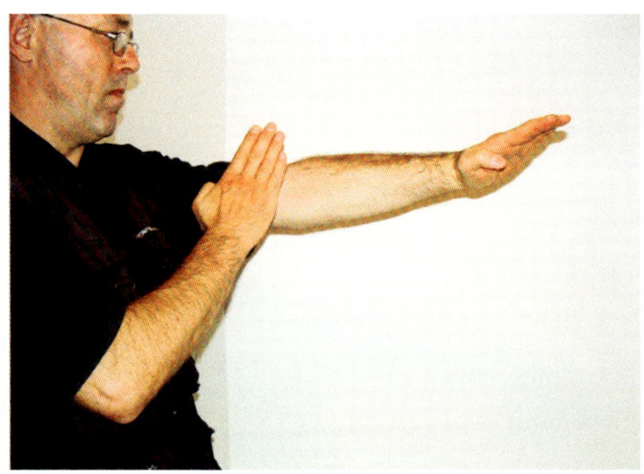

Bild 13a

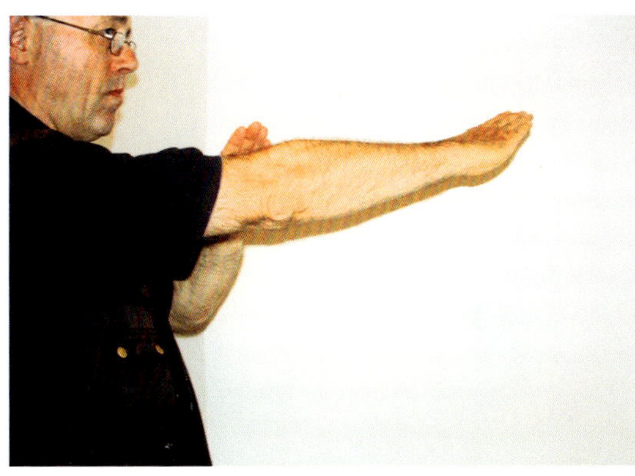

Bild 13b: Trefferfläche Handkante (bevorzugt handgelenknah).

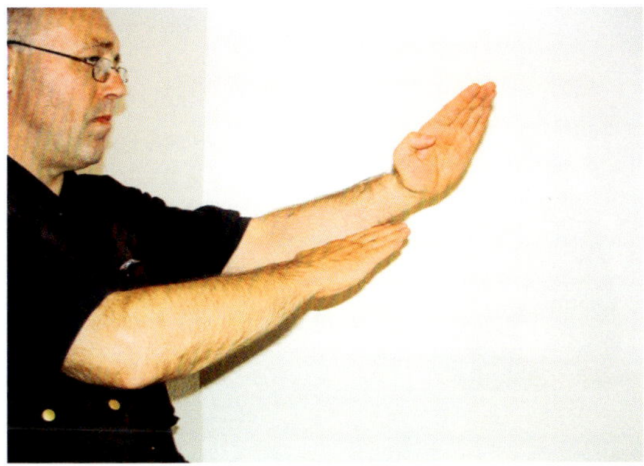

Bild 13c

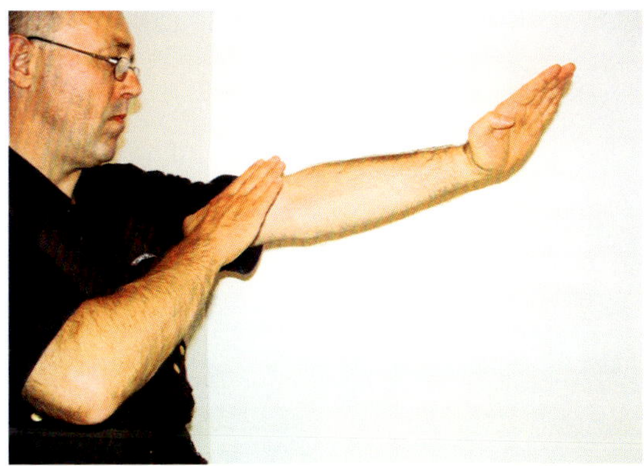

Bild 13d

2.5.5.2 Handballen

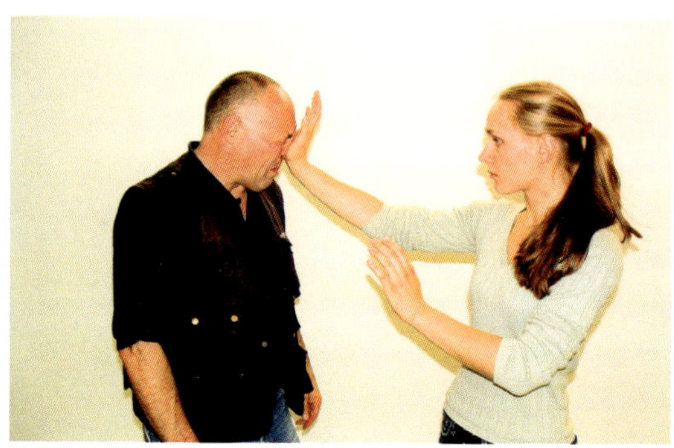

Bild 14

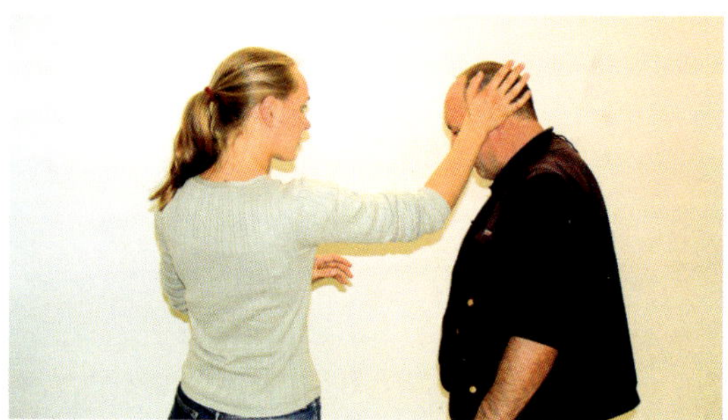

Bild 15

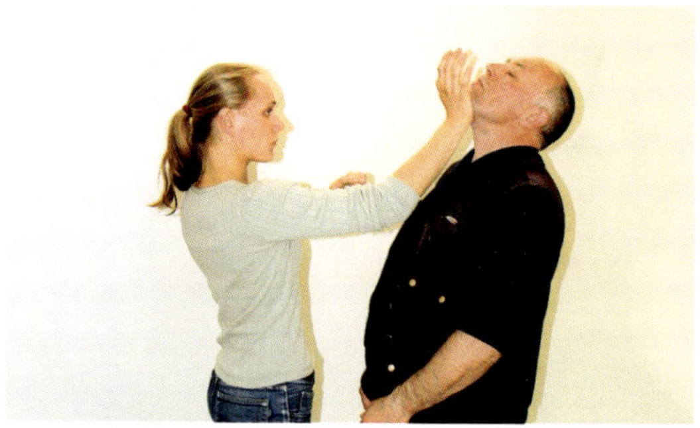

Bild 16

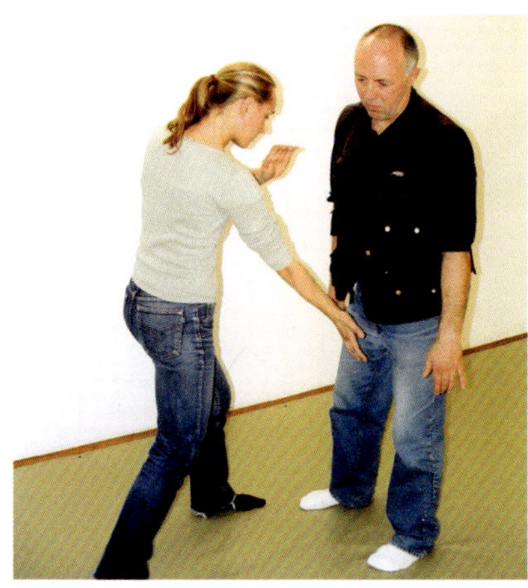

Bild 17

Der Handballen ist eine vielseitige Waffe. Mit ihm lassen sich die verschiedensten gegnerischen Ziele aus allen möglichen Winkeln angreifen.

Wie trainieren wir diese Handballenstöße?

Wir gehen von folgender Vorüberlegung aus:

- Die Verteidigerin muss die Technik mit vollem Einsatz üben können.
- Verschiedene Distanzen müssen trainiert werden.
- Die Trainingsmethode muss eine Rückkopplungsmöglichkeit über den Krafteinsatz der Technik beinhalten (ich höre und fühle, ob die Technik mit voller Kraft trifft).
- Die Technik muss in Drucksituationen (mental und physisch) abrufbar sein.

Auf Grund dieser Überlegungen sind diese Techniken und nach Möglichkeit auch alle anderen, an Schlagpolstern zu trainieren. Das Training an Schlagpolstern schult neben exakter Distanzeinschätzung, optimalem Krafteinsatz auch aggressives Vorgehen und baut die speziell benötigte Kraft für den Technikensatz auf. Der Halter des Schlagpolsters kann sowohl stehen bleiben (statische Arbeitsweise) als sich auch durch den Raum bewegen (dynamisches Training).

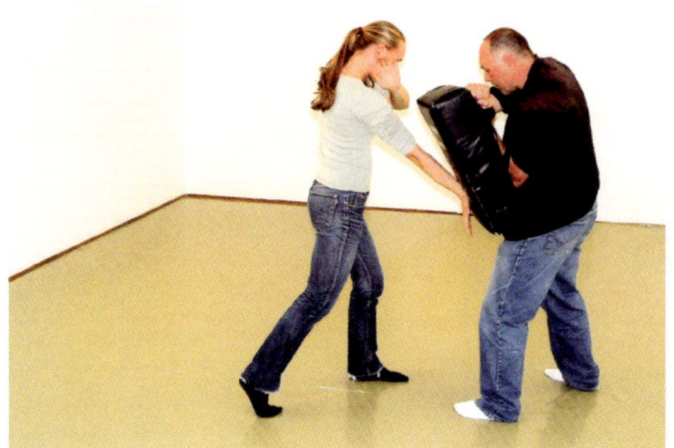

Bild 18

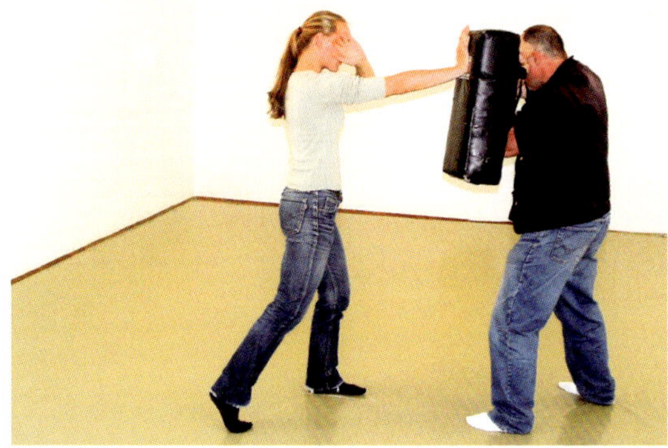

Bild 19

Das Training am großen Schlagpolster (Einzeltechnik) trainiert die Schlaghärte unter Vernachlässigung der Präzision.

Beim Training an Handpratzen (kleine Schlagpolster) liegt der Fokus auf Präzision und Reaktion. Die Pratze kann verdeckt gehalten werden (mit der Auftrefffläche zum Körper des Pratzenhalters). Bei Anbieten der Trefferfläche muss die Reaktion zeitnah erfolgen (reaktionsschnelles Schlagen).

Der Aspekt der Kurzzeitausdauer lässt sich durch Schlagsequenzen in Endlosschleifen gegen das Schlagpolster an der Wand trainieren. Dabei kann die Anzahl der Schlagwiederholungen pro Sequenz vorgegeben werden (empfohlen 3-5), oder die Sequenz wird nach einer festen Zeitvorgabe ausgeführt (maximale Wiederholungszahl in weniger als acht Sekunden).

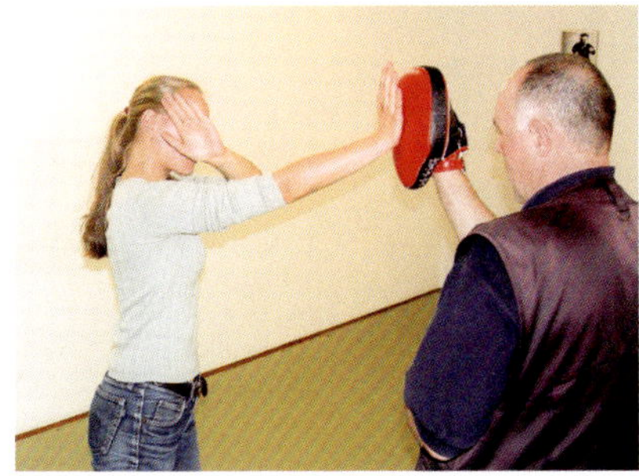

Bild 20a

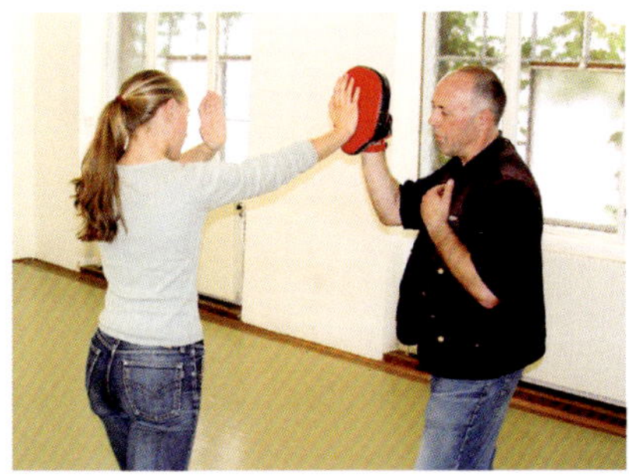

Bild 20b

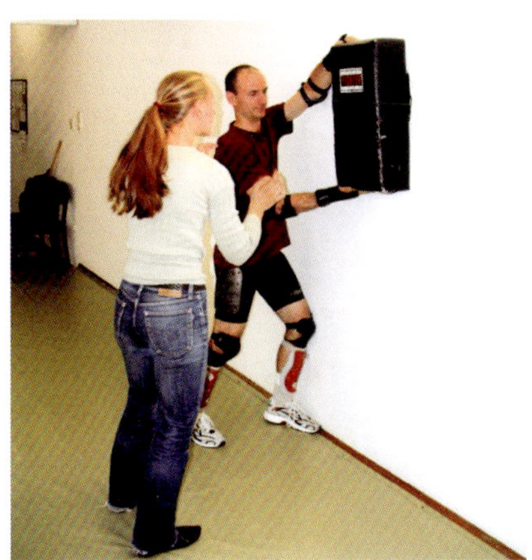

Bild 21a

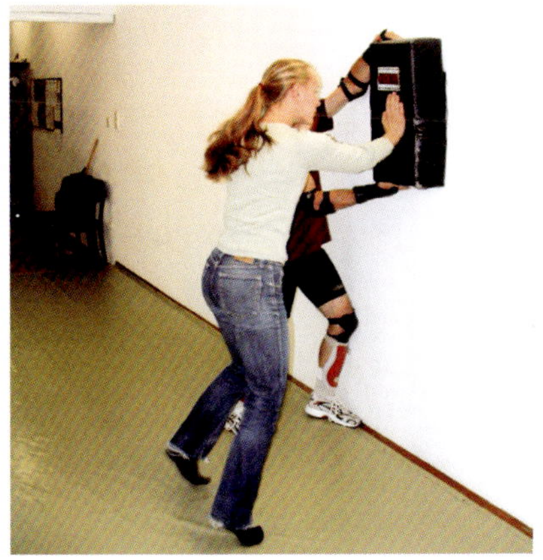

Bild 21b: Handballenstoß als Endlosschleife mit gleichzeitiger Sprintbewegung der Beine

Setzt die Lehrperson diese Art des Trainings als Willensschulung ein, so sind Zeitvorgaben von 20-30 Sekunden sinnvoll.

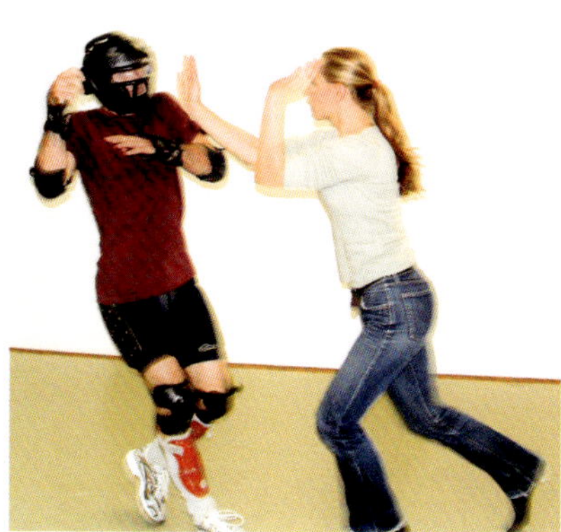

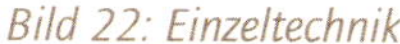

Bild 22: Einzeltechnik

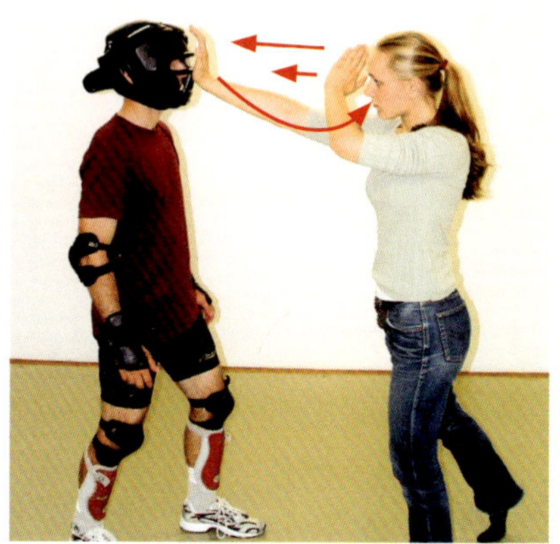

Bild 23: Technik als Endlosschleife gegen zurückweichenden Partner

Nach den vorausgegangenen Trainingsmethoden bedarf die Anwendung am (geschützten) Partner der Erklärung. Die Teilnehmerinnen eines Frauenselbstverteidigungskurses lernen dabei Folgendes:

- Hemmungsabbau beim Schlagen einer Person.
- Entwicklung eines Gefühls für den richtigen Auftreffwinkel einer Technik.
- Kraftentfaltung am menschlichen Körper.
- Kalkulierter Aggressionsaufbau.
- Realismussimulation.

2.5.5.3 Einsatz der Fingertechniken

Der größte Vorteil dieser Techniken liegt darin, dass die Verteidigerin wenig Kraft einsetzen muss, um eine eventuell verheerende Wirkung zu erzielen. Dies bringt jedoch den Nachteil mit sich, dass diese Techniken mit einem Mindestmaß an Präzision ausgeführt werden müssen. Wenn sie beispielsweise das Auge nicht trifft, besteht Verletzungsgefahr für die eigenen Finger (vor allen Dingen bei falscher Handhaltung) und womöglich wird dabei die einzige Chance in einer gefährlichen Situation zunichte gemacht.

Dennoch möchten wir diese Techniken wärmstens empfehlen. Aus folgenden Gründen:

- Große Reichweite.
- Auch auf kleine Distanz erzielt die Verteidigerin große Wirkung.
- Schnelligkeit.
- Flexibilität. Infolge der kleinen Trefferfläche der Finger finde ich immer einen Weg zum Auge.
- Psychologische Beeinträchtigung des Angreifers.

Wir unterscheiden drei Einsatzarten von Fingertechniken.

Fingerspeer

Beim Fingerspeer presst man die Finger dicht zusammen und stößt sie zum Auge des Gegners. Trefffläche sind die Fingerkuppen, nicht die Fingernägel! Um Verletzungen der Finger zu vermeiden, wird die Hand zum äußeren Unterarm hin angewinkelt. Trifft der Fingerspeer auf einen harten Widerstand, können sich die Finger etwas elastisch verformen und so einer Verletzung vorbeugen.

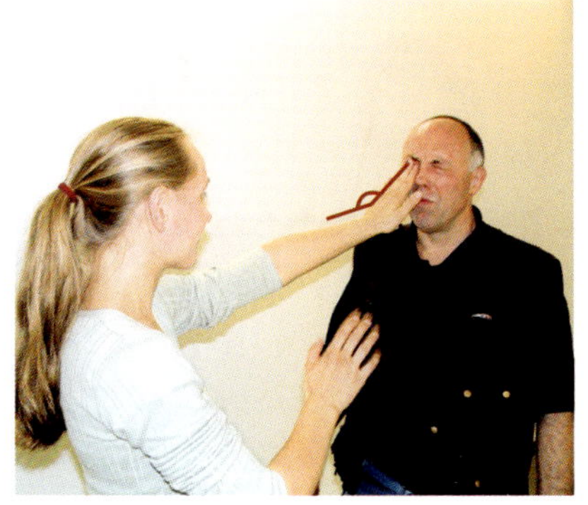

Bild 24a: Die Hand wird etwas zum Unterarm abgewinkelt.

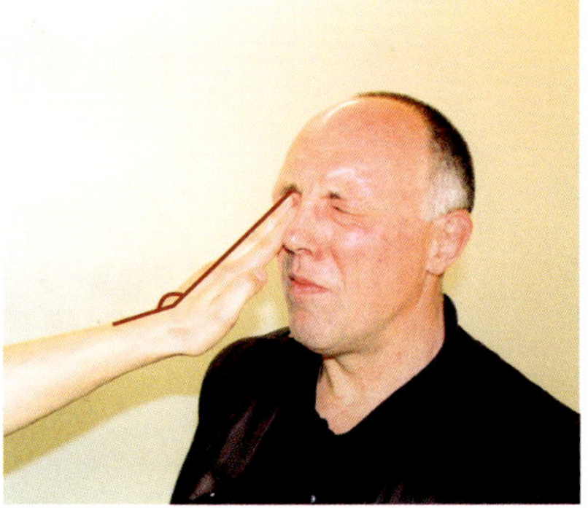

Bild 24b: Detailansicht

Zur Trainingsmethode des Fingerspeers: Beim Training geht es darum, ein Gefühl für das Auftreffen der Fingerkuppen und des richtigen Winkels im Handgelenk zu entwickeln, weniger um eine große Kraftentfaltung. Mögliche Ziele sind die Brustmuskulatur des Partners oder ein kleines Schlagpolster.

Fingerspeer in Endlosschleife am Partner:

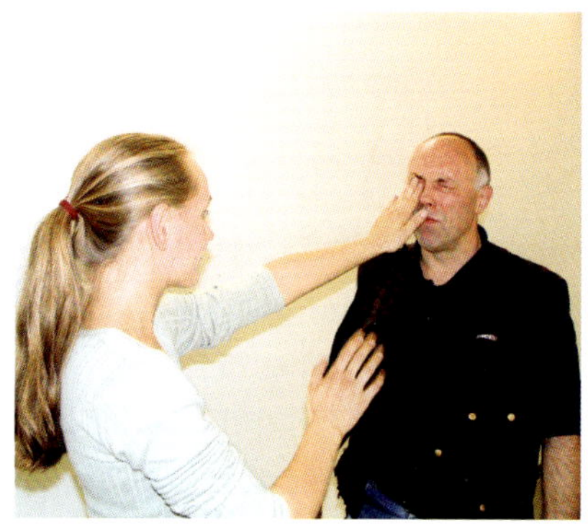

Bild 25a

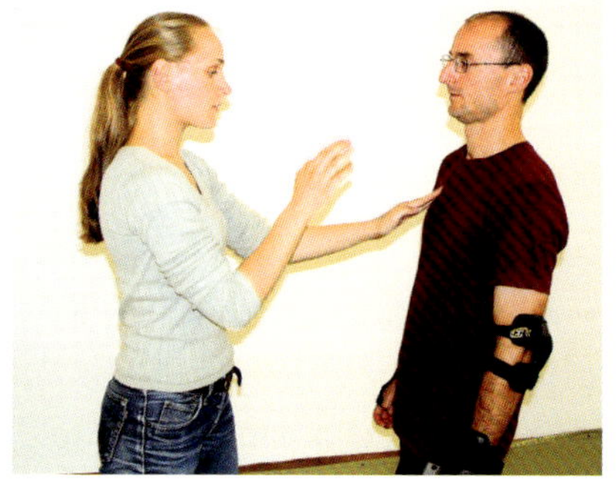

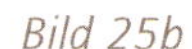

Bild 25b

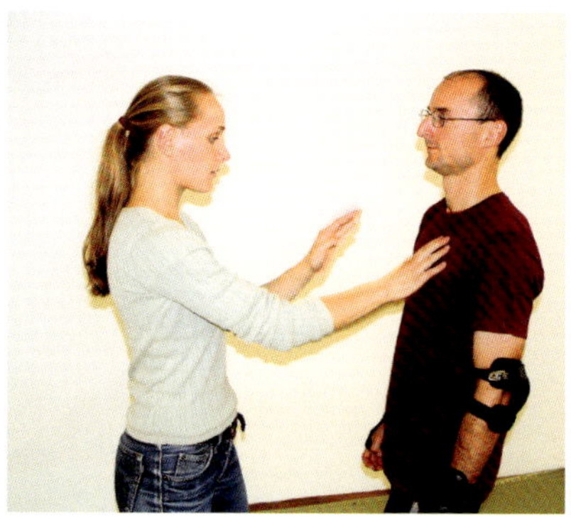

Bild 25c

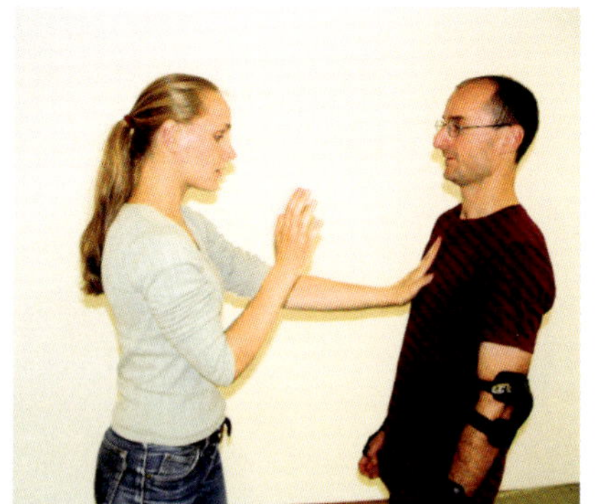

Bild 25d

Anwendung in der Selbstverteidigung:

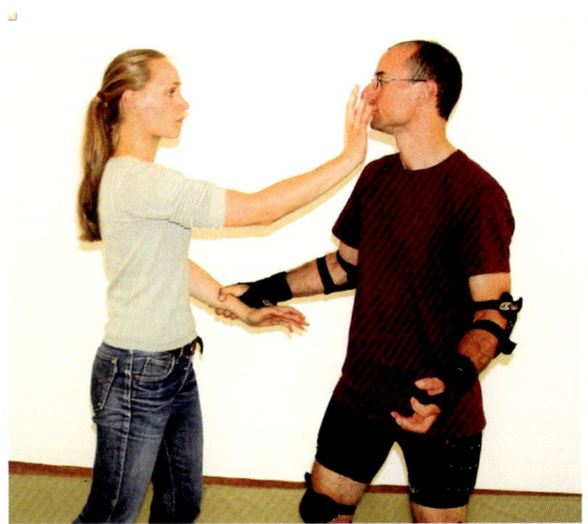

Bild 26: Schnelle, leichte Bewegung in Richtung Auge bringt den Angreifer entweder dazu, den Griff zu lösen, oder schafft für die Verteidigerin die Möglichkeit für Folgetechniken.

Dieser Angriff ist hier stilisiert. In der Realität muss die Verteidigerin früher reagieren, um diesem Angriff begegnen zu können.

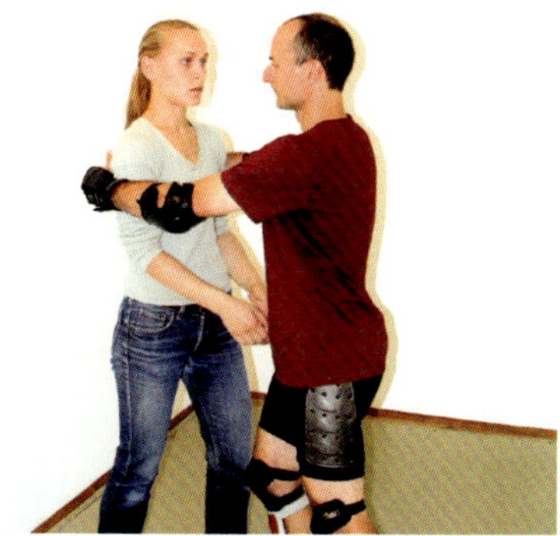

Bild 27a: Der Angreifer will die Verteidigerin über den Armen umklammern.

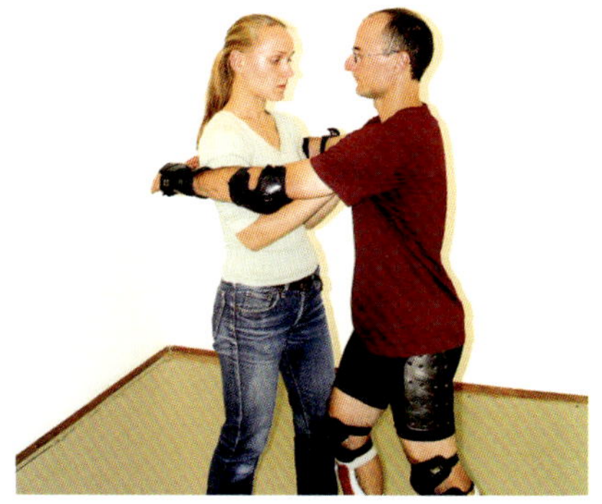

Bild 27b: Beide Arme gehen nach außen, um den Angreifer daran zu hindern, seine Arme hinter dem Rücken der Verteidigerin verschränken zu können.

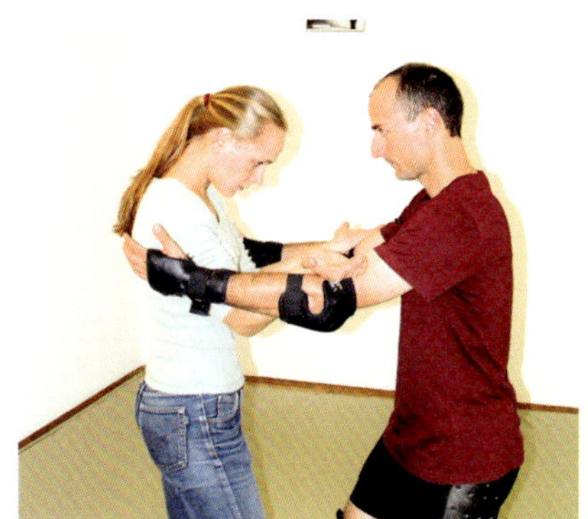

Bild 27c: Die Verteidigerin senkt den Kopf, um zu verhindern, bei einem schnellen Angriff im Gesicht getroffen zu werden. Gleichzeitig bietet die Kopfhaltung die Option, mit dem eigenen Kopf den Angreifer im Gesicht zu treffen.

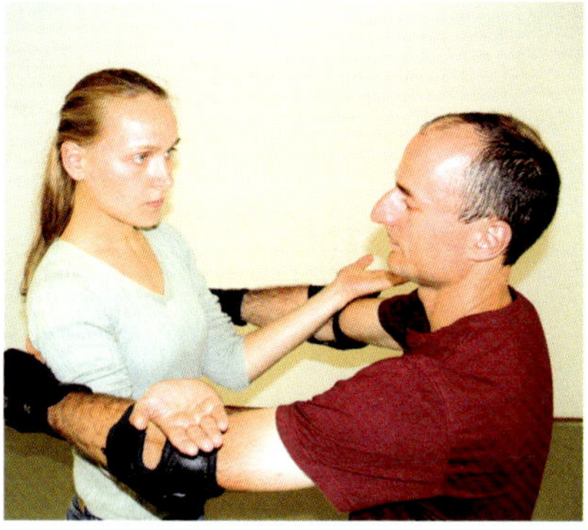

Bild 27d: Detailansicht ohne Kopfneigung, um den Fokus auf die Hände zu lenken

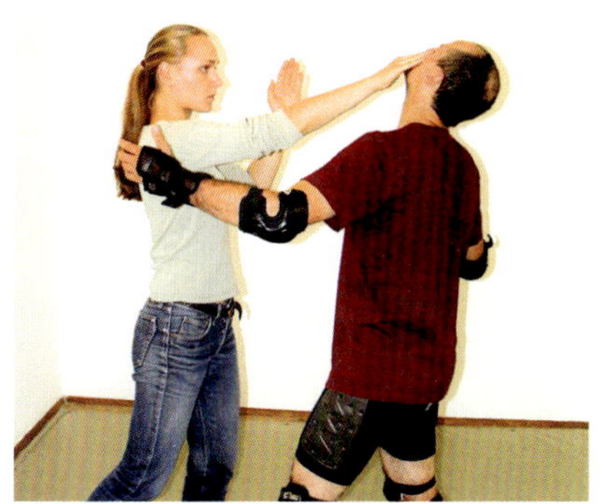

Bild 27e: Endlosschleife mit Fingerspeer auf der Innenbahn (Position zwischen den Armen des Angreifers)

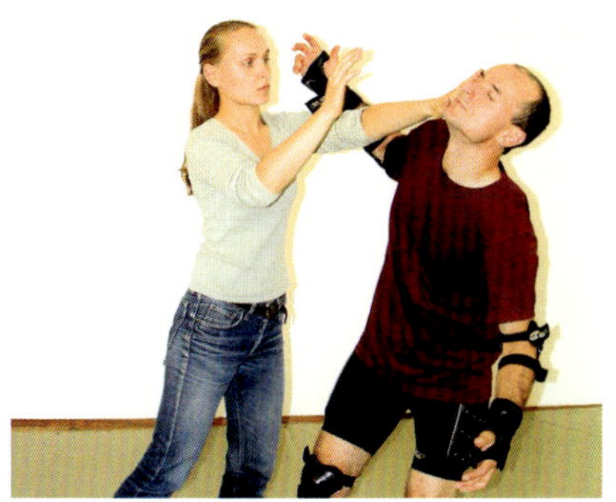

Bild 27f

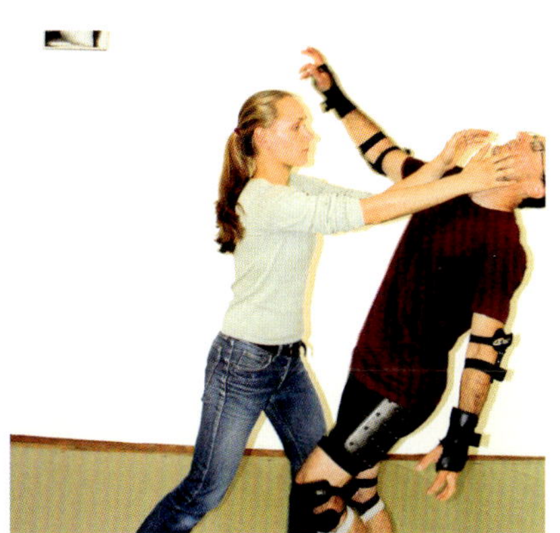

Bild 27g: Abschluss des Konters durch Wegstoßen des Angreifers

Handkralle

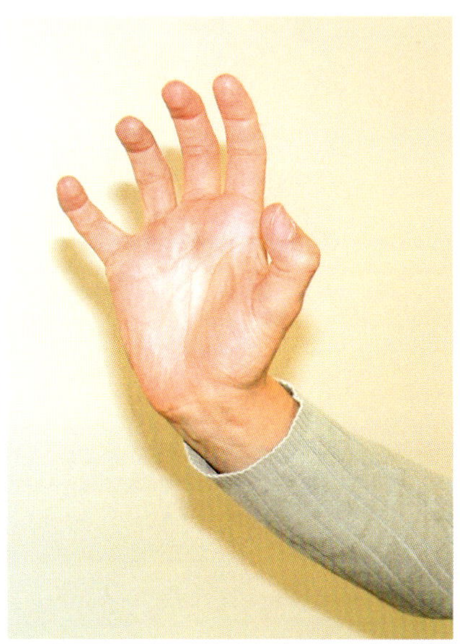

Bei der Handkralle werden die Fingerkuppen stark einwärts gekrümmt und die Hand zum äußeren Unterarm hin abgewinkelt. Mit dieser Handhaltung lassen sich Techniken aus allen möglichen Winkeln ausführen.

Bei der gestoßenen Ausführung treffen Fingerspitzen und Handballen auf. Durch die Vertiefungen der Augenhöhlen finden die einwärts gekrümmten Fingerspitzen leicht ihr Ziel. Bei der durchgezogenen Variante wird von oben oder von der Seite mehr schlitzend geschlagen.

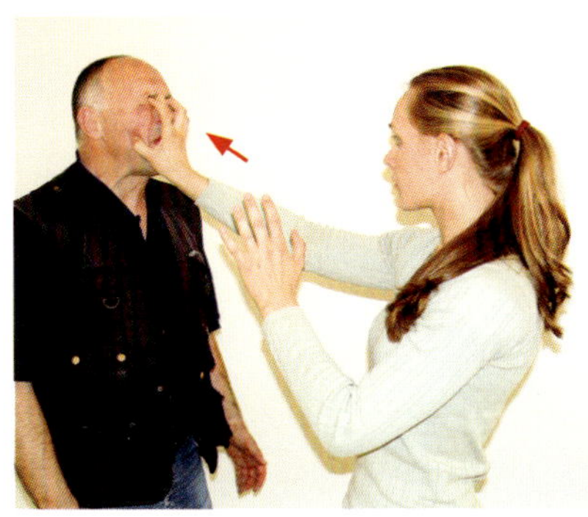

Bild 29: Gestoßene Ausführung. Die freie Hand ist zur Dekkung bzw. Nachfolgetechnik bereit.

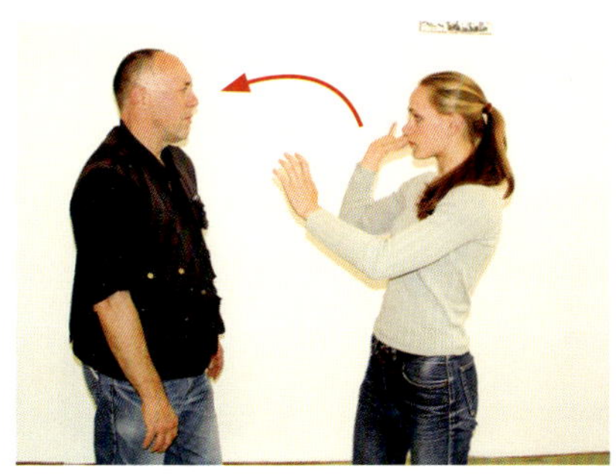

Bild 30a: Von oben durchgezogene Ausführung

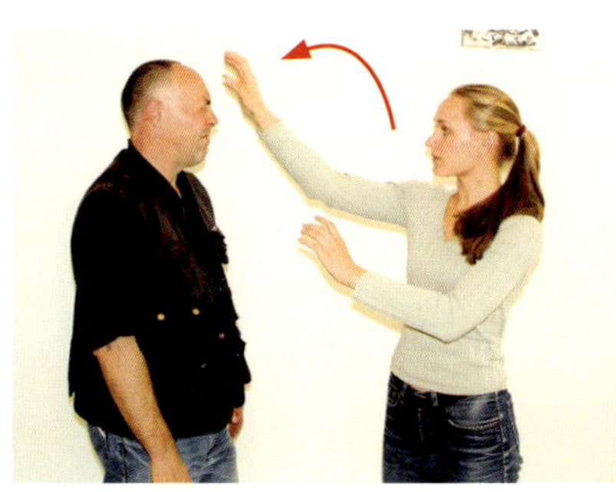

Bild 30b

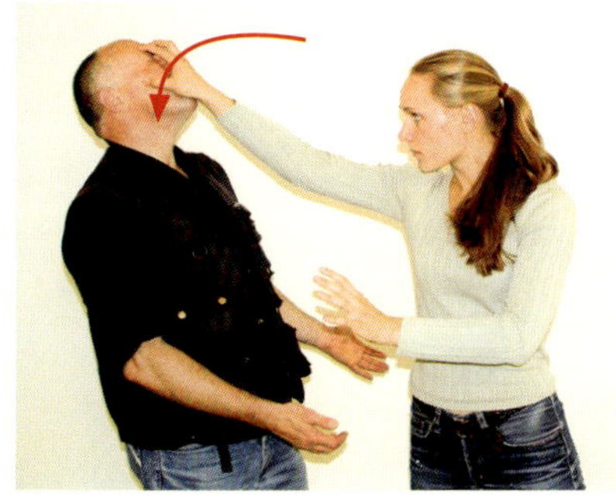

Bild 30c: Durch das Auftreffen der Hand wird der Kopf des Angreifers nach hinten gedrückt.

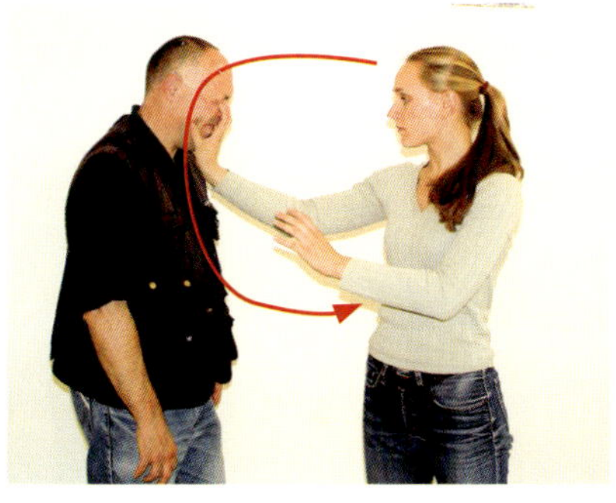

Bild 30d: Beim Durchziehen des Schlags bleiben die Fingerspitzen in den Augenhöhlen hängen.

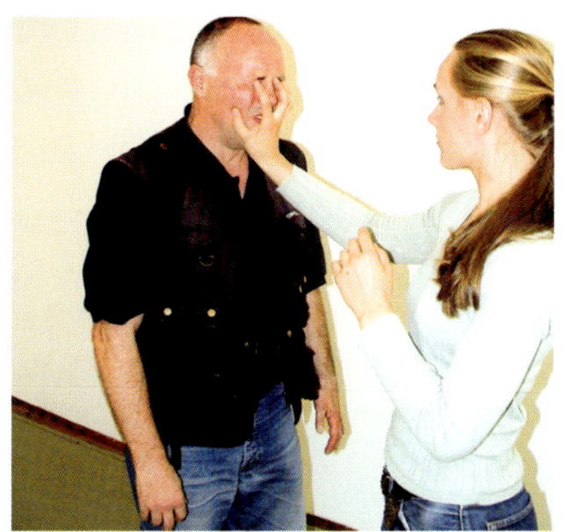

Bild 30e: Detailansicht

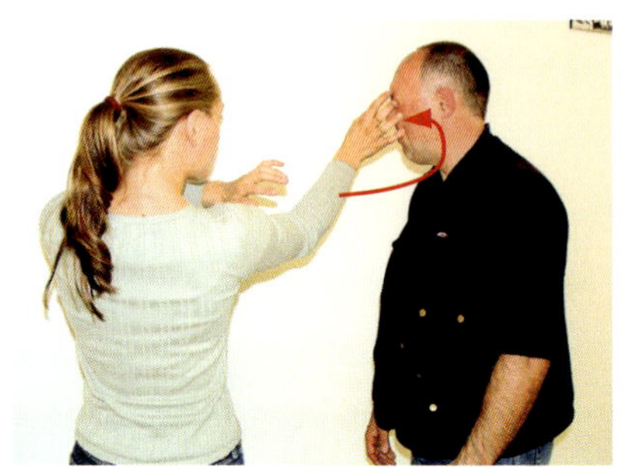

Bild 31a: Durchgezogene Ausführung von der Seite. Diese Variante wird so geschlagen, dass der Mittelfinger ungefähr in Höhe der Augäpfel auftrifft.

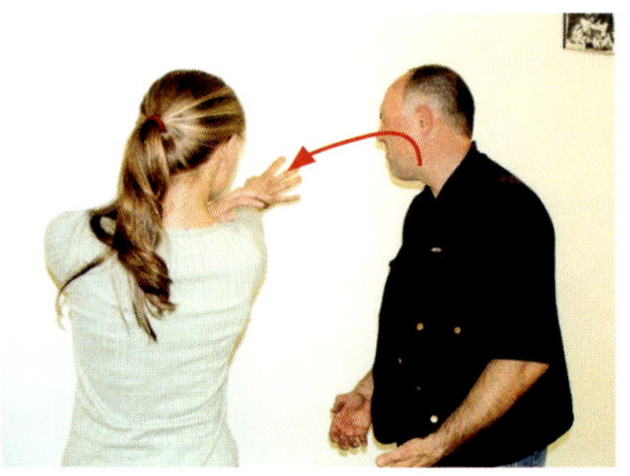

Bild 31b: Die Wirkung ist offensichtlich. Der Angreifer hat ein Auge riskiert und verloren.

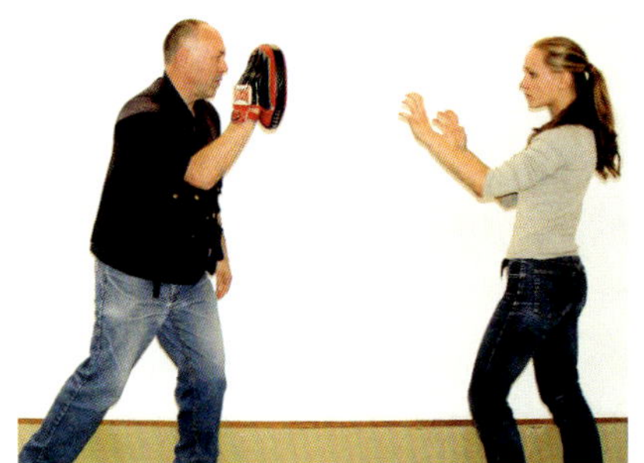

Bild 32a: Zu beachten ist bei den Pratzenübungen, dass Vorwärtsdruck und konsequentes Ausführen gepaart mit dem Kampfschrei im Vordergrund stehen. Die Schönheit der Technik ist völlig zweitrangig.

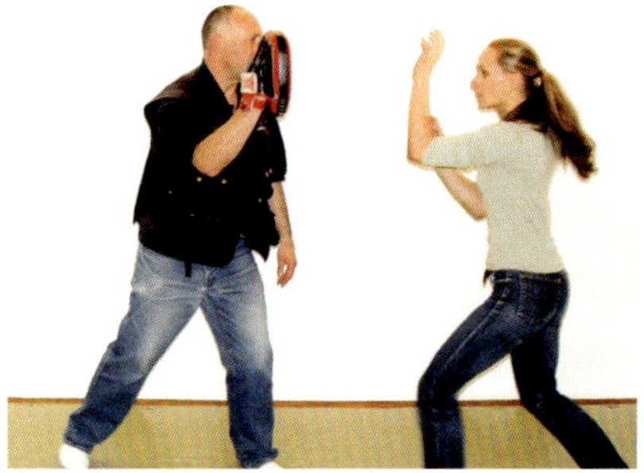

Bild 32b

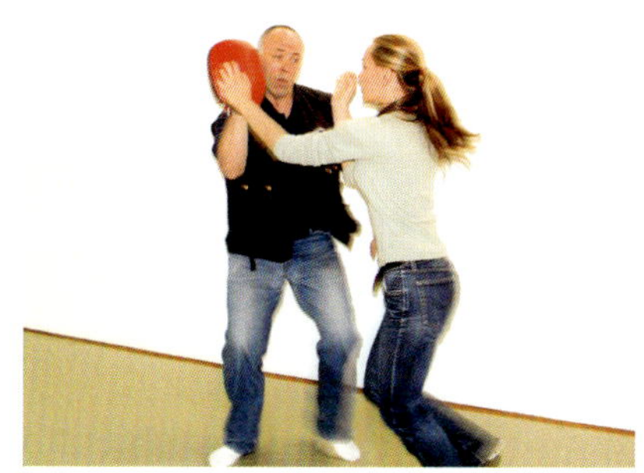

Bild 32c

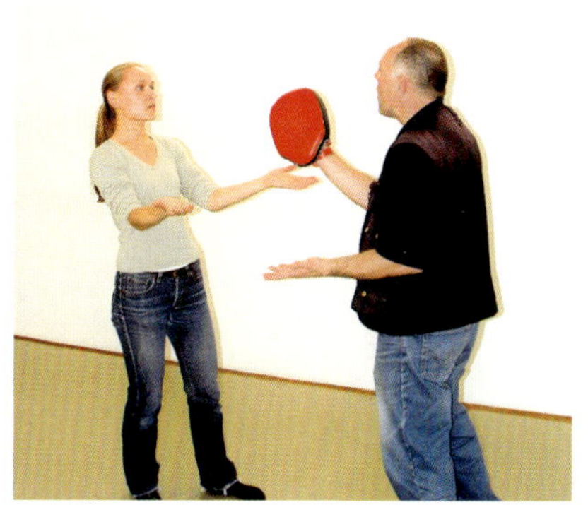

Bild 33a: Rollenspiel: Aus dem neutralen Gestikulieren wird ...

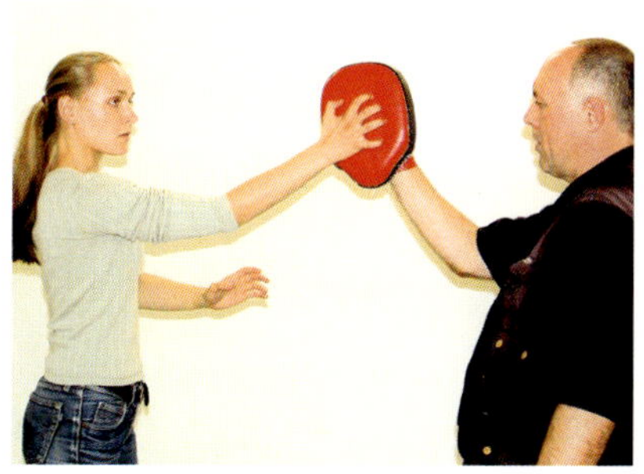

Bild 33b: ... blitzschnell zugeschlagen ...

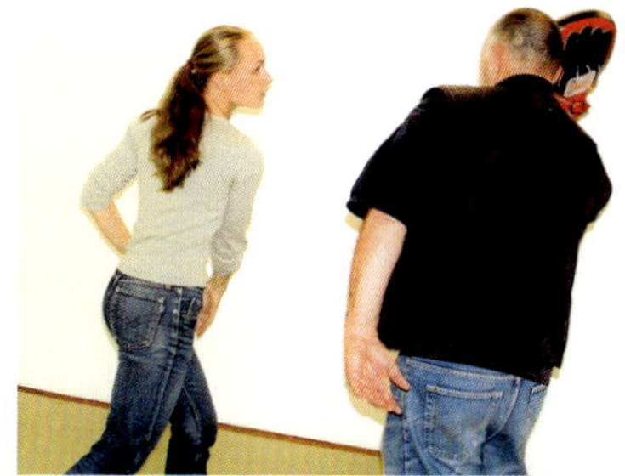

Bild 33c: ...und durchgezogen.

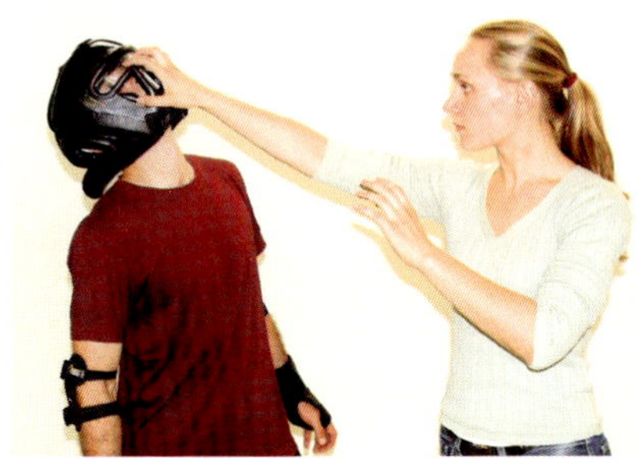

Bild 34: Anwendung am Partner als Einzeltechnik.

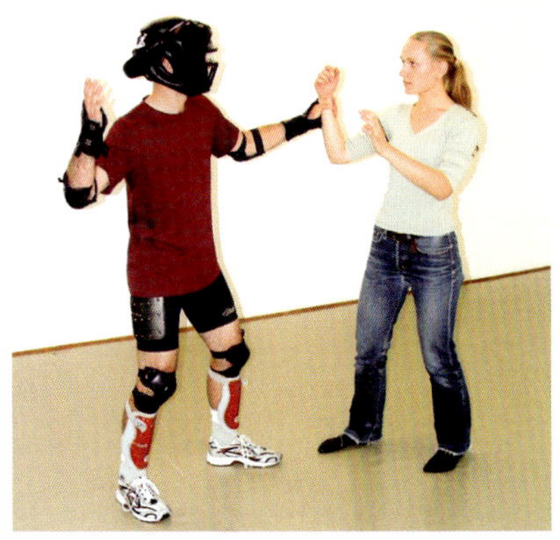

Bild 35a: Angreifer fasst das Handgelenk und will die Verteidigerin ohrfeigen.

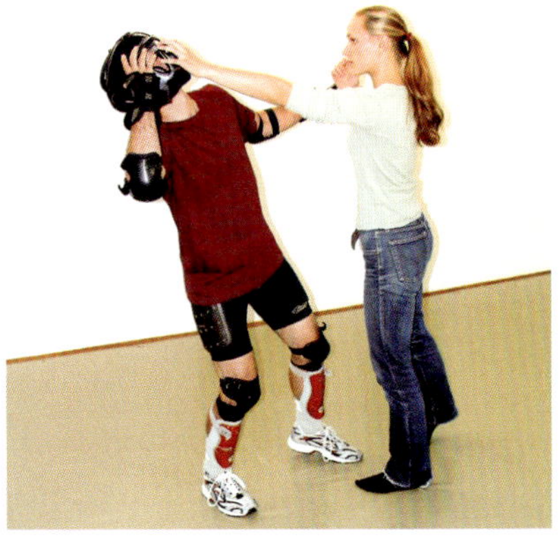

Bild 35b: Die Verteidigerin achtet nicht auf ihr gefasstes Handgelenk, sondern geht direkt zum Gegenangriff mit Handkralle zum Gesicht des Angreifers vor.

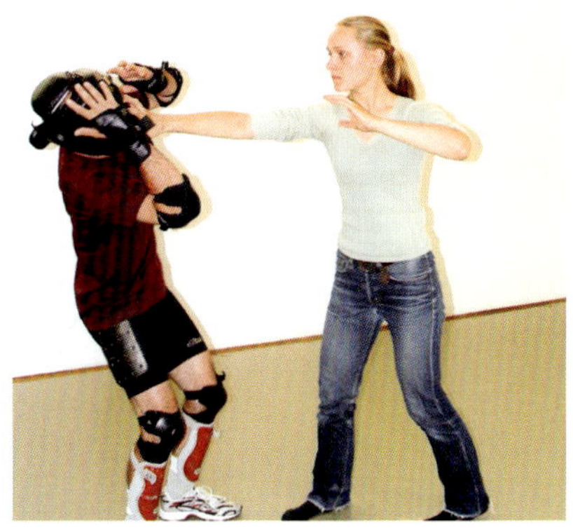

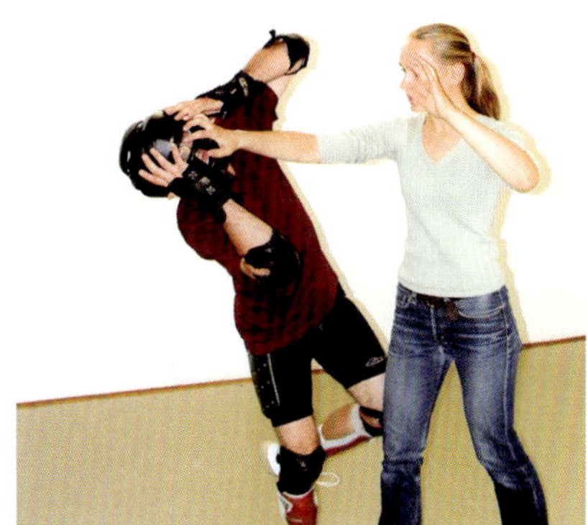

Bild 35c: Dadurch kann sie das gefasste Handgelenk befreien und zum Konter nutzen. Angreifer ist etwas „lockerer" geworden.

Eine elegante Art, die Angriffsenergie des Angreifers zu nutzen, zeigt die folgende Sequenz:

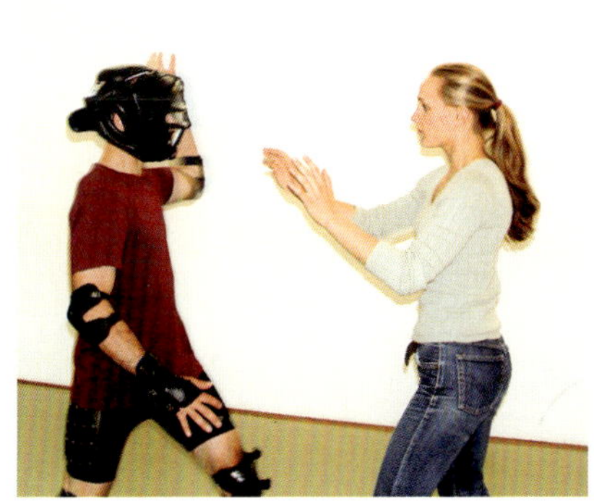

Bild 36a: Der Angreifer holt zu einem seitlichen Schlag (Ohrfeige etc.) aus.

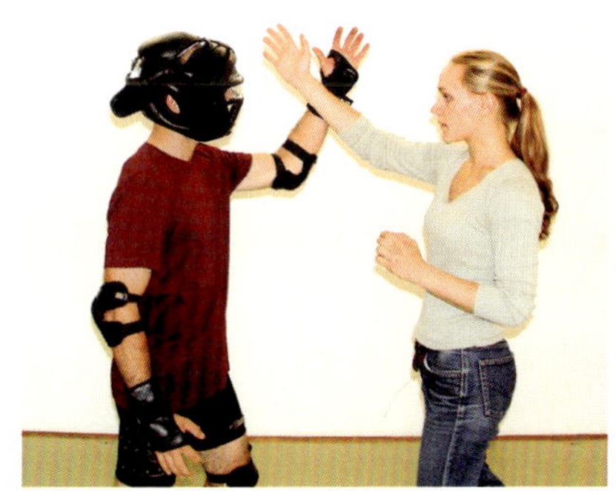

Bild 36b: Die Verteidigerin nimmt Kontakt mit dem Angriffsarm auf ...

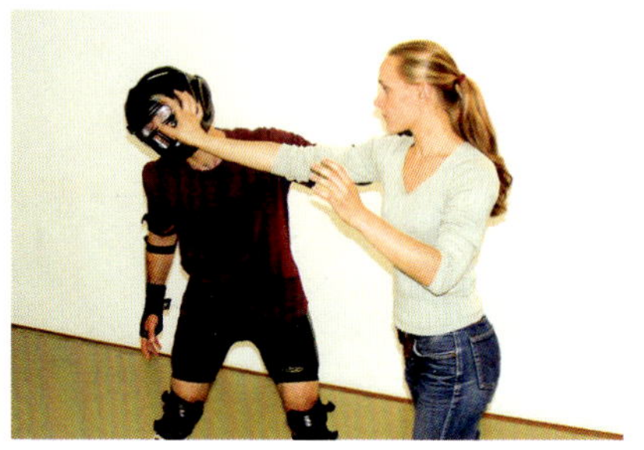

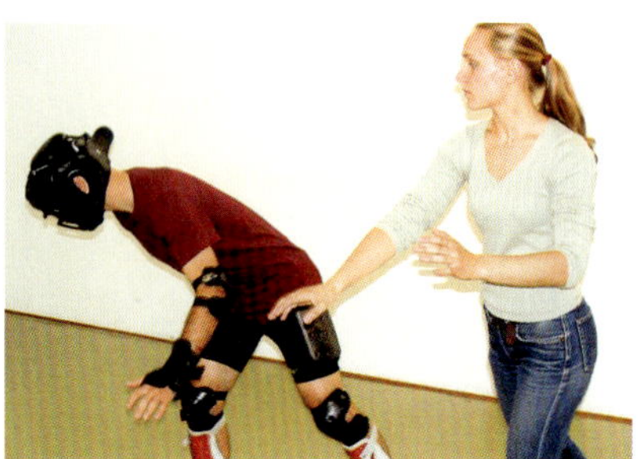

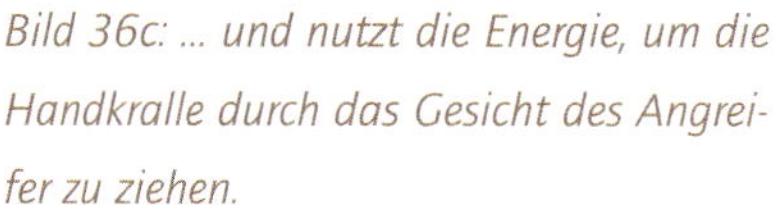

Bild 36c: ... und nutzt die Energie, um die Handkralle durch das Gesicht des Angreifer zu ziehen.

Daumenstich

Als dritte Möglichkeit, Fingertechniken anzuwenden, wollen wir den Daumenstich demonstrieren. Daumenstiche werden vor allen Dingen bei sehr nahen Angriffen angewendet. Durch den Einsatz von Daumenstichen lässt sich der Kopf des Angreifers steuern und damit auch sein Gleichgewicht brechen.

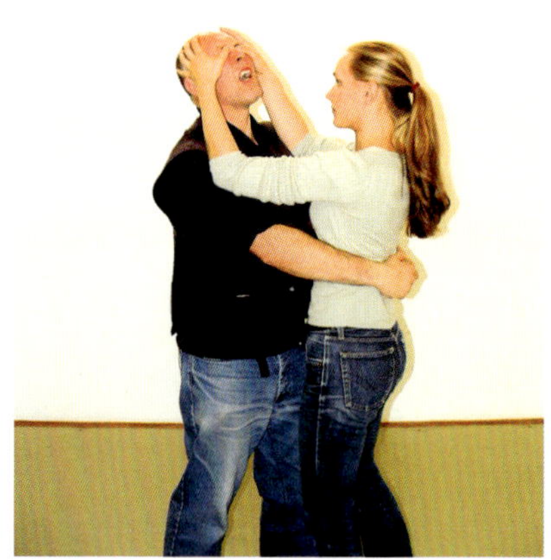

Bild 37a: Die Daumen werden in die Augenhöhlen gebohrt. Die Hände liegen fest seitlich am Kopf des Angreifers.

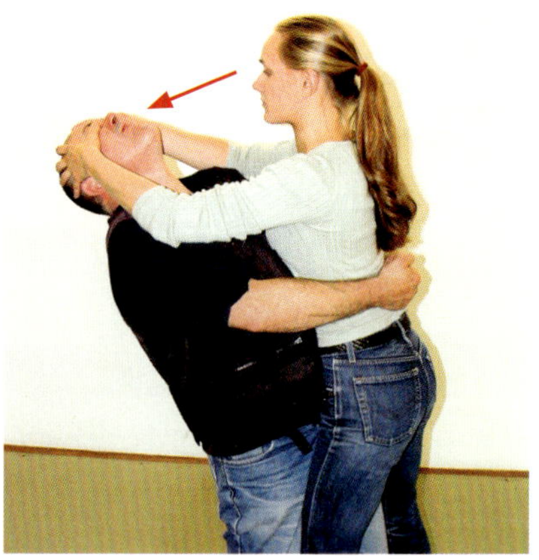

Bild 37b: Der Kopf wird ruckartig überstreckt. (ACHTUNG! Nicht im Training!)

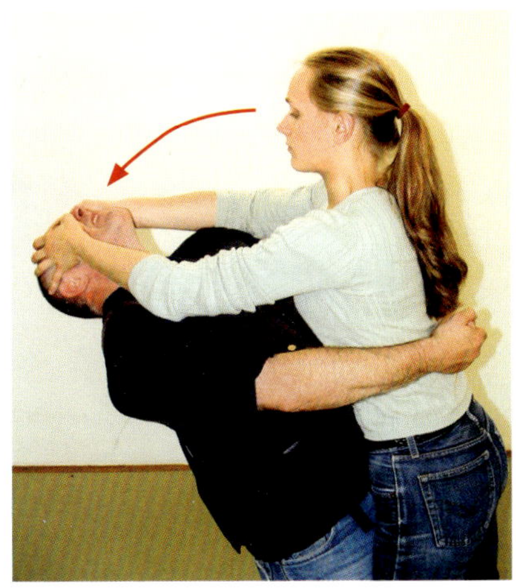

Bild 37c

Im Folgenden verpacken wir diese Technik in einer Sequenz am geschützten Partner. Auch hier gilt: Schönheit ist sekundär. Wichtig ist, dass eine Technik in die andere übergeht.

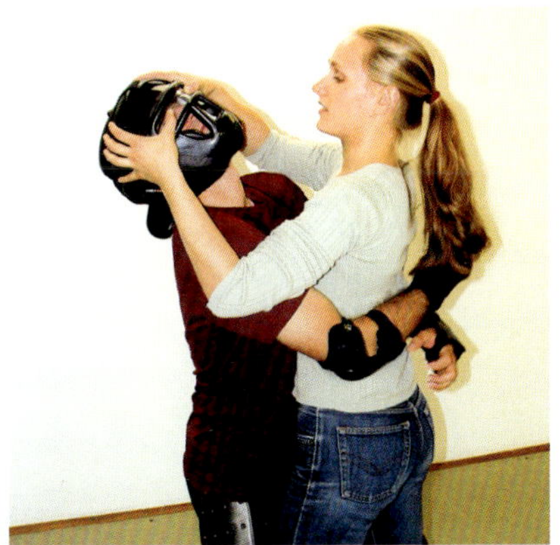

Bild 38a

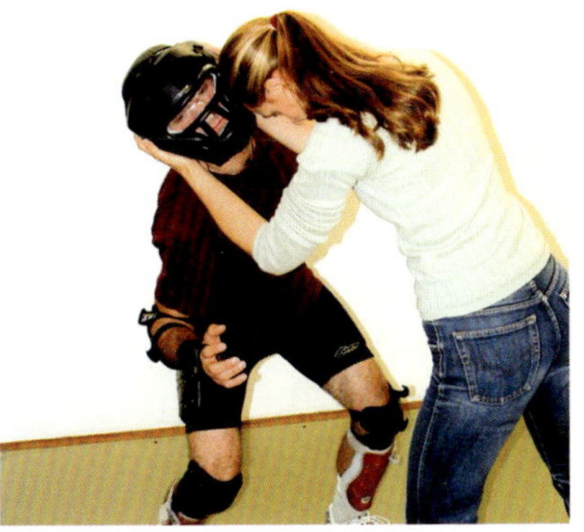

Bild 38b: Durch den Druck auf die Augäpfel ist der Angreifer gezwungen, seine Umklammerung zu lösen. Diese Lücke nutzt die Verteidigerin zu einem Kopfstoß ...

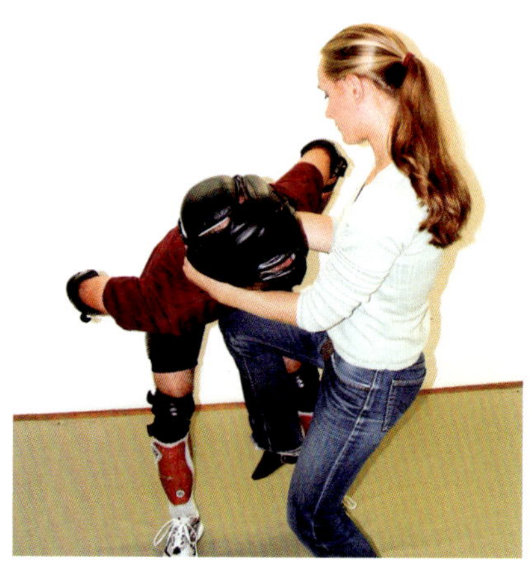

Bild 38c: ...gefolgt von einem Kniestoß. MERKE! Die Kopfkontrolle wird die ganze Zeit aufrechterhalten.

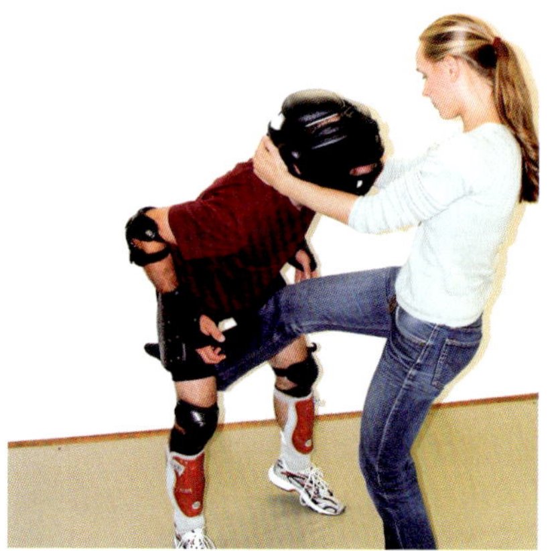

Bild 38d: Schienbeintritt dahin, wo es besonders wehtut.

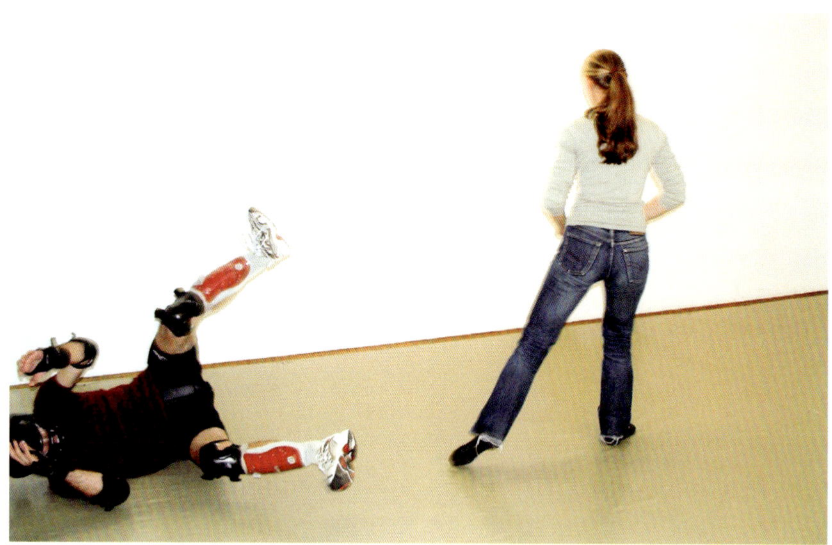

Bild 38e: Nach dem Stoß zu Boden kann die Verteidigerin fliehen.

Fingerstich/-kralle

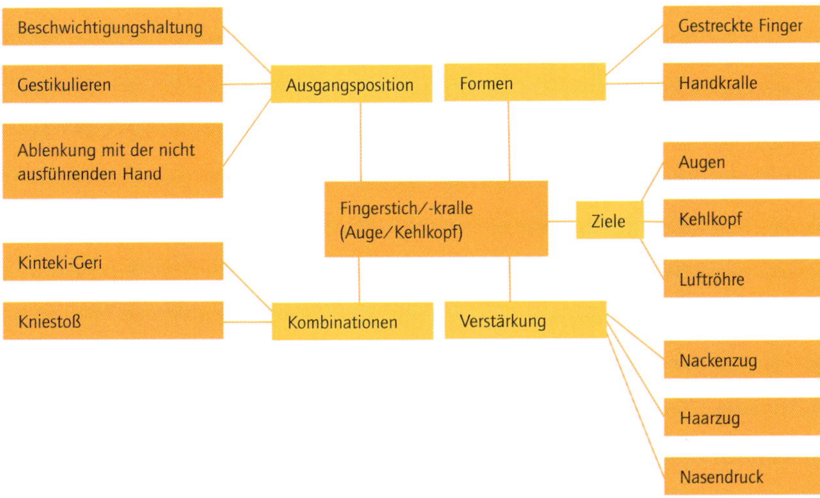

2.5.5.4 Knie

Das Knie ist im Nahkampf eine der stärksten Waffen überhaupt, wenn ...

ja, wenn es richtig trainiert wird!

Kniestöße ohne entsprechendes Schlagpolstertraining haben erfahrungsgemäß keine genügende Kraftentwicklung. Das Schlagpolstertraining ist äußerst Kraft raubend und schweißtreibend, stellt eventuell auch hohe Anforderungen an die Koordination und Ausdauer der Kursteilnehmerinnen, allerdings gibt es keine Alternative dazu, wenn frau die Kniestöße als effektive Waffe entwickeln will. Da es bei Knietechniken wichtig ist, sie nur auf kurzer Distanz anzuwenden, werden sie in der Weise trainiert, dass der Trainingspartner/die Partnerin in die Technik hineingezogen wird.

Die Bewegungsbahn des Kniestoßes verläuft schräg aufwärts. Ein starker Hüftschub vorwärts verstärkt die Kraftentwicklung des Kniestoßes, weil das Körpergewicht hinter die Technik gebracht wird. Wenn nur das Knie hochgerissen wird, ist der Weg zu kurz, um eine nennenswerte Kraft zu entwickeln.

Das Kniegelenk sollte möglichst spitzwinklig eingestellt werden, um die Auftrefffläche zu stabilisieren.

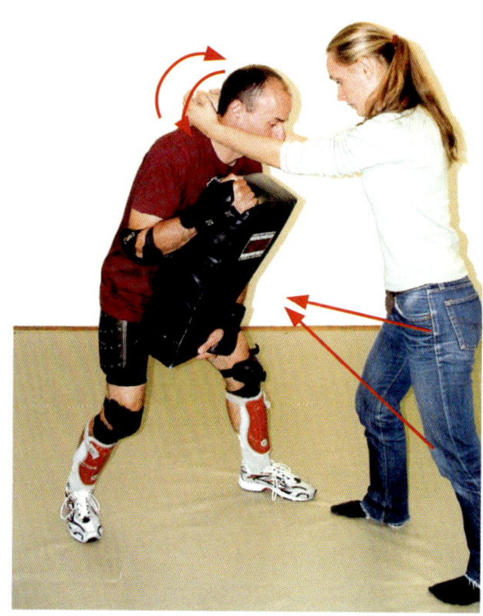

Bild 39a: Die Kursteilnehmerin greift zur Kopfkontrolle um den Nacken des Schlagpolsterhalters.

Bild 39b

Ein paar Stichpunkte zur effektiven Kopfkontrolle:

- Eine Hand fasst das Handgelenk oder den Daumenballen der anderen Hand. Auf keinen Fall dürfen die Finger verschränkt werden (Bruchgefahr)!
- Der Hals des Angreifers/Schlagpolsterhalters wird zwischen den Unterarmen eingeklemmt.
- Der Kopf wird zur eigenen Schulter bzw. in die Ellbogenbeuge gezogen, um zu verhindern, dass der Gefasste der Verteidigerin einen Kopfstoß versetzen kann.

Verschiedene Formen der Kopfkontrolle für den Kniestoß:

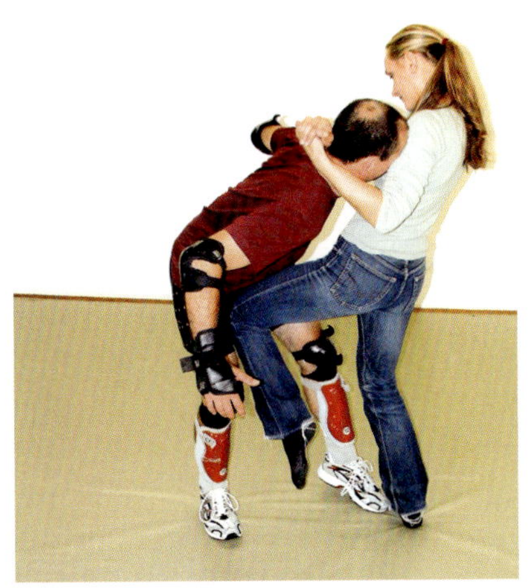

Bild 40a

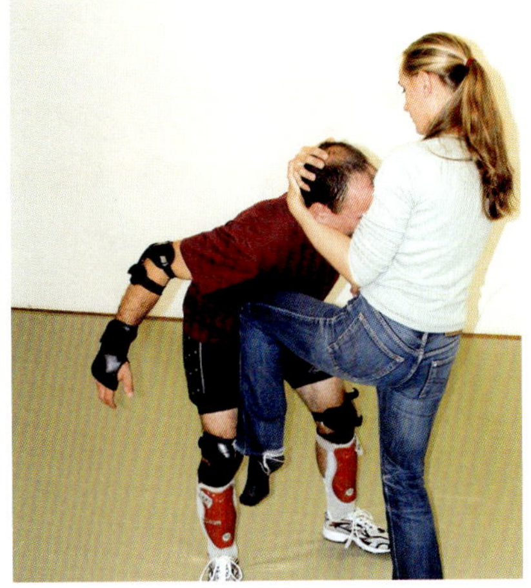

Bild 40b

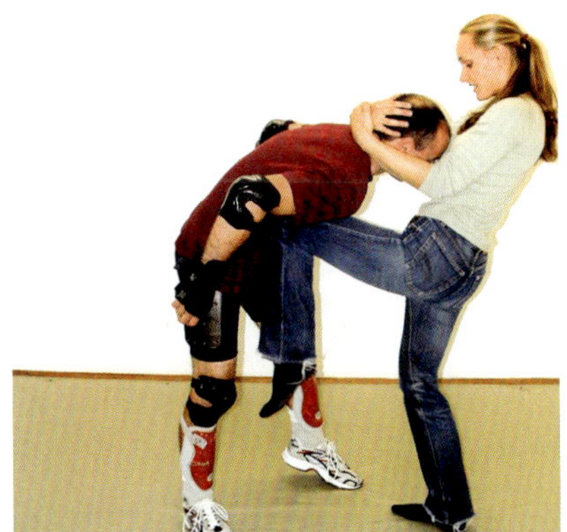

Bild 40c

Hat ein Angreifer keine bis wenig Haare (wie das bei zwei der drei Autoren der Fall ist), so lassen sich die Ohren fassen, gegenläufig verdrehen und dadurch eine Kopfkontrolle erreichen. Es genügt nicht, über diese Möglichkeiten nur theoretisch Bescheid zu wissen, sondern solche kleinen, gemeinen Details müssen immer wieder ins Training eingebaut werden!

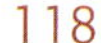

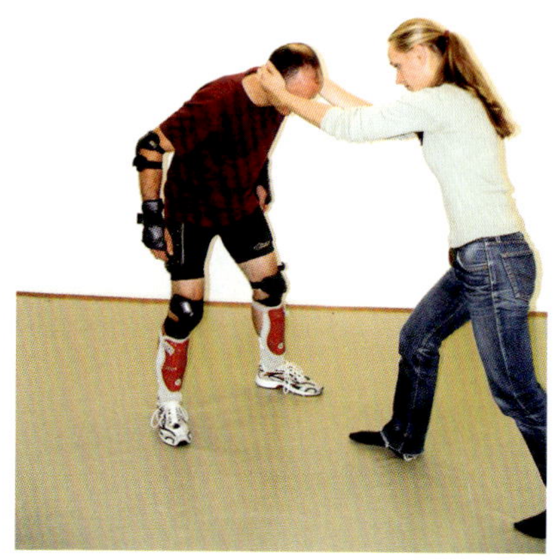

Bild 41a

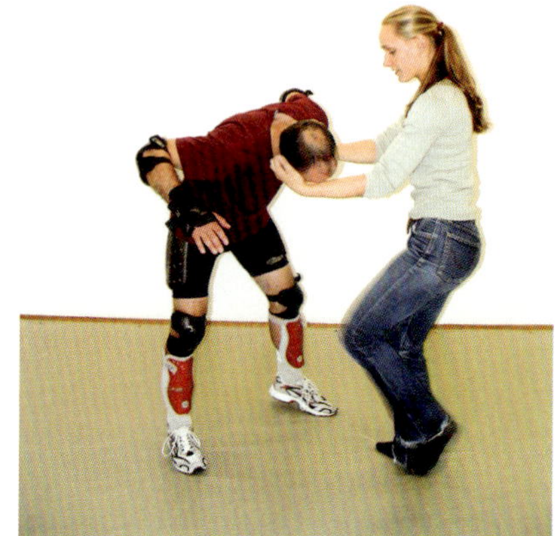

Bild 41b

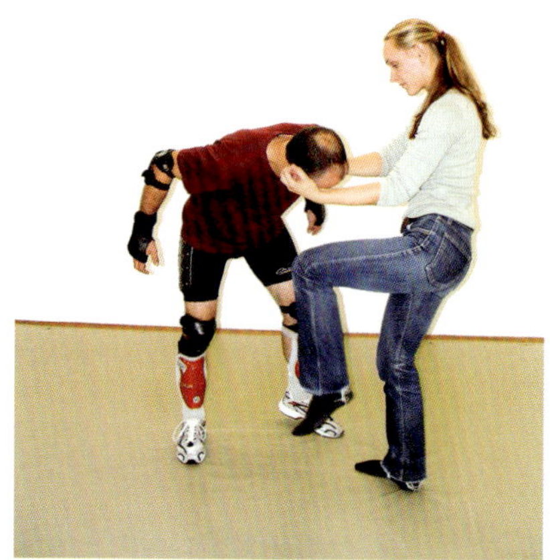

Bild 41c

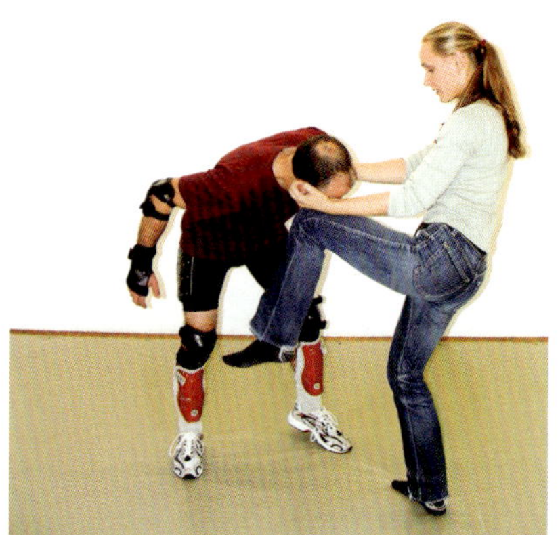

Bild 41d

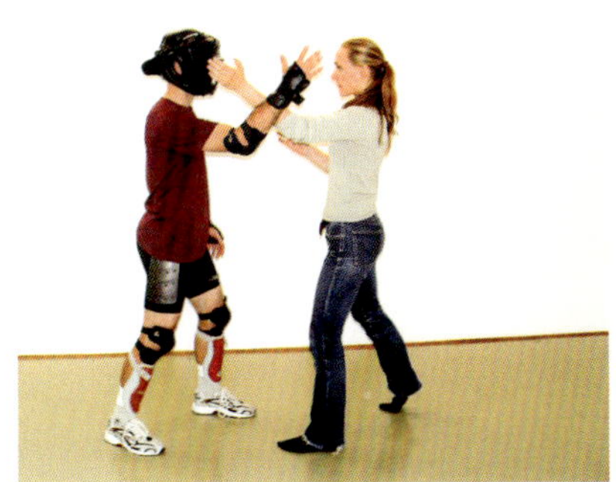

Bild 42a: Angriff von der Seite / Ohrfeige

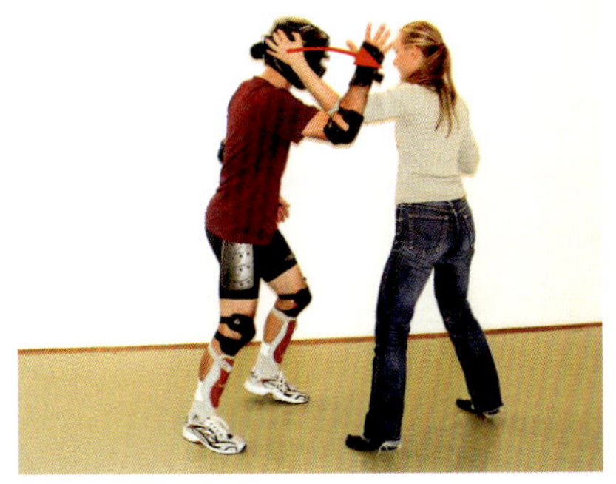

Bild 42b: Ausnutzen der Angriffsenergie (siehe oben)

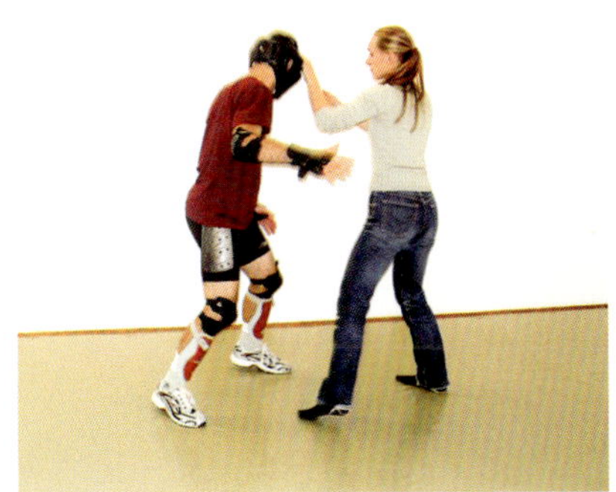

Bild 42c

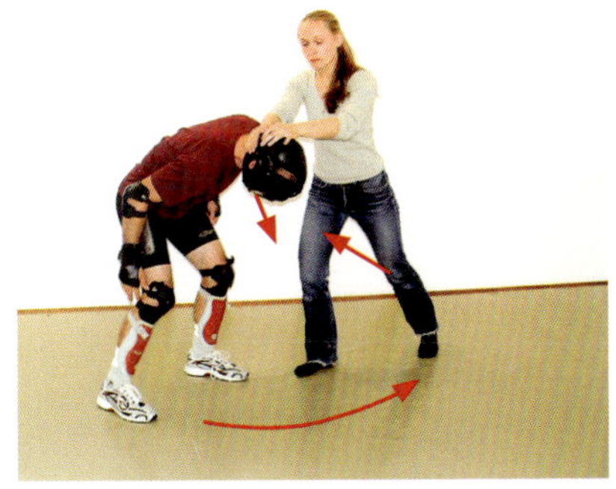

Bild 42d: Nach dem Konter erfolgt eine Drehung an die linke Seite der Angreifers. Kopfkontrolle mit beiden Händen.

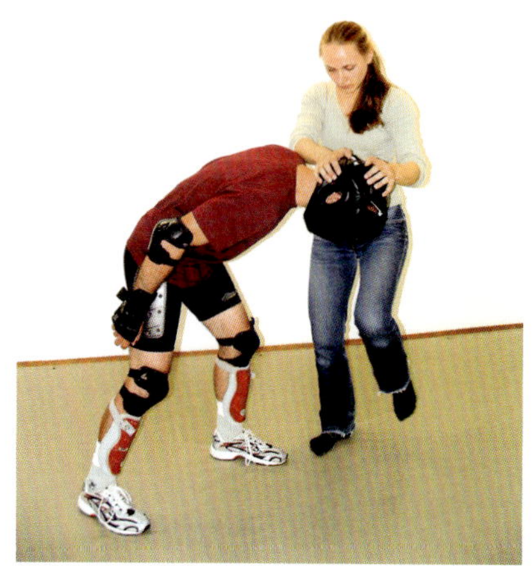

Bild 42e

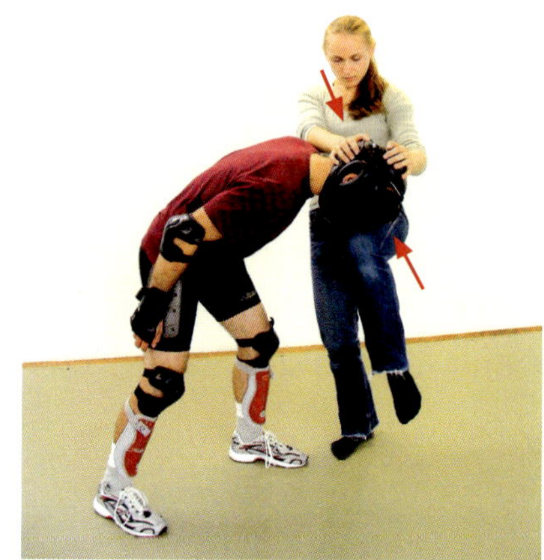

Bild 42f: Kniestoß

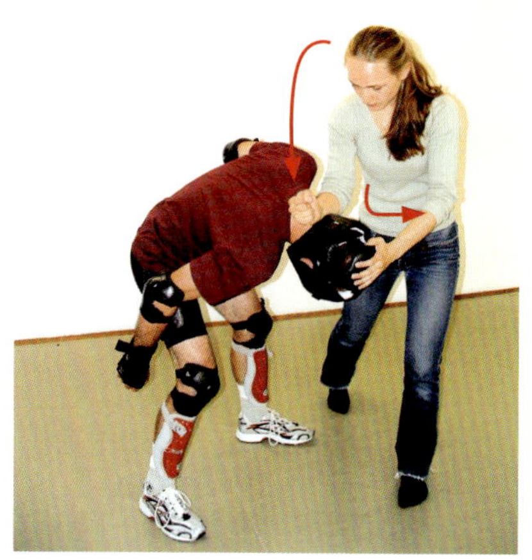

Bild 42g: Schlag mit dem Unterarm zum Genick (potenziell tödliche Technik!). Frau beachte die permanente Kopfkontrolle mit der linken Hand.

2.5.5.5 Schienbeintritte

Schienbeintritte stellen eine vielseitig einsetzbare Technik in der Selbstverteidigung dar. Für diesen Zweck stellen wir zwei Variationen vor. Das Schienbein ist – wenn entsprechend trainiert – mit einem Knüppel zu vergleichen, mit dem sehr hart zugeschlagen werden kann. Es ist egal, womit getroffen wird – ob es das Schienbein in der Nähe des Kniegelenks oder in der Nähe des Fußknöchels ist. Ähnlich wie bei den Kniestößen ist es wichtig, dass das Körpergewicht hinter die Technik gebracht wird, sei es durch Aufrichten des Beckens beim Schnapptritt oder durch Rotation beim Low Kick. Lernen lassen sich diese Techniken am besten am großen Schlagpolster, weil die Kursteilnehmerinnen beim Training direkt merken, wie effektiv sie getreten haben. Folgende Komponenten helfen bei der Rückkopplung: das Auftreffgeräusch, der Rückstoß und das Gefühl, durch die Pratze hindurchzutreten.

Schnapptritt

Kennzeichen eines Schnapptritts ist die schnellere Rückholbewegung nach dem Tritt als die eigentliche Trittaktion.

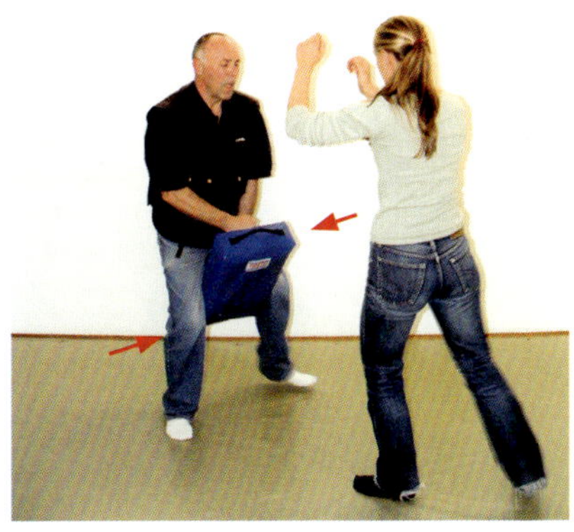

Bild 43a: Ausgangsstellung

Diese Ausgangsstellung des Schlagpolsterhalters ist etwas gewöhnungsbedürftig. Wie man sehen kann, ist Adduktorentraining (Oberschenkelinnenseiten) für den Schlagpolsterhalter nötig, um den Tritt absorbieren zu können. Der Vorteil dieser Schlagpolsterhaltung besteht darin, dass die Teilnehmerinnen lernen, präzise und mit voller Kraft zwischen die Beine eines Mannes zu treten. Die Schnapptritte sollten am Schlagpolster in Kombination trainiert werden, und zwar in Zweier- bzw. Dreierserien, um sich daran zu gewöhnen, auch bei einem Fehltritt direkt nachzusetzen. Diese Form des Trainings führt auch zu einer Desensibilisierung gegenüber dem Angreifer. Insofern handelt es sich auch um ein psychologisches Training.

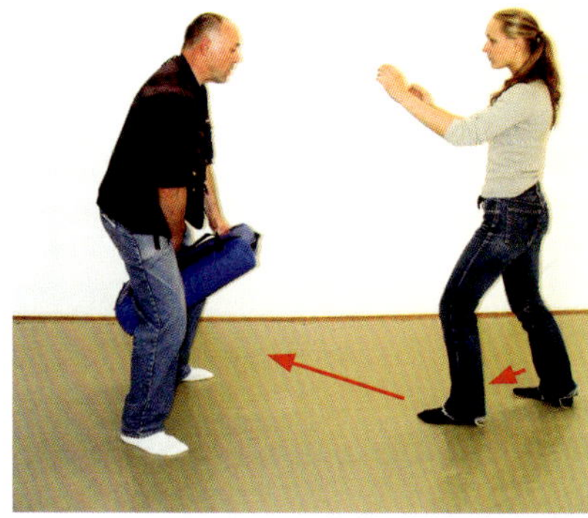

Bild 43b: Das vordere Bein beginnt nach einem kleinen Auftaktschritt als Erstes, da es die kürzeste Entfernung zu überbrücken hat. Auch wenn es sein Ziel verfehlt haben sollte, hat es zumindest den Angreifer überrascht und damit den Weg für den Folgetritt geöffnet.

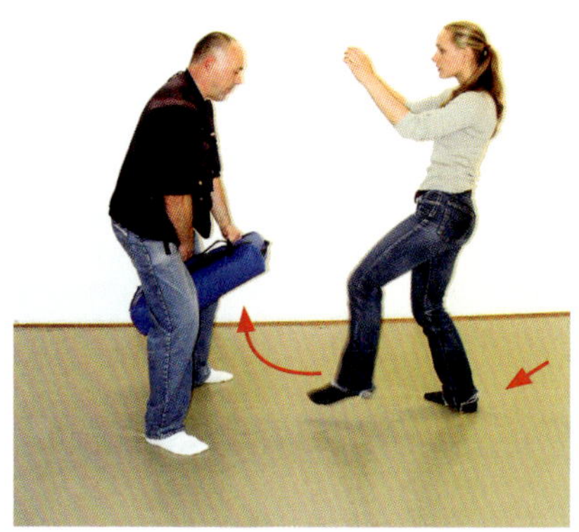

Bild 43c

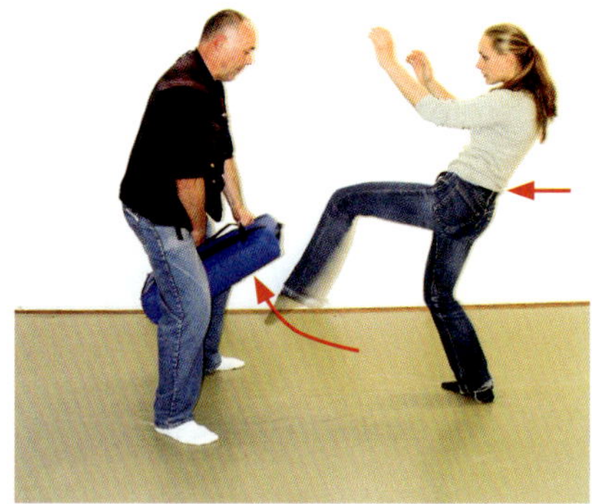

Bild 43d

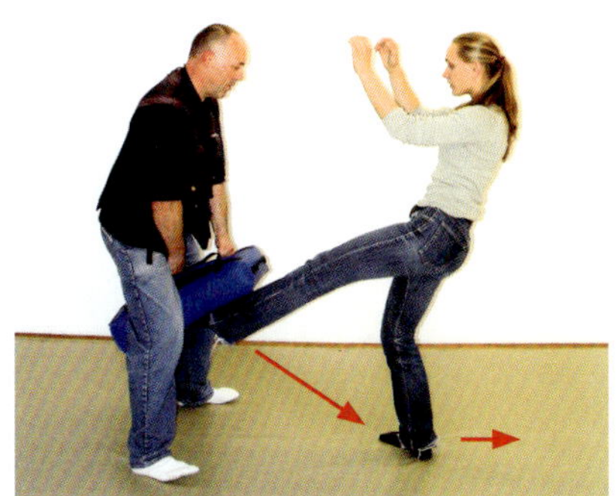

Bild 43e

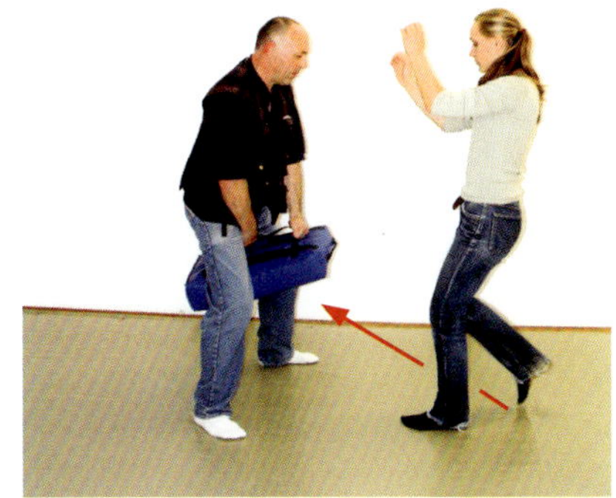

Bild 43f

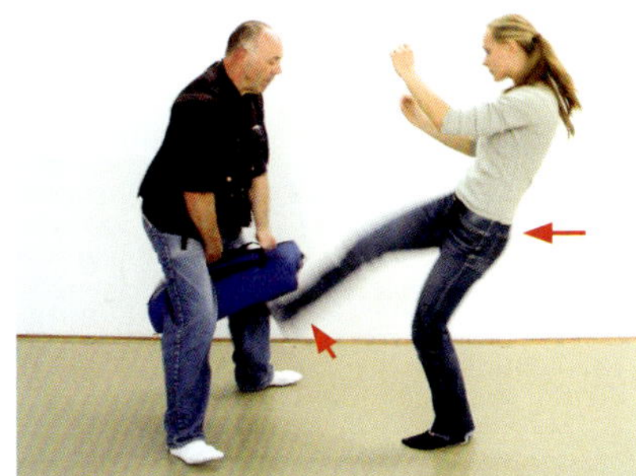

Bild 43g

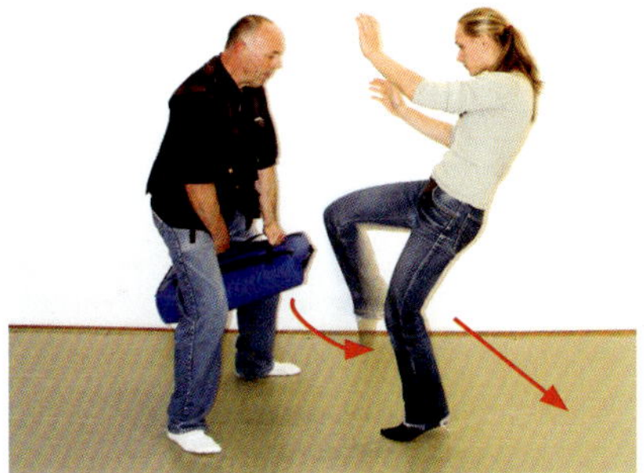

Bild 43h: Schnelle Rückholbewegung des Trittbeins.

Anwendungsbeispiel der Trittkombination beim Fassen der Handgelenke und dem Versuch, die Verteidigerin wegzuzerren:

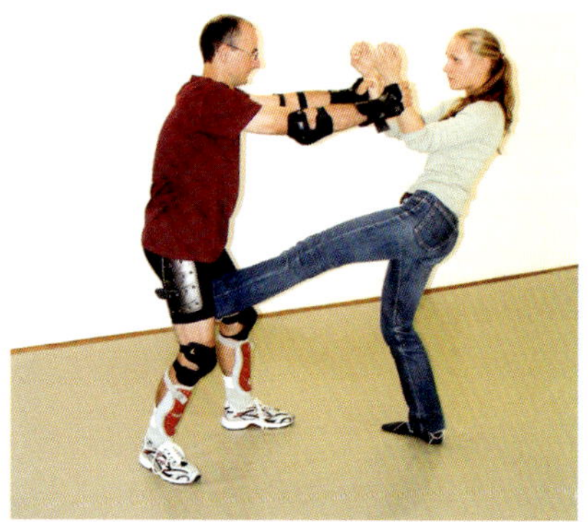

Bild 44a

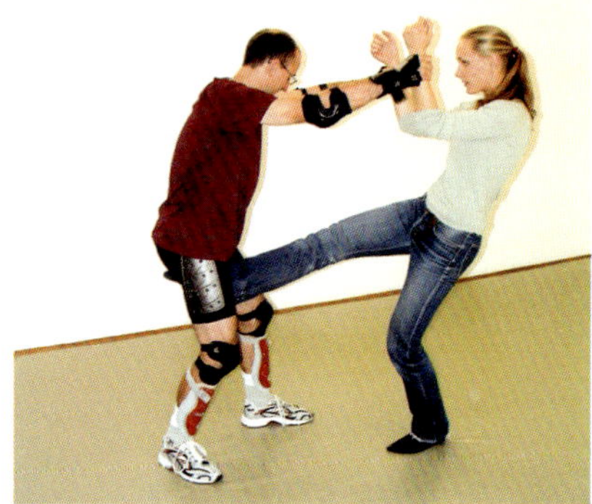

Bild 44b

Low Kicks

Der Low Kick ist eine Technik, die ursprünglich aus dem Muay Thai stammt. Mit dem Schienbein werden Oberschenkel oder Kniegelenk des Aggressors halbkreisförmig angegriffen. Um Kraft in diese Technik legen zu können, ist es wichtig, eine Rotation um die Längsachse (Drehung auf dem Ballen des Standbeins) auszuführen und den Schwerpunkt abzusenken. Als Trainingsform für den Low Kick empfiehlt sich die Arbeit mit dem großen Schlag-

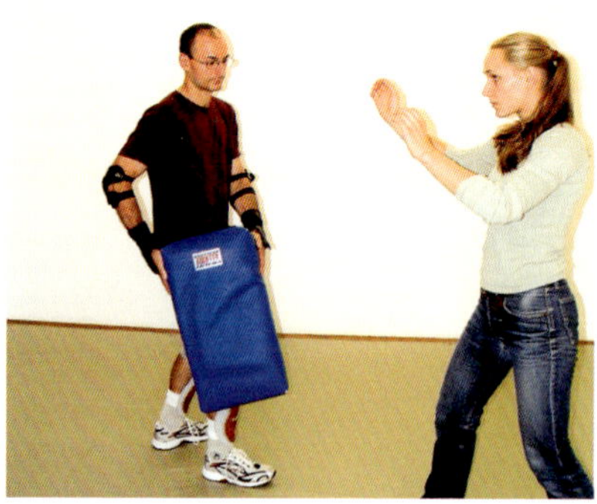

Bild 45a: Ausgangsstellung

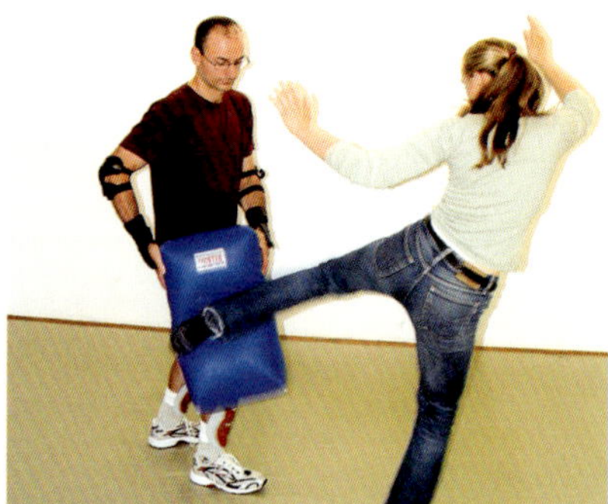

Bild 45b

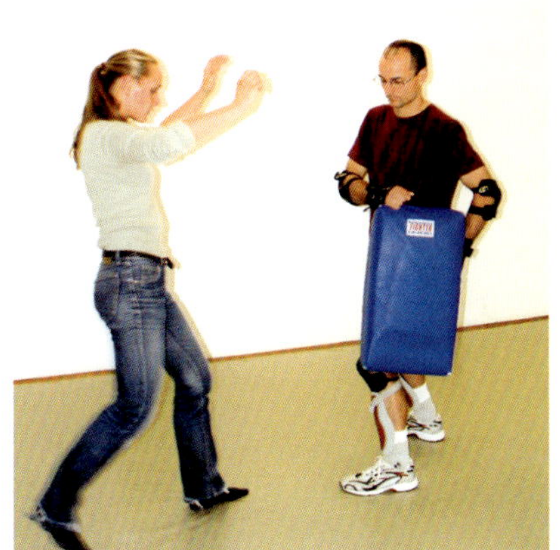

Bild 45c

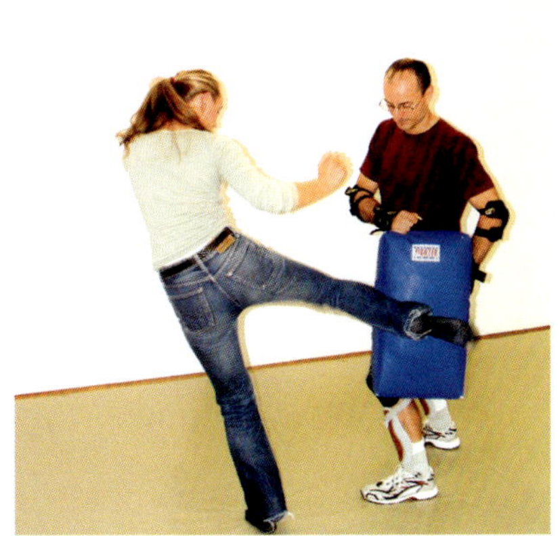

Bild 45d

polster. Nach dem Erlernen und dem Training der Einzeltechnik werden die Low Kicks in Kombinationen ausgeführt. Wir stellen im Folgenden zwei Trainingsformen vor.

Der Schlagpolsterhalter wechselt das Schlagpolster vom rechten Oberschenkel zum linken und ermöglicht so der Teilnehmerin, die wechselnde Hüftdrehung beim Training zu betonen. Bleibt das Schlagpolster auf einer Seite, so können schnelle Mehrfachtritte mit demselben Bein trainiert werden.

Die nachfolgende Trainingsform verbindet das Treten mit Laufarbeit, was hinsichtlich der Ausdauer sehr belastend wirkt. Als Trainingsvorgabe dient die Zahl der Tritte in einer möglichst kurzen Zeiteinheit oder aber in einer festgelegten Zeit sollten möglichst viele Tritte ausgeführt werden.

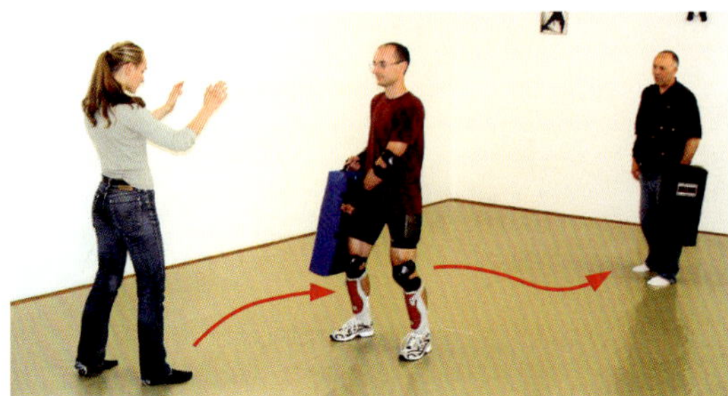

Bild 46a

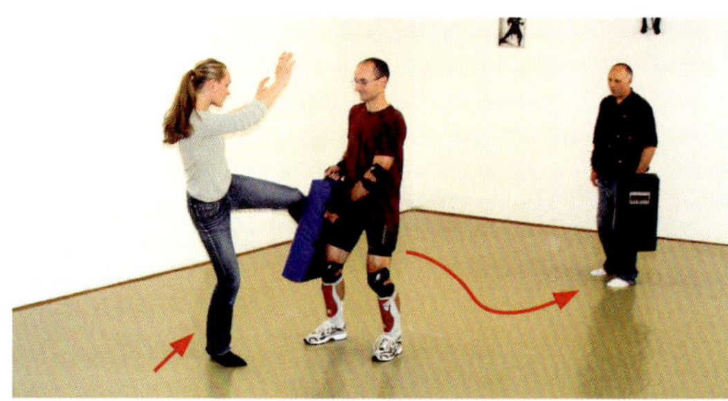

Bild 46b

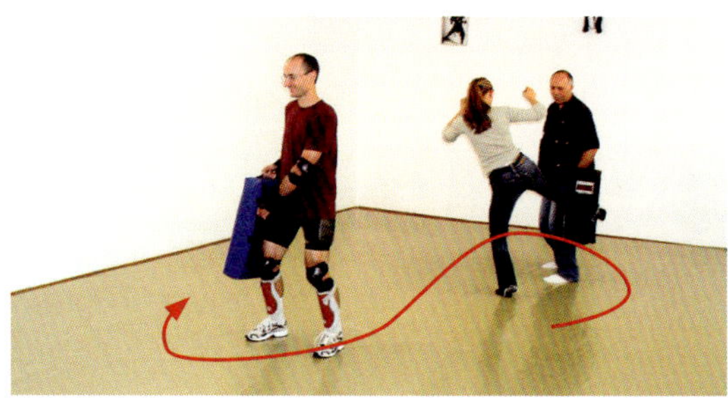

Bild 46c

Zielebenen des Low Kicks:

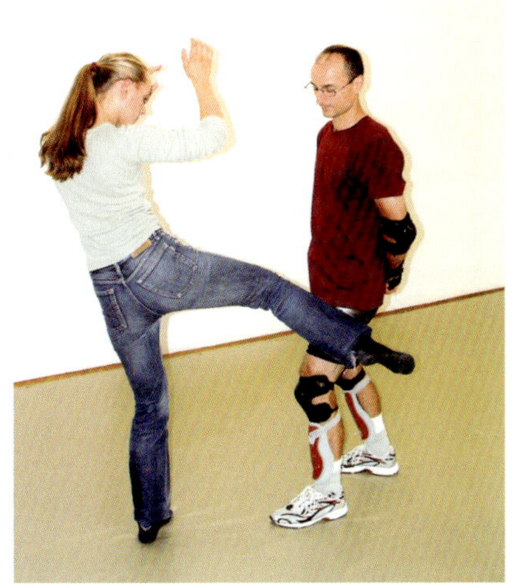

Bild 47a: Oberschenkel

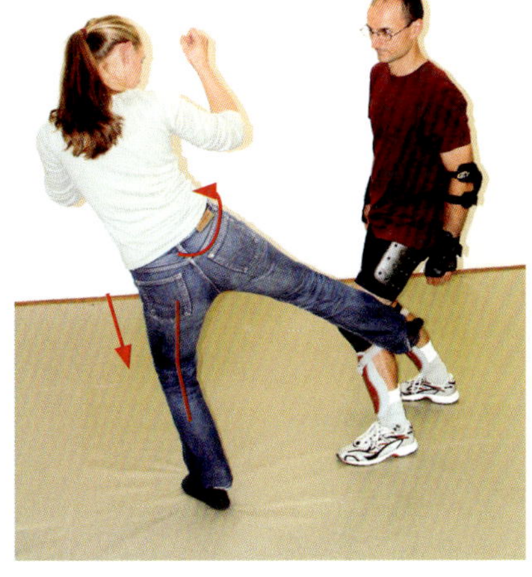

Bild 47b: Kniegelenk

Anwendung gegen einen Griff in die Haare

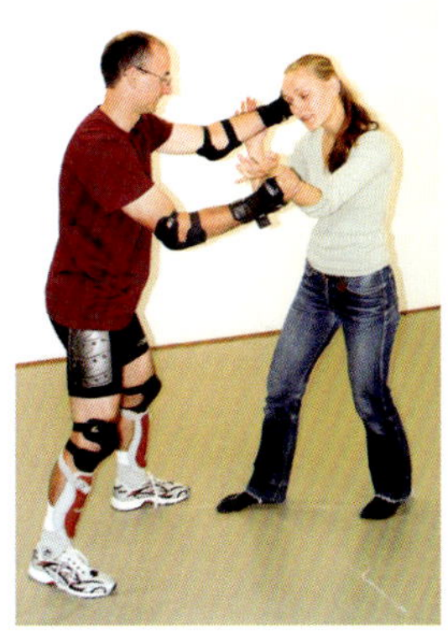

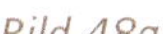

Bild 48a

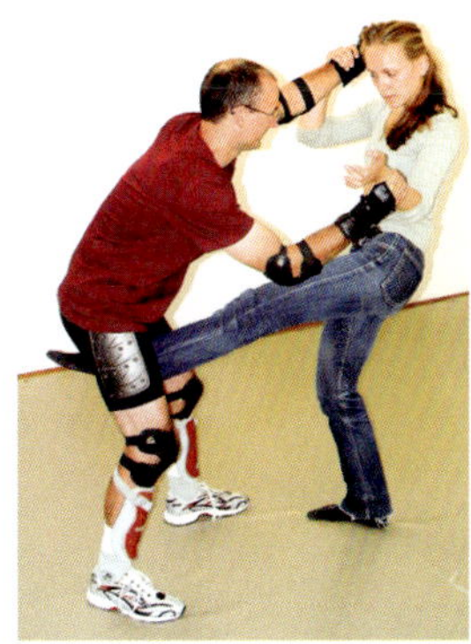

Bild 48b

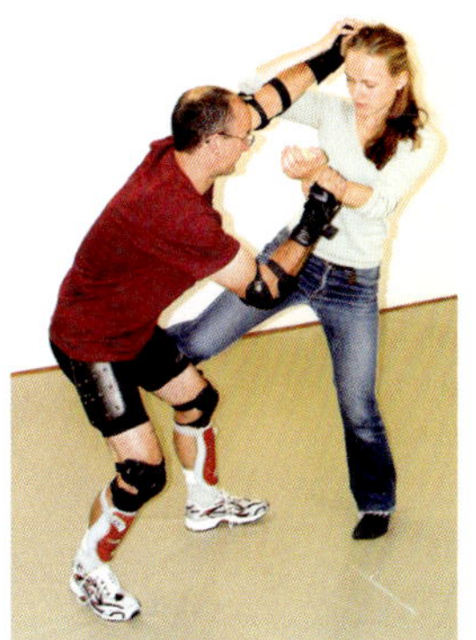

Bild 48c

Kombination verschiedener Abwehrelemente:

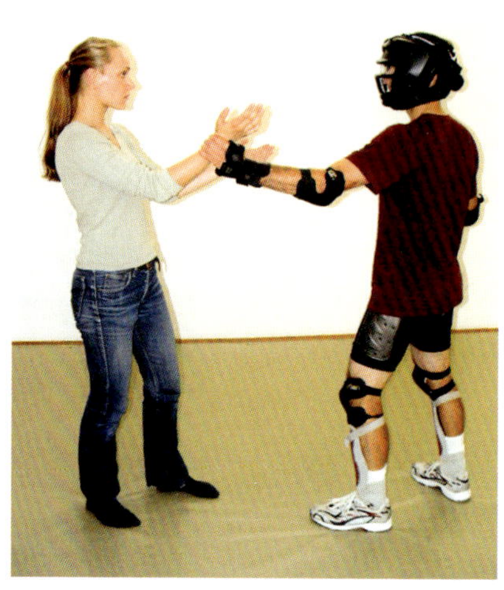

Bild 49a: Griff ans Handgelenk, verdeckt: Schlagbedrohung

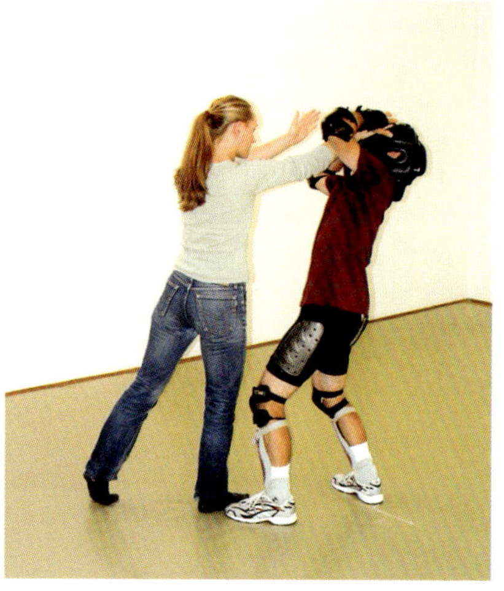

Bild 49b: Stich in die Augen

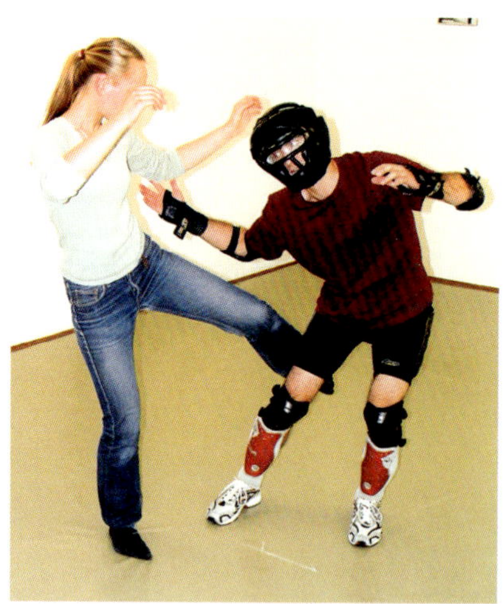

Bild 49c: Low Kick

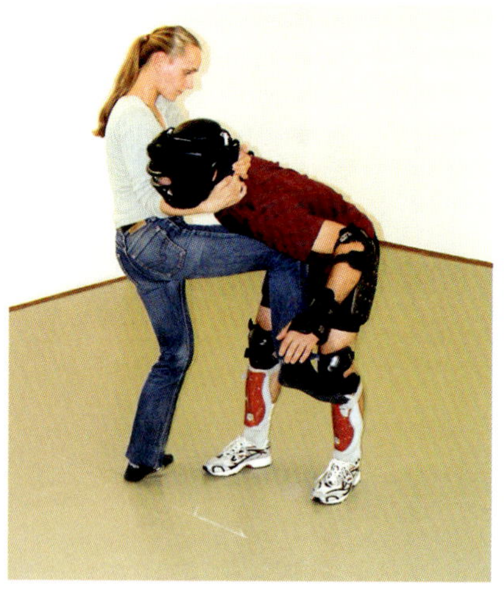

Bild 49d: Kopfkontrolle und Kniestoß

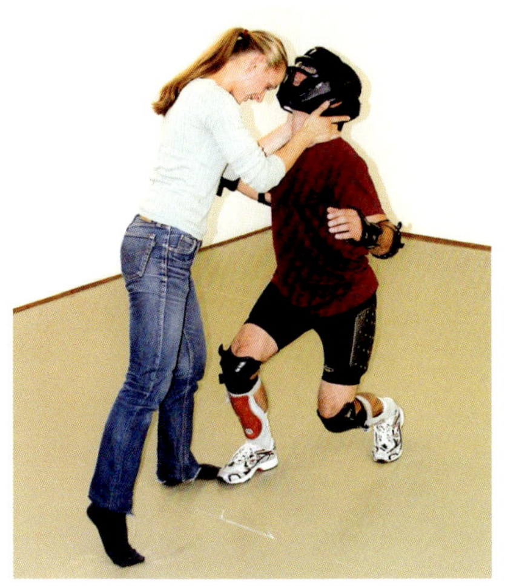

Bild 49e: Abschließender Kopfstoß. Danach wird der Gegner zu Boden gestoßen und die Flucht ergriffen.

2.5.5.6 Stampftritt

Ein Stampftritt kommt vor allen Dingen bei Umklammerungen zum Einsatz. Sie dienen zur Ablenkung und zur Lockerung der Griffattacke. Dadurch ermöglichen sie es der Verteidigerin, zu entkommen (im besten Falle) oder starke Techniken anzuwenden.

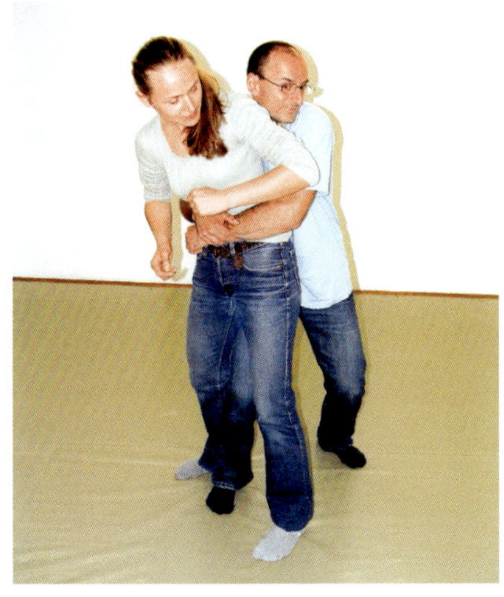

Bild 50a: Angriff von hinten mit Umklammerung. Die Verteidigerin kann das rechte Bein des Angreifers sehen. Sie nutzt die Gelegenheit, um es mit einem Stampftritt auf die Fußbrücke anzugreifen.

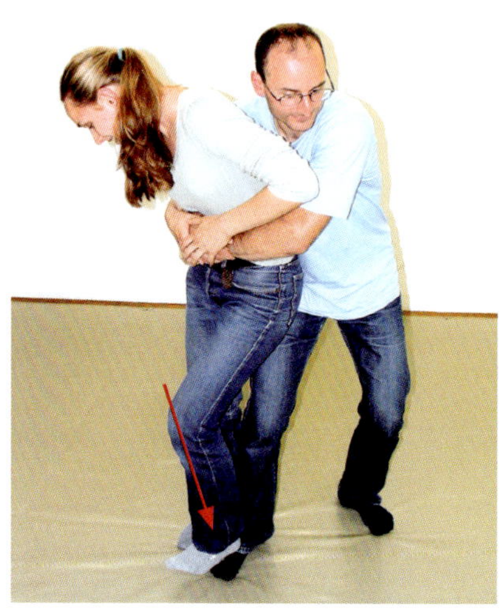

Bild 50b: Ausführung mit Sichtkontakt

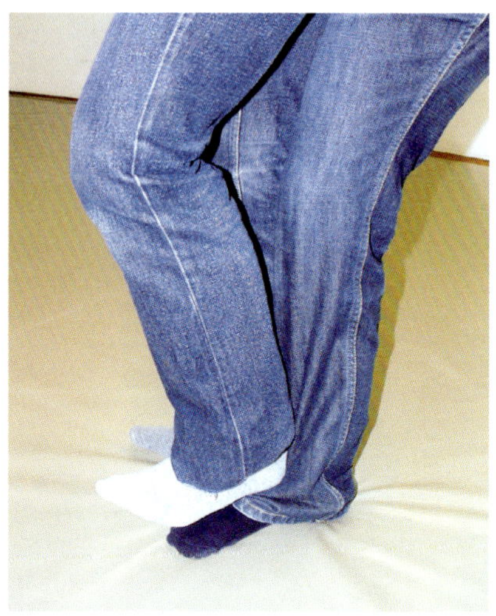

Bild 50c: Detailansicht

Hat die Verteidigerin keine freie Sicht auf einen der Füße, so empfiehlt es sich, das Bein zu heben und mit der Fußkante Kontakt zu einem der Schienbeine des Angreifers zu suchen. Der Fuß braucht nun nur mit dem Schienbein als „Leitplanke" nach unten gestoßen zu werden. Treffersicherheit ist gewährleistet!

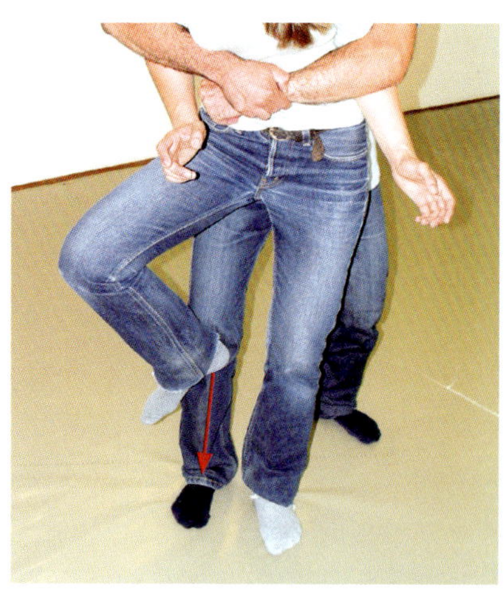

Bild 50d

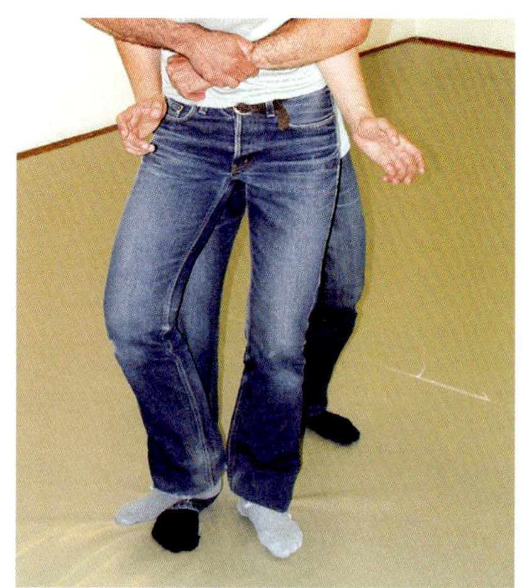

Bild 50e

2.5.5.7 Ellbogen

Leider ist es in kurzen Frauen- und Mädchenselbstverteidigungskursen meist nicht möglich, auf diese hervorragende Nahkampfwaffe näher einzugehen. Sollte man jedoch ein längerfristiges Selbstverteidigungstraining anstreben, gehören Ellbogentechniken unbedingt ins Repertoire!

Aus der Vielzahl möglicher Ellbogentechniken stellen wir hier die für die Selbstverteidigung relevanten Techniken vor.

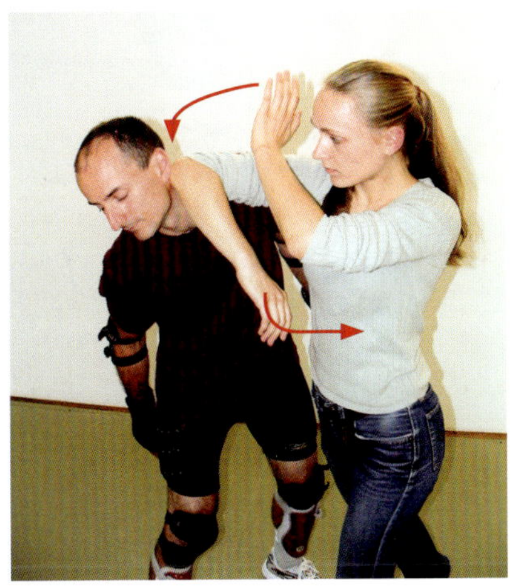

Bild 51a

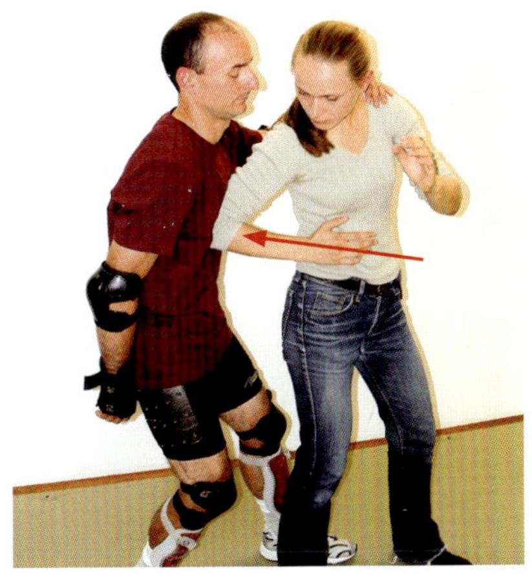

Bild 51b: Beim Ellbogenstoß rückwärts ist es wichtig, geradlinig zu stoßen. Durch den Überraschungseffekt wird dem Angreifer die Luft genommen. Die gewonnene Zeit kann zum Weglaufen oder für Folgetechniken genutzt werden.

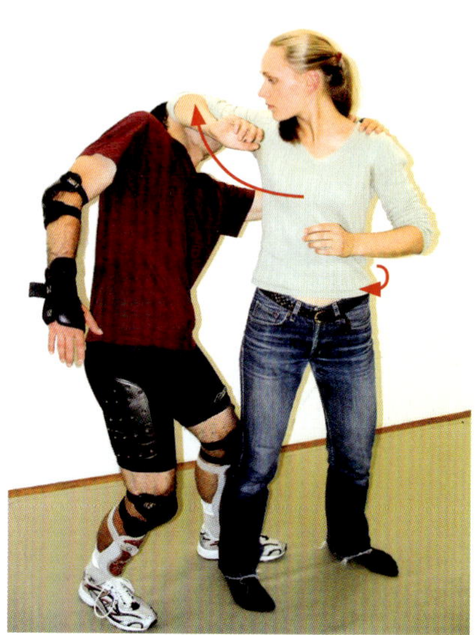

Bild 51c: Ellbogenstoß nach hinten oben rückwärts mit Drehung

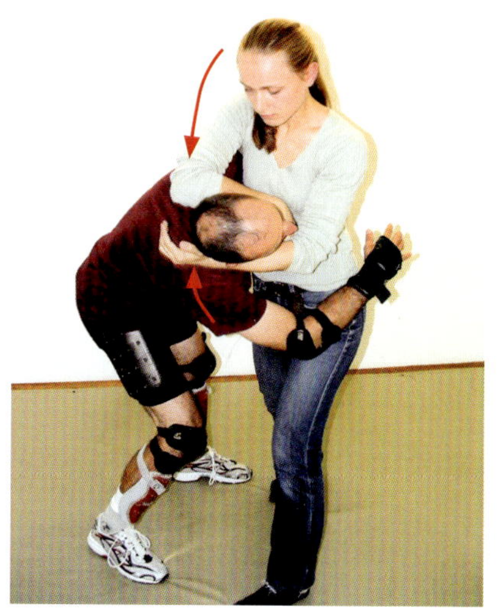

Bild 51d: Beim so genannten „Sandwich" bildet der Kopf des Angreifers den „Belag". D. h., der Kopf des Angreifers wird mit einer Hand fixiert und die Ellbogentechnik kann so ihre volle Wirkung entfalten. MERKE: Die Verteidigerin sollte versuchen, die eigene Handfläche und den Ellbogen zusammenzubringen!

Anwendung:

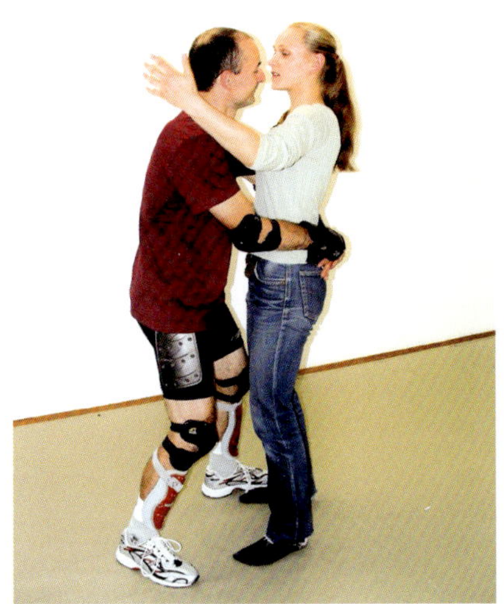

Bild 52a

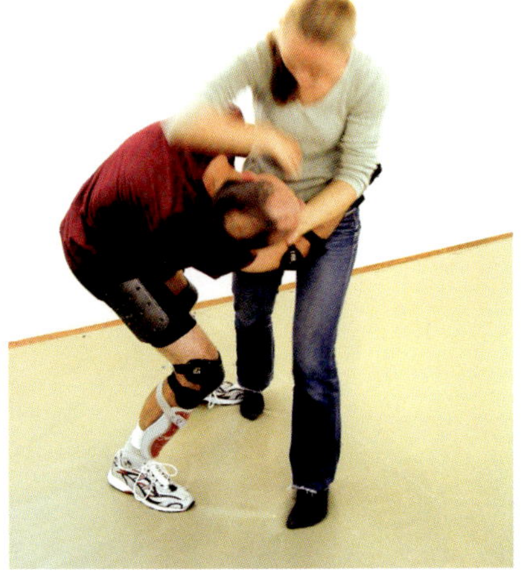

Bild 52b

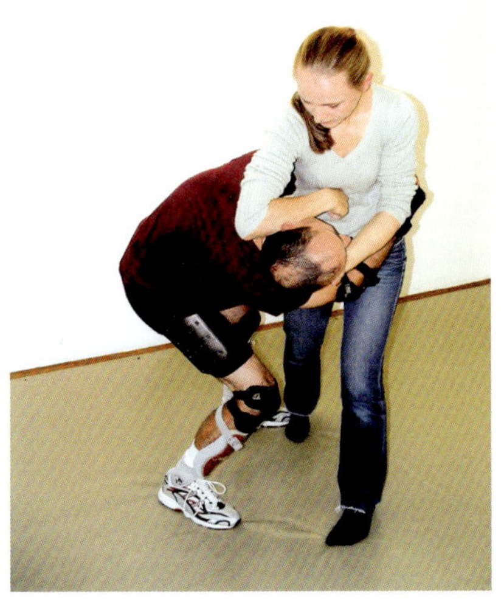

Bild 52c

Alle Ellbogentechniken müssen am Schlagpolster trainiert werden, um ein Gefühl für die richtige Kraft zu bekommen. Ellbogentechniken sind Ganzkörpertechniken. Das bedeutet, dass sie immer von einer Rotation und/oder einem Vorwärtsschub des gesamten Körpers begleitet werden!

Weitere Anwendung: Ellbogenschlag in Verbindung mit Handkralle.

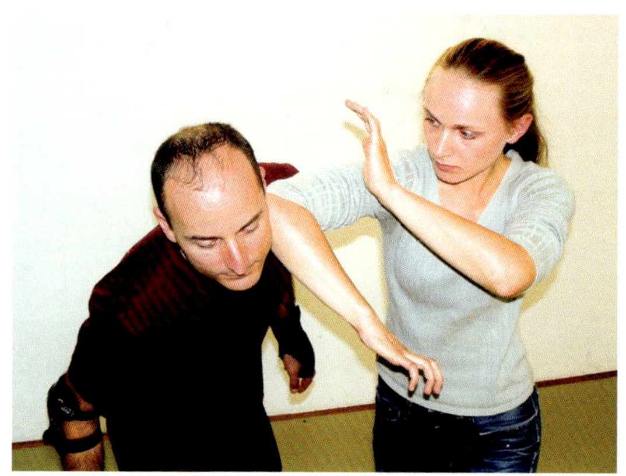

Bild 53a: Die Bewegungsenergie des Ellbogenschlags wird direkt zu einer durchgezogenen Handkralle genutzt ...

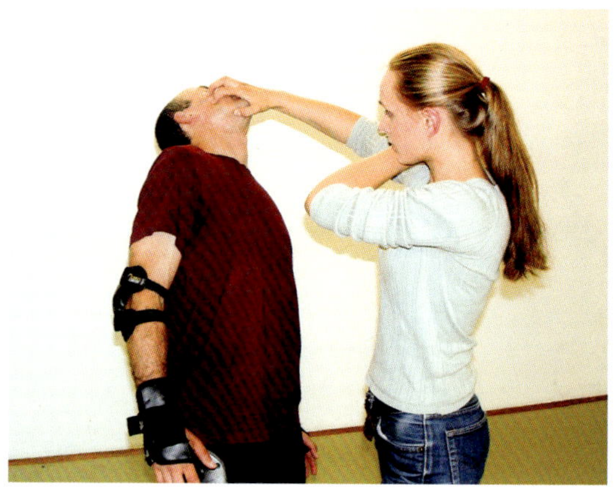

Bild 53b

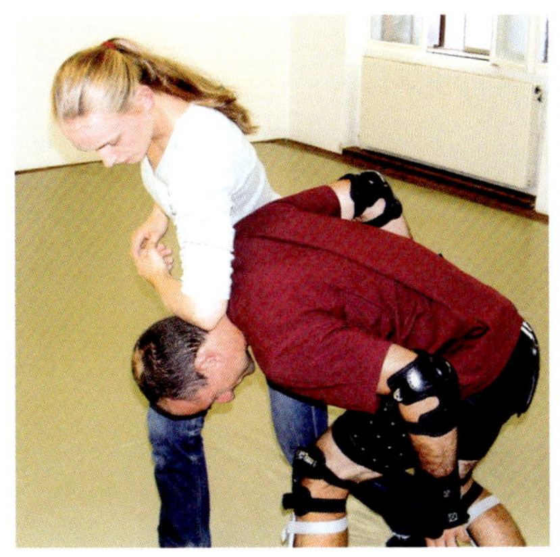

Bild 53c: Aus anderer Perspektive: ...direkt gefolgt von einem linken Ellbogenschlag zum Nacken bzw. Hals des Angreifers.

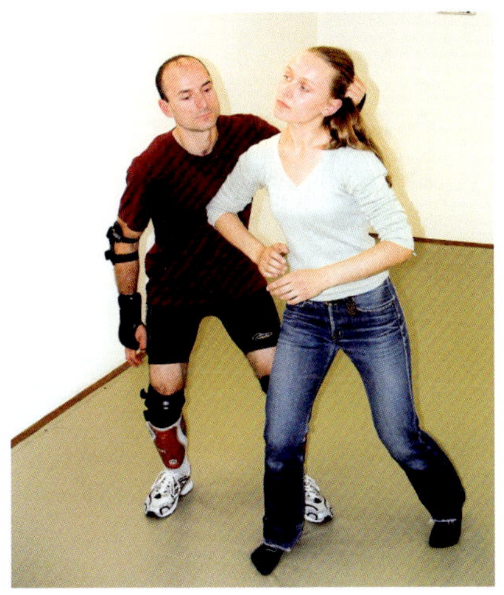

Bild 54a: Die Verteidigerin wird an den Haaren gefasst. Bild 54b: Sie senkt ihren Schwerpunkt und schlägt direkt zu den Hoden des Angreifers (mit Handkante, Unterarm oder Hammerfaust).

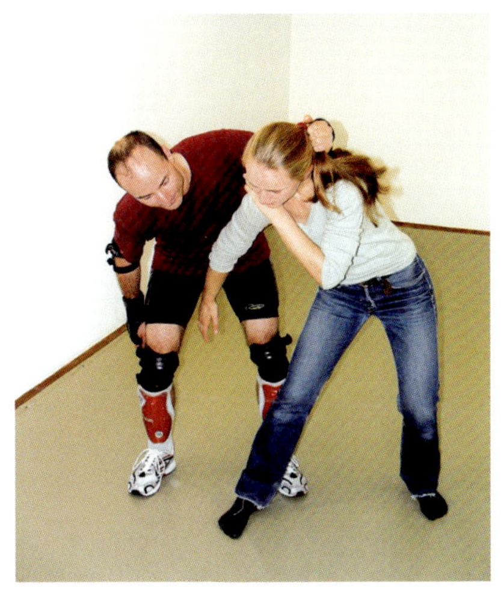

Bild 54b

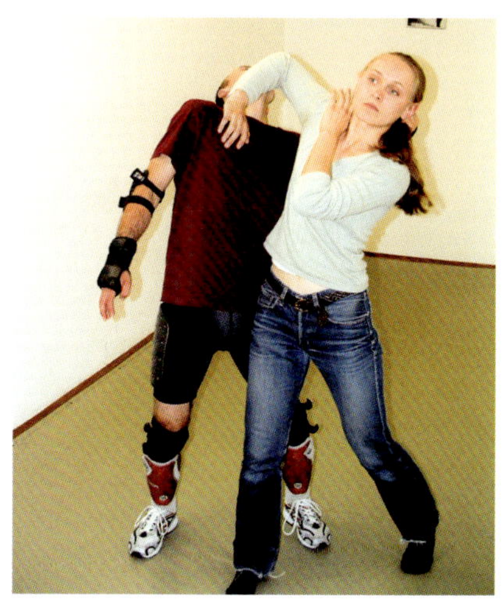

Bild 54c: Wenn der Angreifer einknickt, kann die Verteidigerin den Körper als Leitschiene zum Ellbogenstoß aufwärts nutzen. Die vorgebeugte Haltung des Angreifers bietet die Trefferregion im Hals- oder Kinnbereich an. (Im Kenpo Karate wird dieses Vorgehen Contouring genannt, weil die Körperlinie als Hilfsmittel für die Ausführung der Technik genutzt wird.)

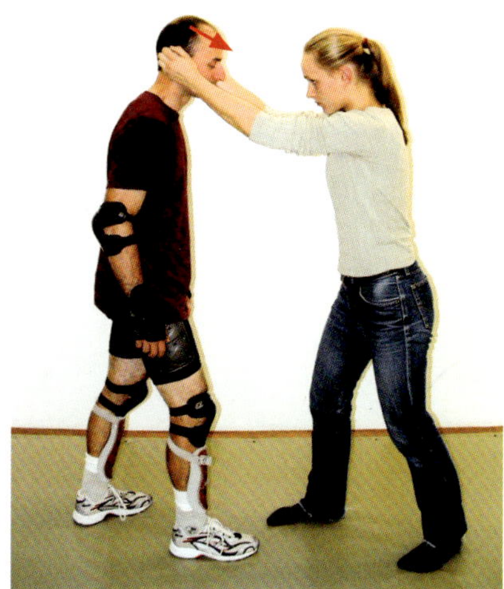

Bild 55a: Kopf des Angreifers wird fixiert (hier netterweise an den Ohren).

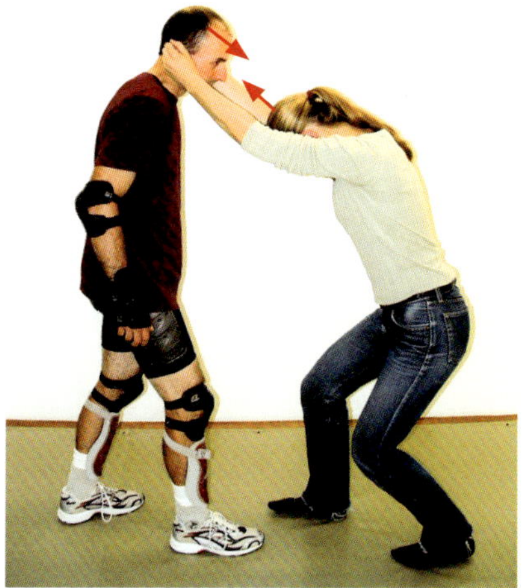

Bild 55b: Ausholphase. Das Absenken des Schwerpunkts und die Einstellung (Senkung) des Kopfs erzeugt eine Vorspannung ...

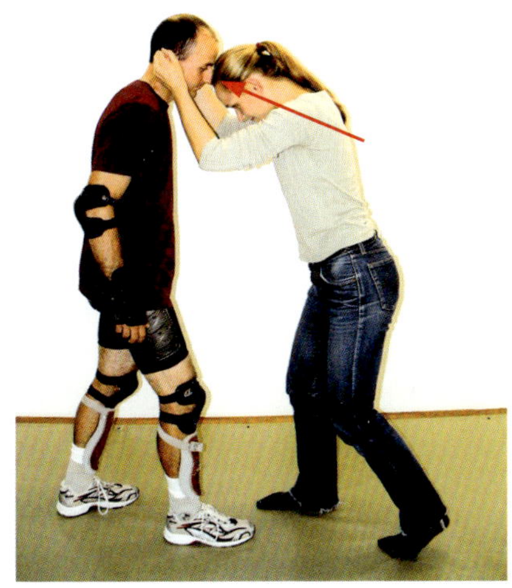

Bild 55c: ... die sich in einer geradlinigen, schräg aufwärts gerichteten Bewegung entlädt.

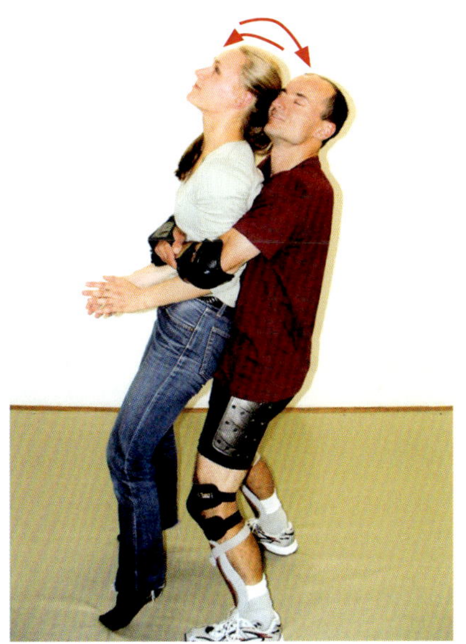

Bild 56: In dieser prekären Situation – der Angreifer hat oberhalb der Arme gefasst und die Verteidigerin leicht angehoben – ist die einzig frei bewegliche und damit verfügbare Waffe der Kopf. Die Verteidigerin führt einen Kopfstoß rückwärts aus.

2.5.5.8 Kopfstoß

Bei der Vorstellung, ihren Kopf als Waffe zu gebrauchen, wird so mancher Frau auf den ersten Blick mulmig werden. Geht frau jedoch davon aus, dass der durchschnittliche Kopf 4-4,5 kg wiegt, so wird ersichtlich, dass frau damit ziemlich viel Verheerung im Nahkampf anrichten kann, sofern der Kopf richtig eingesetzt wird.

Beim Vorwärtskopfstoß wird mit der Region oberhalb des Haaransatzes gestoßen. Diese Kopfhaltung schützt das eigene frontale Gesicht – was noch wichtiger ist – der Vorwärtsschub des Körpers kann hinter die Technik gebracht werden.

Jetzt zeigen wir noch eine Anwendung: Kopfstoß mit Folgetechniken.

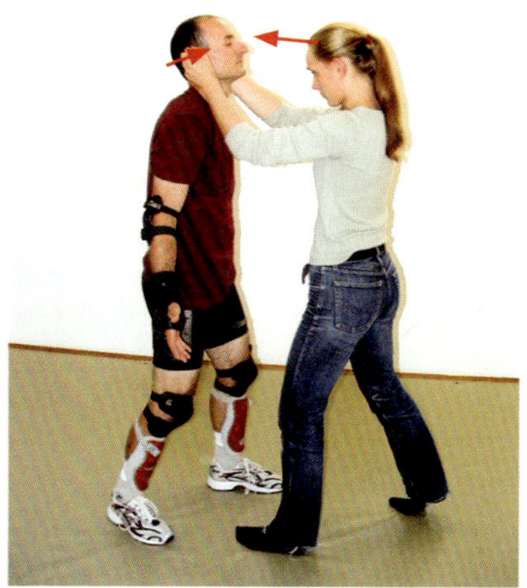

Bild 57a

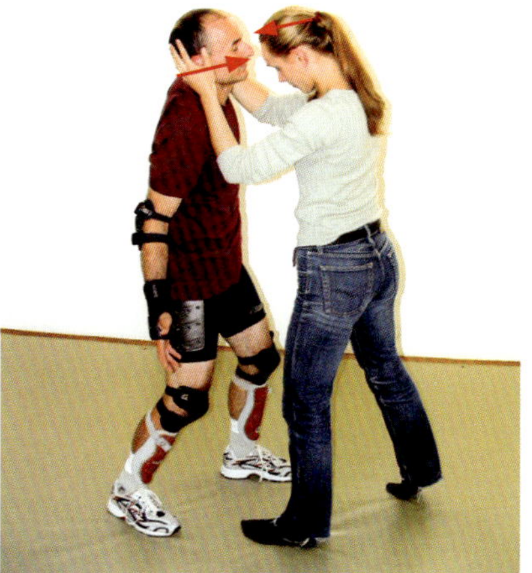

Bild 57b

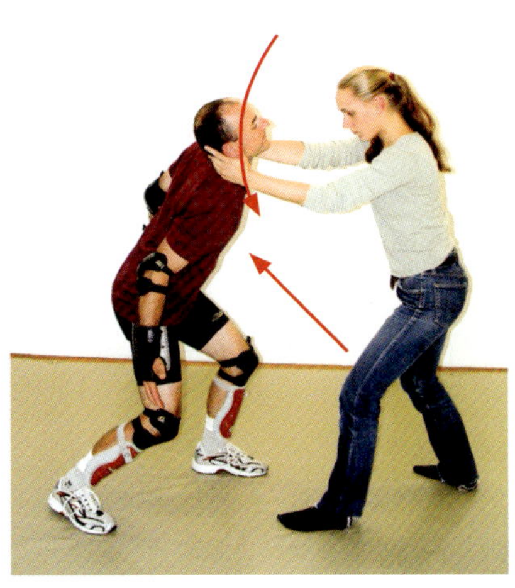

Bild 57c

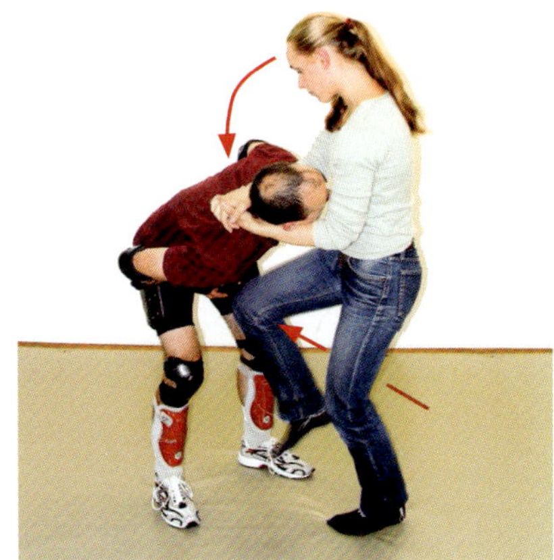

Bild 57d

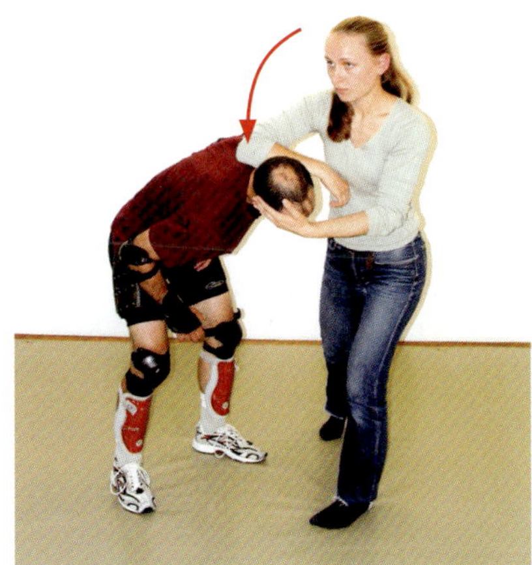

Bild 57e

2.5.5.9 Kleine Gemeinheiten

Mit dieser Überschrift wollen wir alle Techniken zusammenfassen, die überraschend, unberechenbar, schmerzhaft, eklig (für beide Seiten!), aber nichtsdestotrotz helfen, die Selbstverteidigungssituation zu meistern.

Beißen

Das Beißen brauchen wir nicht extra zu erklären; bei ausreichender Ernährungslage geschieht dies jeden Tag. Beißen in der Selbstverteidigung muss konsequent und in der Absicht erfolgen, nicht loszulassen. Hat frau sich in irgendetwas verbissen (Ohr, Schultermuskel, Arm, Flanke, Oberschenkel etc.), so hält sie den Druck bei. Der Effekt auf den Angreifer ist völlig demoralisierend. Er gerät in Panik. Sein einziger Gedanke ist es, von diesem Schmerz wegzukommen. Diese Ablenkung kann frau dazu nutzen, den Angriff zu beenden.

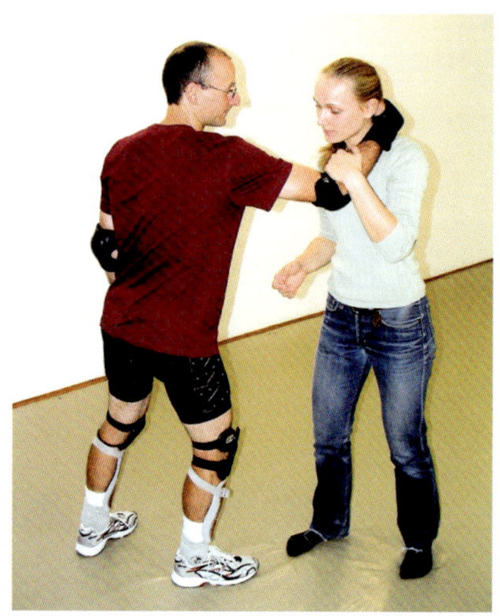

Bild 58a

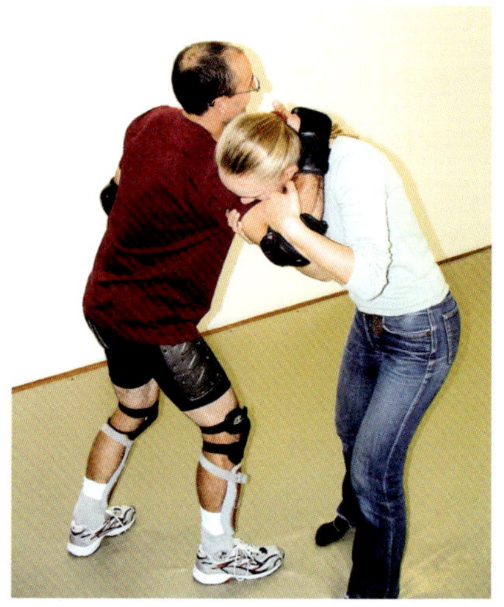

Bild 58b: Der Biss in den Bizeps stört das Gleichgewicht des Angreifers. Damit der Angreifer seinen Arm nicht zurükkziehen kann, fixiert die Verteidigerin ihn mit ihren Händen.

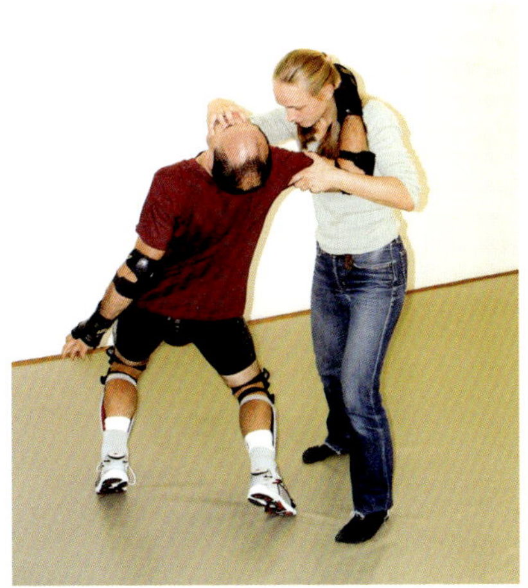

Bild 58c: Eine Handkralle in die Augen überstreckt den Angreifer gänzlich und bringt ihn zu Boden.

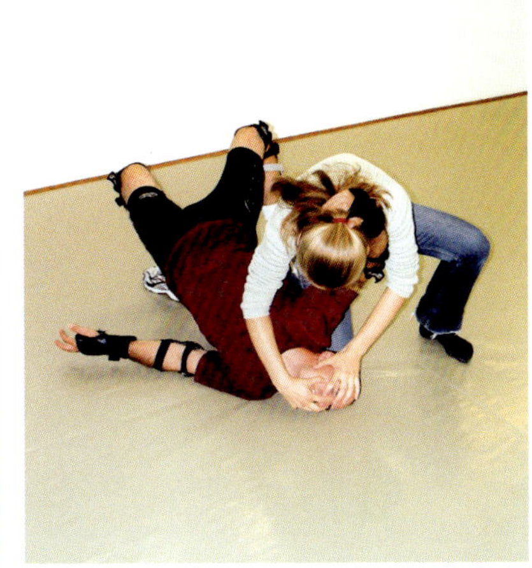

Bild 58d: Den Druck in die Augen aufrechterhalten. Dadurch wird eine hervorragende Ausgangsposition für Folgetechniken geschaffen.

Weiteres Beispiel:

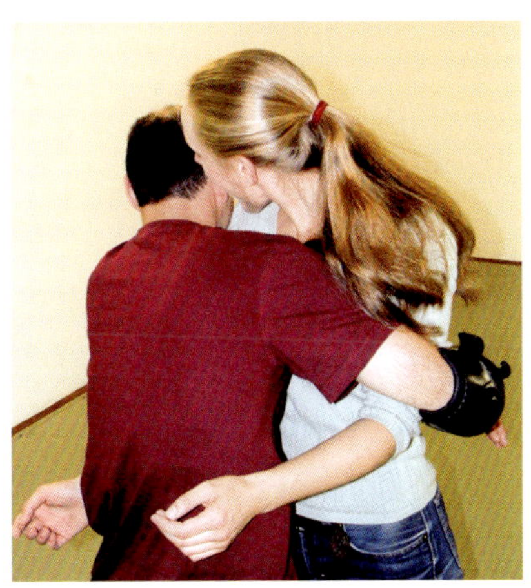

Bild 59a: Biss ins Ohr

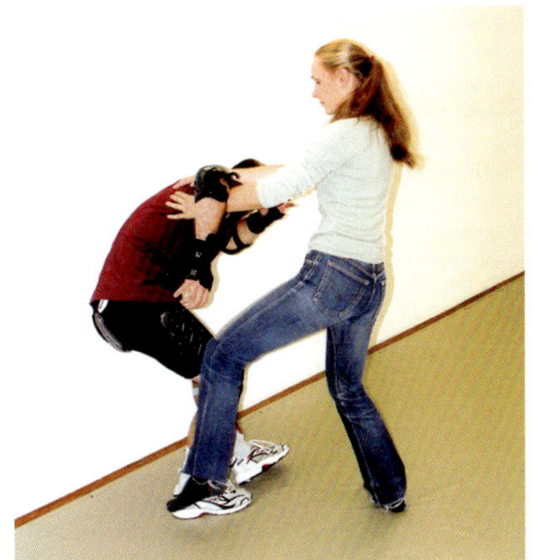

Bild 59b: Frau nutzt die Umgebung aus und schleudert den Angreifer an die Wand.

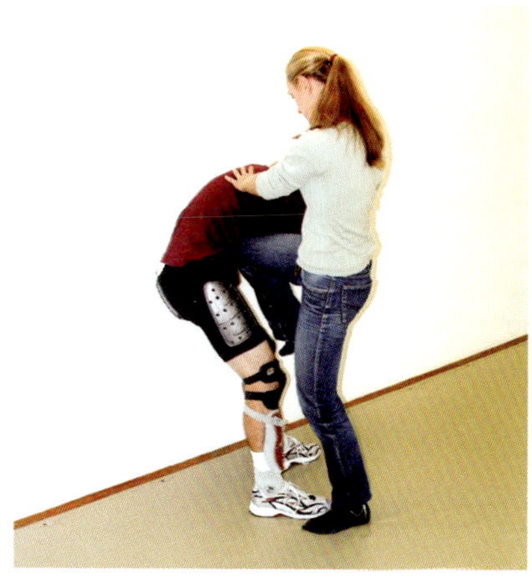

Bild 59c: Abschluss mit Knietechniken

Ins Ohr schreien

Als kleine Schocktechnik genügt es manchmal auch, dem Angreifer ins Ohr zu schreien.

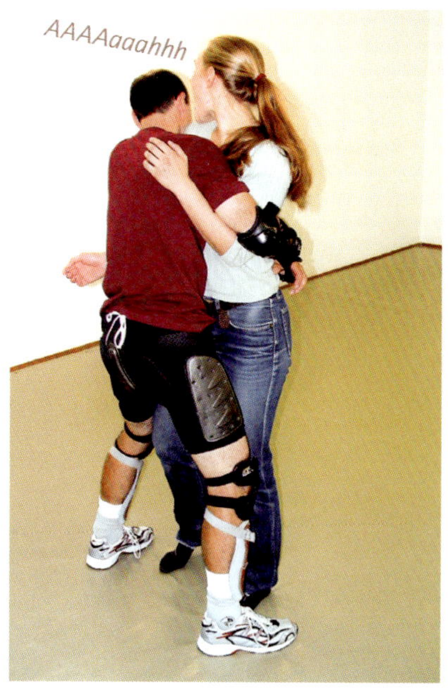

Bild 60

Haarzug

Beim Haarzug wird um den Kopf herumgegriffen, sodass der Kopf nicht nur geradlinig bewegt werden kann, sondern auch in eine Rotation gebracht wird. Da der Kopf als Steuerungszentrum für den übrigen Körper fungiert, wird das Gleichgewicht des Angreifers empfindlich gestört.

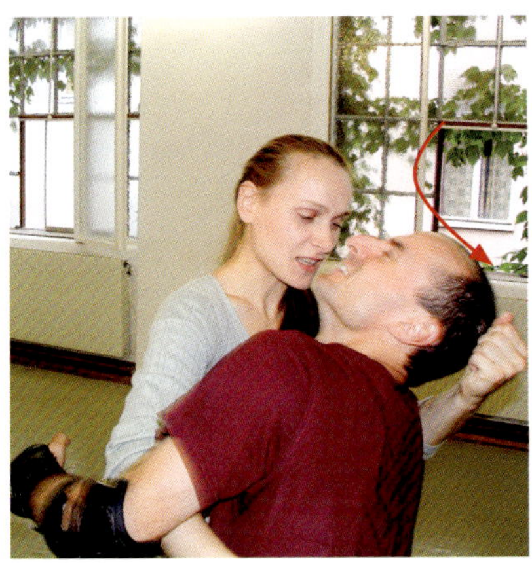

Bild 61a: Haarzug mit Rotation des Angreiferkopfs

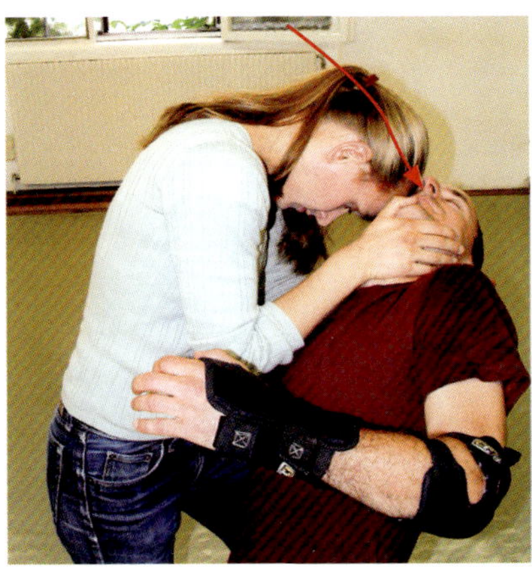

Bild 61b: Kopfstoß mit Fixierung des Kopfs

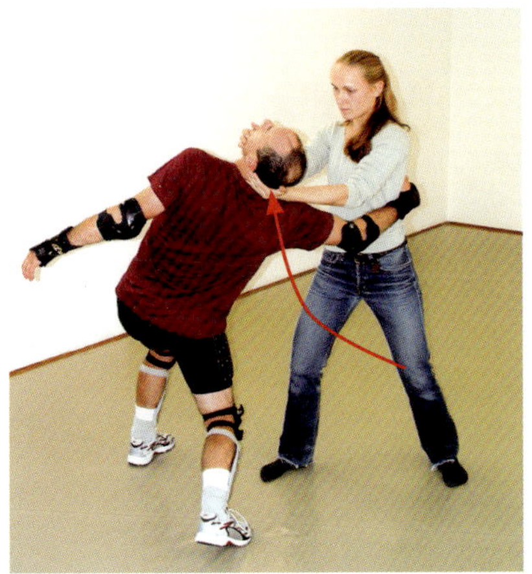

Bild 61c: Perspektivwechsel

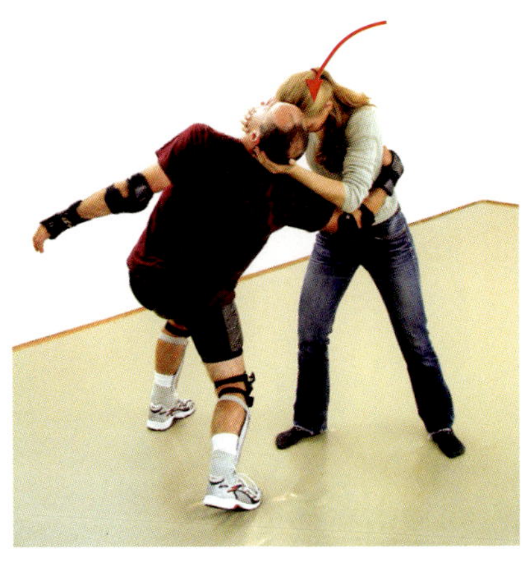

Bild 61d: Doppelt gemoppelt hält besser: Zweiter Kopfstoß

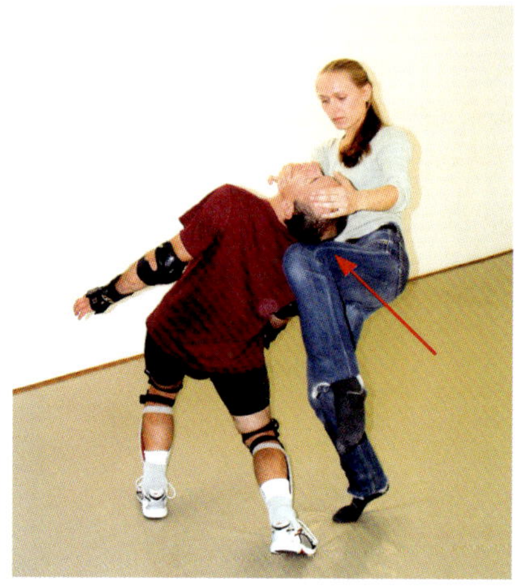

Bild 61e: Knie zum Hinterkopf

Kneifen

Die Innenseiten von Oberschenkel und Oberarm bieten sich zum Kneifen an, da sie sehr sensibel sind.

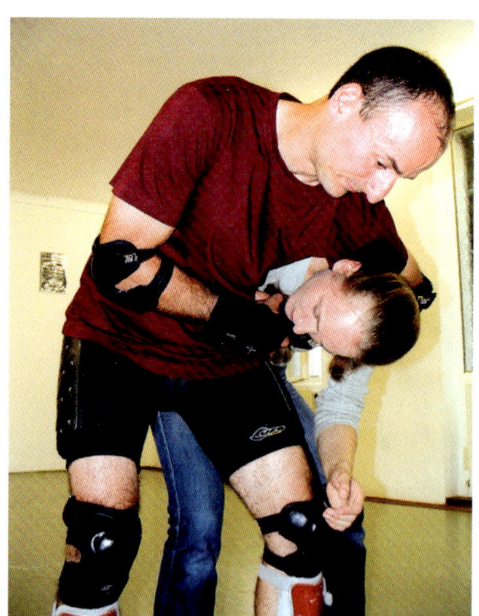

Bild 62a: Ausgangssituation

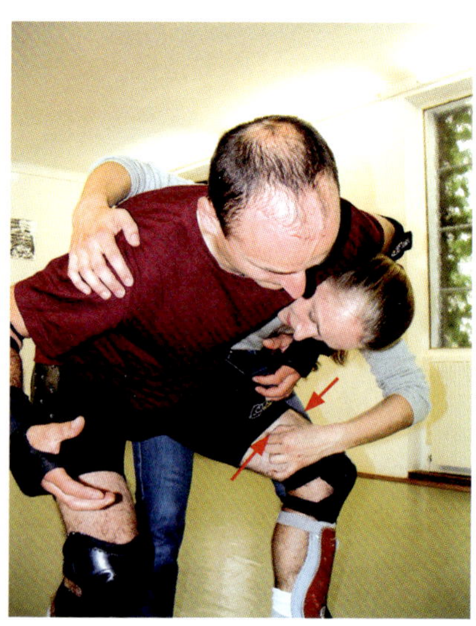

Bild 62b: Kneifen, drehen, reißen

Ohren gegenläufig verdrehen

Durch die gegenläufige Verdrehung der Ohren wird der Kopf des Angreifers fixiert. Werden die Ohren hingegen gleichsinnig verdreht, kann der Angreifer den Kopf mitbewegen und dadurch eventuell seinen Kopf befreien.

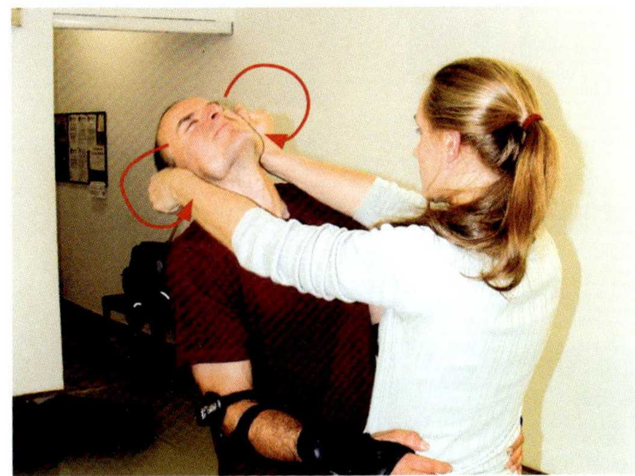

Bild 63

Das Ohr verdrehen

Auch nur ein Ohr zu drehen und daran zu reißen, kann hilfreich sein, wie folgende Sequenz zeigt:

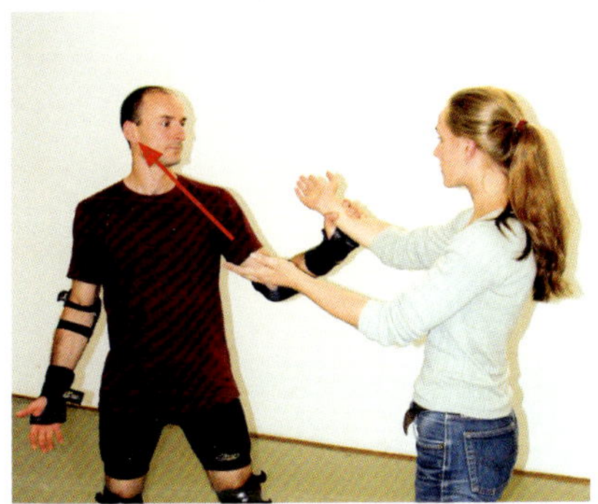

Bild 64a

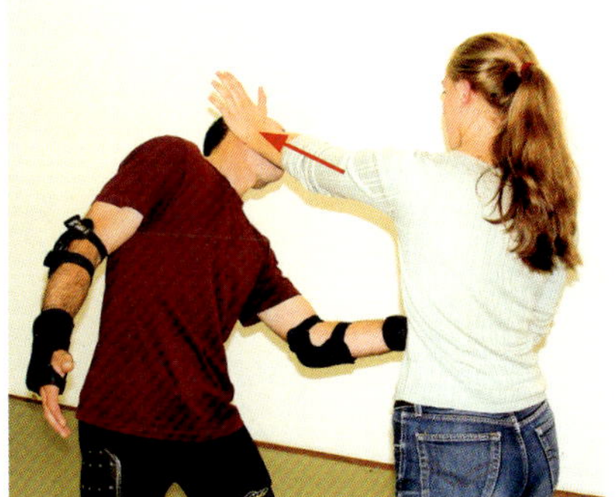

Bild 64b: Handballenschlag mit Nachfassen zum Ohr

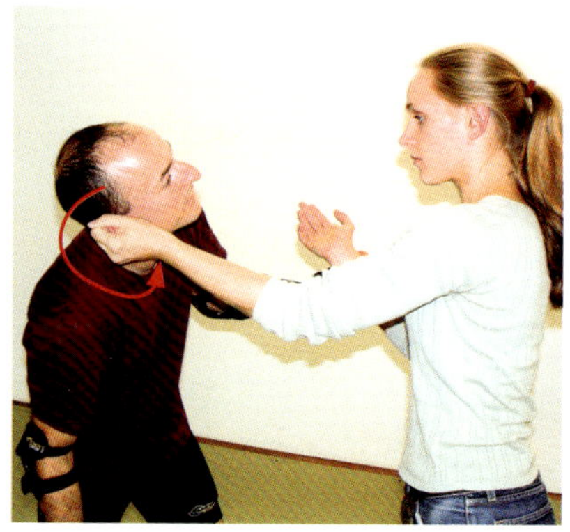

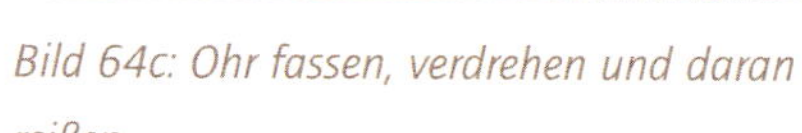

Bild 64c: Ohr fassen, verdrehen und daran reißen

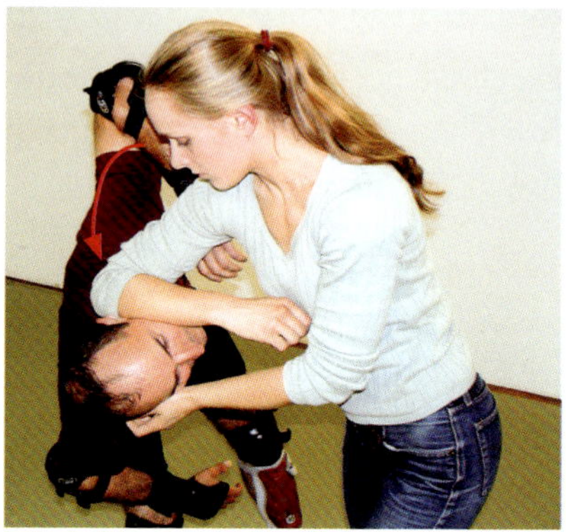

Bild 64d: Ellbogenschlag (Sandwich)

Zangengriff (Hoden)

Von der Bewegung her ist diese Technik ähnlich wie die letzte. Die Verteidigerin umfasst die Hoden des Angreifers mit der Hand und schließt den Griff fest (Unterarmtraining ist sehr hilfreich!). Drehen und Reißen wie oben. Da die männlichen Rollenmodelle nicht zur Demonstration bereit waren, stehen bedauerlicherweise keine Bilder zur Verfügung. Wir überlassen die Vorstellung der Fantasie der Leserin.

Fingerhebel

Nach Möglichkeit werden mit den eigenen starken Fingern die schwachen Finger des Angreifers gefasst, überstreckt und gedreht. Es gilt demnach das Prinzip: stark gegen schwach. Auch wenn der Angreifer der Verteidigerin körperlich weit überlegen sein sollte, wird sie es schaffen, beispielsweise mit ihrer ganzen Hand seinen kleinen Finger zu hebeln.

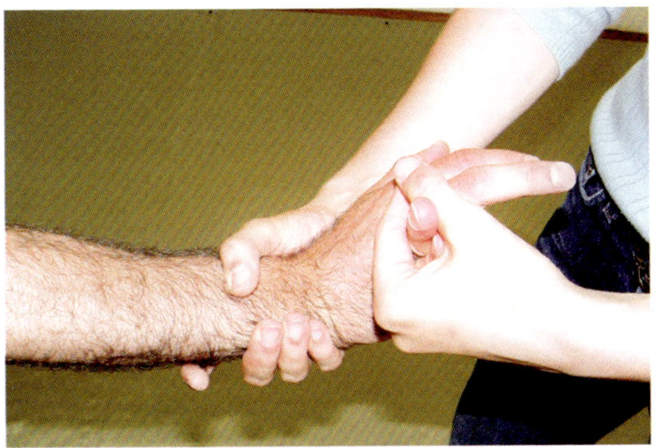

Bild 65: Ring- und kleiner Finger werden gehebelt.

Beispielsequenz:

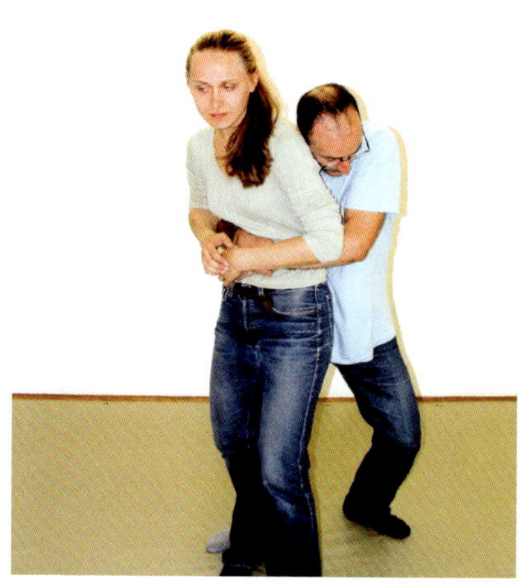

Bild 66a: Umklammerung unter den Armen von hinten

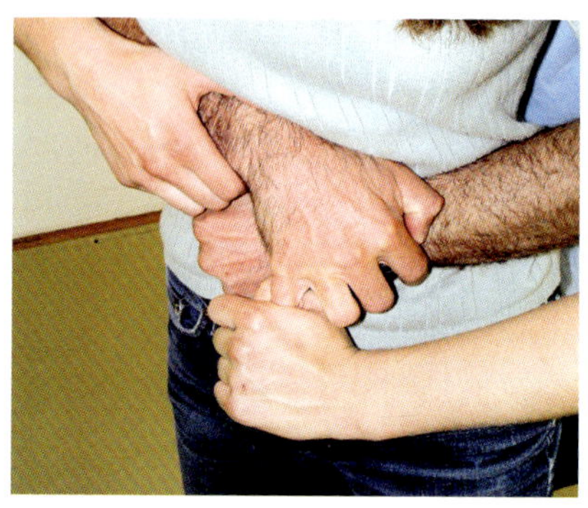

Bild 66b: Der kleine Finger des Angreifers wird fest umfasst und abgespreizt. Die Verteidigerin leitet eine Körperdrehung im Uhrzeigersinn unter stetig aufrechterhaltenem Hebeldruck ein.

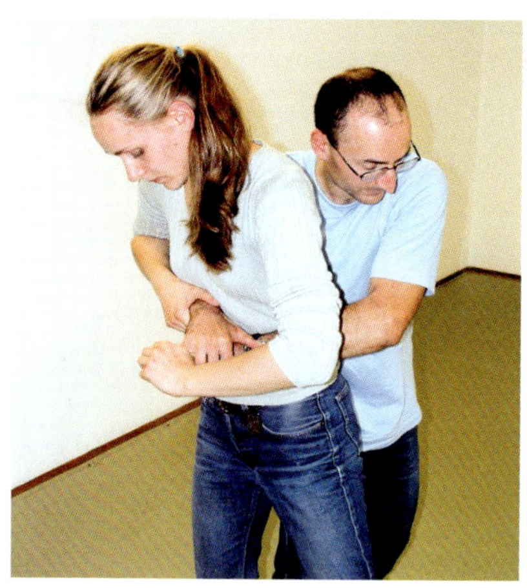

Bild 66c

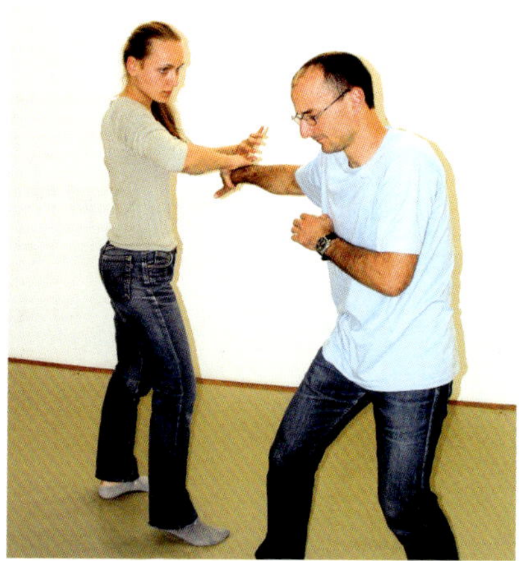

Bild 66d: Der Griff des Angreifers wurde gesprengt. Die Ausgangsposition für Folgetechniken ist erreicht.

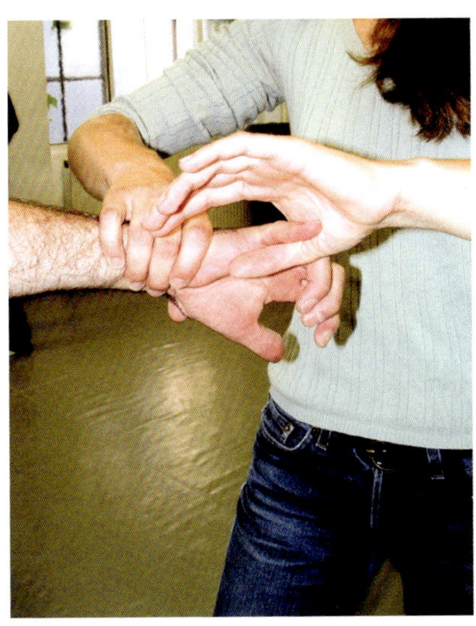

Bild 66e: Detailansicht mit geöffneter Hand, um Hebelprinzip und -richtung zu verdeutlichen

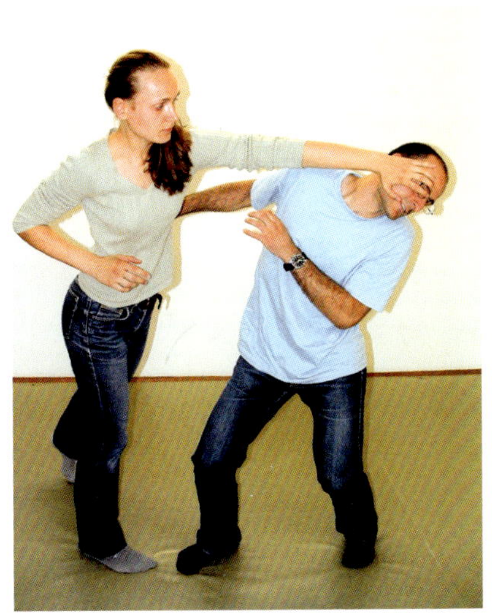

Bild 66f: Handballenstoß

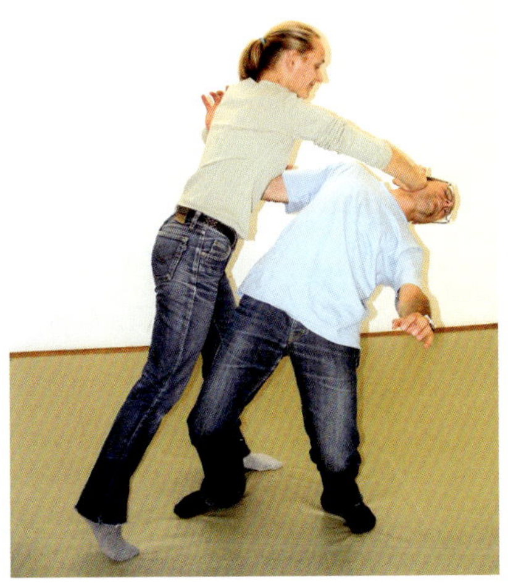

Bild 66g: Zweiter Handballenstoß in den fallenden Angreifer

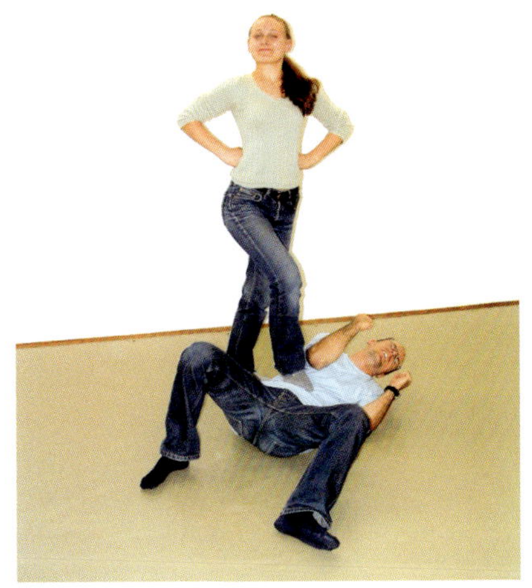

Bild 66h: Triumph!

Prinzipien Technikanwendung

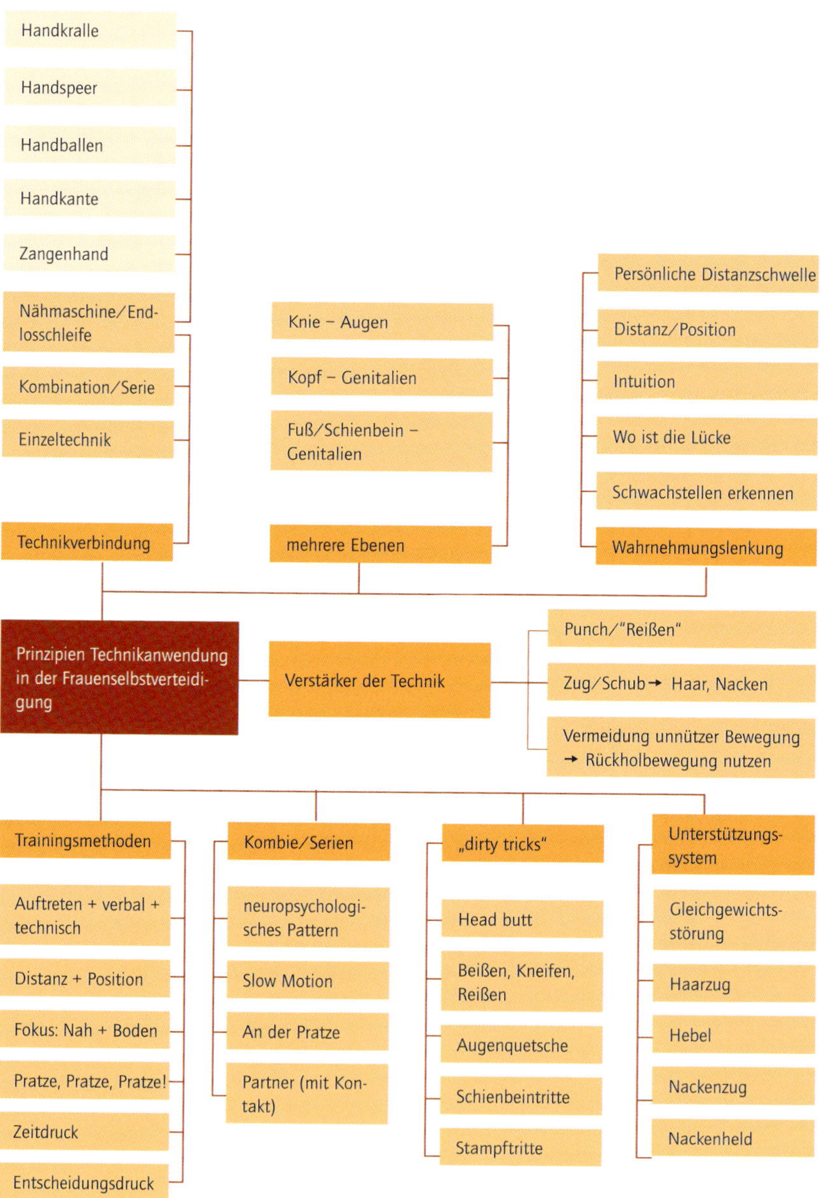

2.6 KONKRETE ÜBUNGSFORMEN

Grau ist alle Theorie. Damit der Kursleiter den Erfolg eines Kurses überprüfen kann, muss er in den sauren Apfel beißen bzw. beißen lassen. Er oder – falls verfügbar – für die Frauen unbekannte Assistenten (eine besondere psychologische Herausforderung für die Teilnehmerinnen!) müssen am Kursende selbst den Part des Angreifers übernehmen. Zunächst werden sie das Mädchen/die Frau mit den typischen „Anmachsitiationen" konfrontieren und sie auf Körperhaltung, richtiges verbales Reagieren und auf Einhaltung der richtigen Distanz kontrollieren und versuchen, sie aus dem Konzept zu bringen und zu verunsichern. Dieses Programm läuft zunächst bis zum Punkt „Hau ab! Verpiss dich!" bzw. „Schleich di!" (verbunden mit Wegstoßen) ab.

Vor Runde zwei (die Mädchen dürfen sich wehren mit allem, was sie haben) sollten sich der Kursleiter (bzw. seine Assistenten) zunächst um ihre Gesundheit kümmern: Pflicht sind Helm mit Gesichts- und Augenschutz, Schuhe, Tiefschutz, Knieschutz (Turnhallenböden sind hart), Schienbeinschutz, Ellbogenschutz, evtl. Hose mit seitlichen Protektoren, will man nicht eine Beleidigung der Beinnerven riskieren, wenn die Mädchen reihenweise hineintreten.

Vermeiden sollte man (zumindest bei kleineren Mädchen): das „Draufsetzen" auf die am Boden Liegende sowie den Angriff aus der Position zwischen den Beinen des „Opfers".

Zur Steigerung des Kampfgeists der Mädchen hat es sich bewährt, den Raum mit (sehr) lauter, die Aggression fördernde Musik zu beschallen[25].

Wichtig ist es auch, dass der Kursleiter das Mädchen ständig beobachtet, ob sie Übung und Realität noch auseinanderhalten kann, da diese künstlichen Stresssituationen oft als Katalysator für vergessene oder verdrängte Erlebnisse oder Ängste wirken, die sich plötzlich ihre Bahn nach außen brechen.

---

25 Vorschlag des Autors Stefan (nicht bindend): Rage against the Machine, Beastie Boys etc.

In einem solchen Fall sollte die Übung sofort abgebrochen werden und das Gespräch (unter Hinzuziehung professioneller Hilfe) gesucht werden.

2.7 MEHRERE ANGREIFER

Noch bevor den Teilnehmerinnen die Problematik eines einzelnen Angreifers bewusst ist, kommt häufig die Frage: „Was ist, wenn ich von mehreren angegriffen werde?"

Leider kann man nicht antworten: „Dann wünsche ich dir viel Glück."

Als Erstes kann wieder nur darauf hingewiesen werden, dass „Anmachen" und auch unangenehmere Situationen nicht aus heiterem Himmel entstehen und ein Vermeiden (sprich: Umweg) oft möglich ist. Dieser Hinweis bringt jedoch oft genug lange Gesichter, eventuell sogar ein Gähnen hervor.

Daher konkreter: Solange das potenzielle Opfer (noch) aufrecht stehen kann, die Angreifer (noch) keinen Körperkontakt hergestellt haben, sind die Chancen (noch) vorhanden. Am besten funktioniert die Strategie des völligen „Ausrastens": Man/frau greift von sich aus mit irrem Gebrüll und vollem Einsatz den Nächstbesten an (so wie weiter oben beschrieben), rennt ihn über den Haufen und hofft, dass der Schockeffekt ausreicht, um den Vorsprung zur Flucht nutzen zu können.

Vielleicht hilft der Gedanke, dass Psychotiker in Polizeikreisen zu den gefürchtetsten „Gegnern" zählen: diese toben ohne Rücksicht auf Verluste und sind oft nur mit Einsatz von sechs oder mehr Mann zu bändigen.

Erfahrungsbericht 20:

Eine Jugendliche, von der Aufmachung her der Sektion Punk zugehörig, wird von mehreren Skins angegangen. Sie zieht ein Pfefferspray, sprüht es einem Angreifer direkt in den Mund und entkommt.

Erfahrungsbericht 21:

Ein 13-jähriges Mädchen wird abends auf dem Weg von der U-Bahn von mehreren Jugendlichen umringt. Sie empfindet die Situation als dermaßen bedrohlich, dass sie ein Messer zieht und losschreit: „Wenn mir einer zu nahe kommt, stech´ ich zu!" Die Jugendlichen zogen es vor, sich zu verdrücken.

Anmerkung: Auch wenn es einen Vorgriff auf das Kapitel „Waffen" darstellt: Von jedem seriösen Selbstverteidigungslehrer wird in Übereinstimmung mit der Polizei dringend abgeraten, ein Messer mit sich zu führen. Die Gefahr, dass der Angreifer das Messer an sich bringt und gegen das Mädchen/die Frau verwendet, ist viel zu groß.

2.8 MEHRERE VERTEIDIGERINNEN (NOTHILFE)

Aus eigener Erfahrung können die Autoren sagen, dass ein einzelner Angreifer bei zwei eingespielten Mädchen/Frauen keine allzu große Chancen hat: Sobald er sich um ein Mädchen „kümmert", wird er vom anderen Mädchen angegriffen, sprich getreten, geschlagen etc. Wenn er sich diesem Mädchen zuwendet, kommt das andere zum Zuge.

Es sollte jedoch nicht so ablaufen wie in einem bereits länger zurückliegenden Kurs: Sobald ein Mädchen angegriffen wurde, zog sich das andere mit erleichtertem Gesichtsausdruck zurück ...

Nachfolgende einige Beispiele:

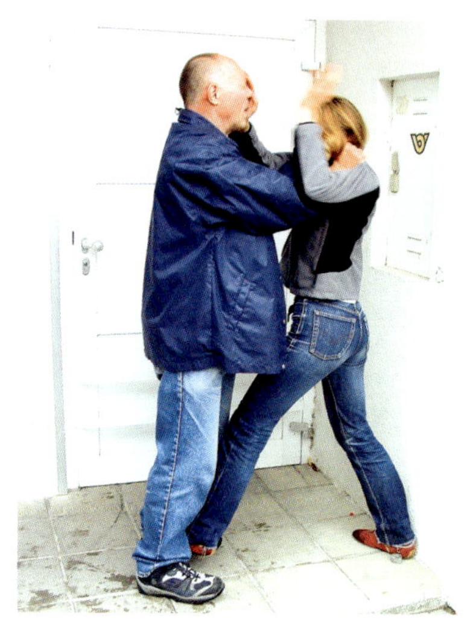

Bild 67a

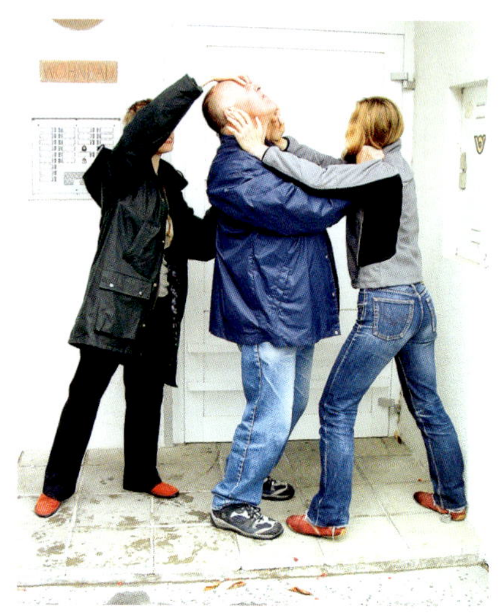

Bild 67b

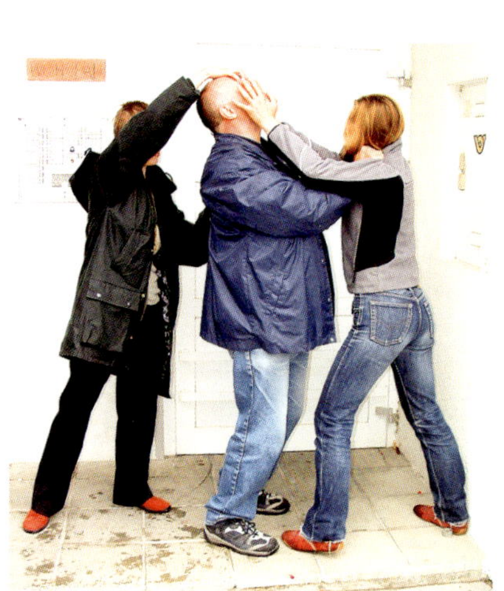

Bild 67c

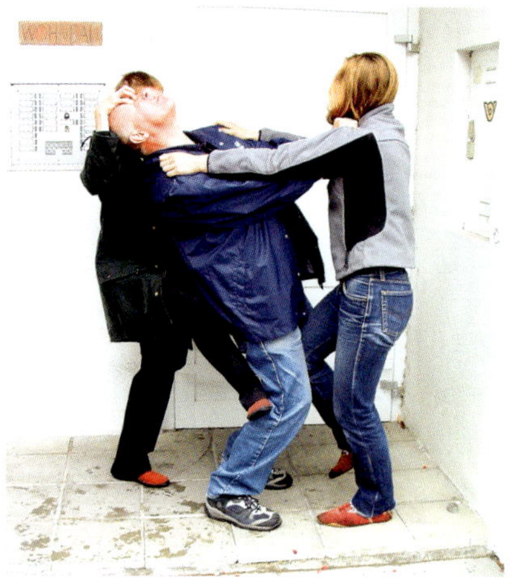

Bild 67d

Und ein weiteres Beispiel:

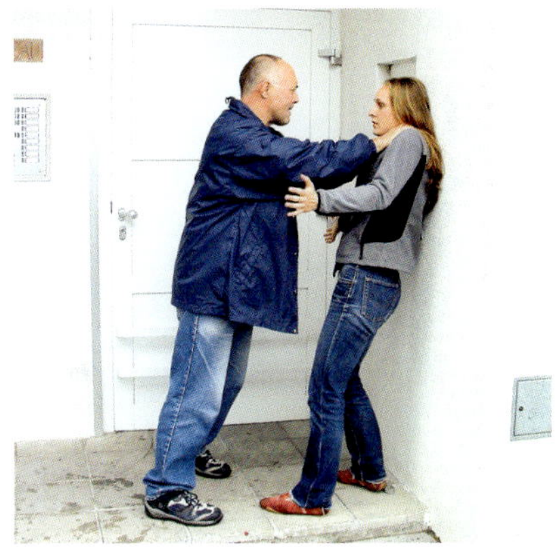

Bild 68a: Würgeangriff. Potenziell lebensbedrohlich!

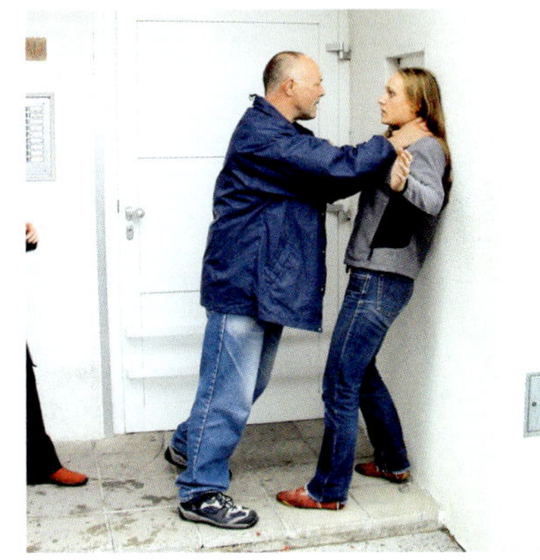

Bild 68b

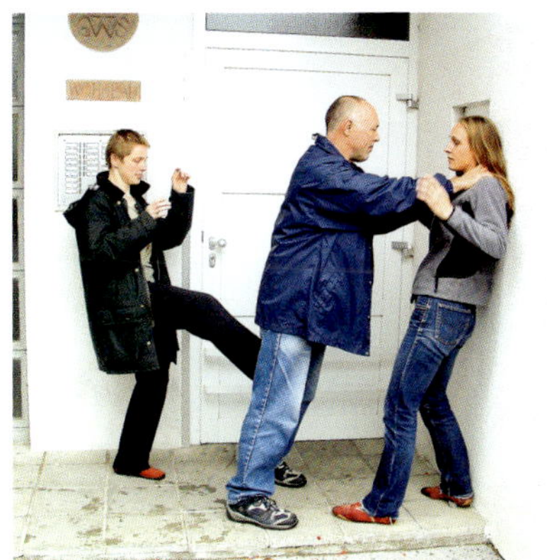

Bild 68c: Tritt von hinten zwischen die Beine

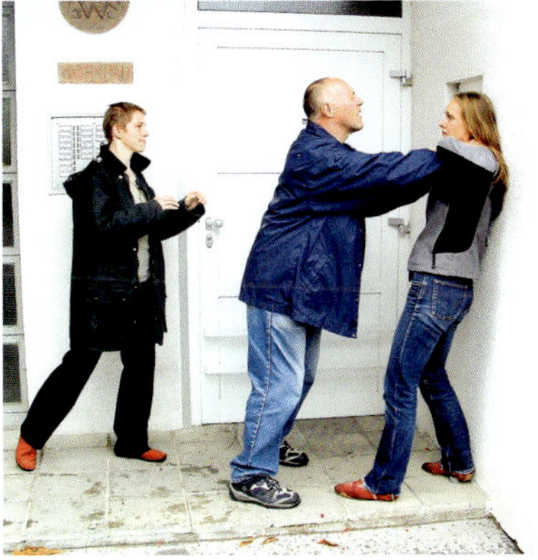

Bild 68d: Oh, unverhoffter Schmerz!

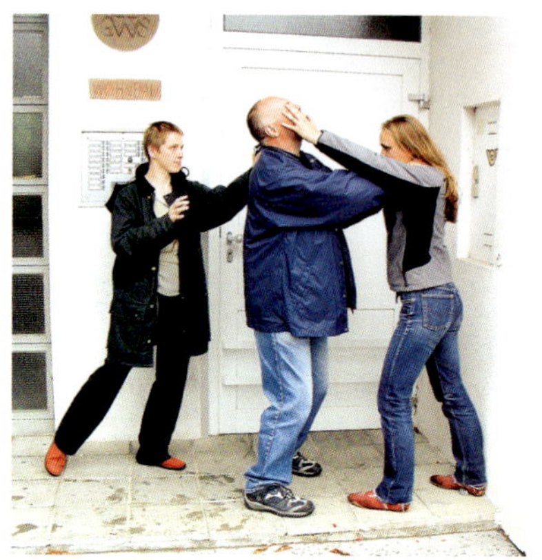

Bild 68e

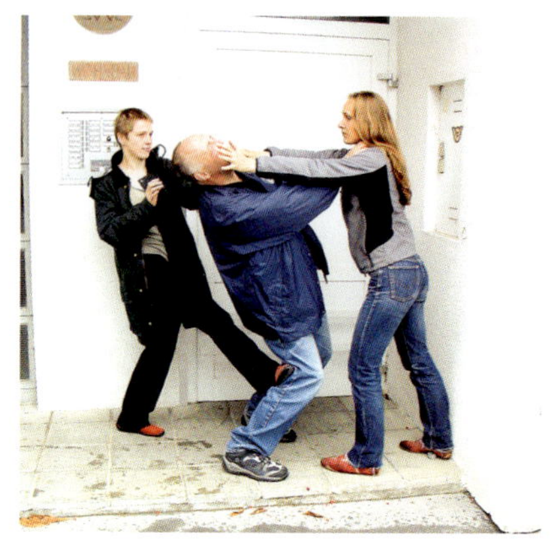

Bild 68f: Der Tritt in die Kniekehle dient als Verstärker zur Überstreckung des Angreifers.

Und noch ein Beispiel:

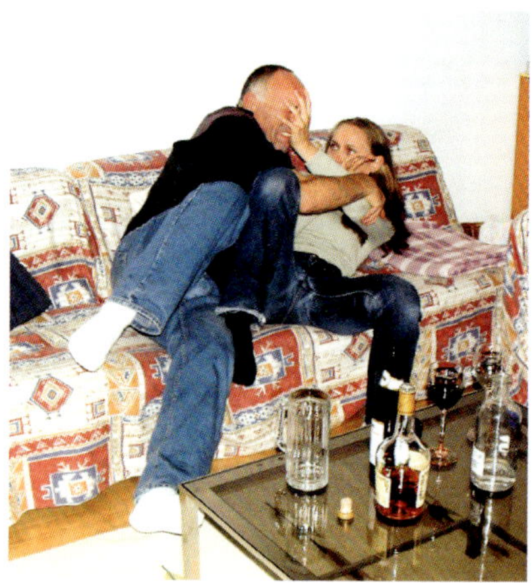

Bild 69a

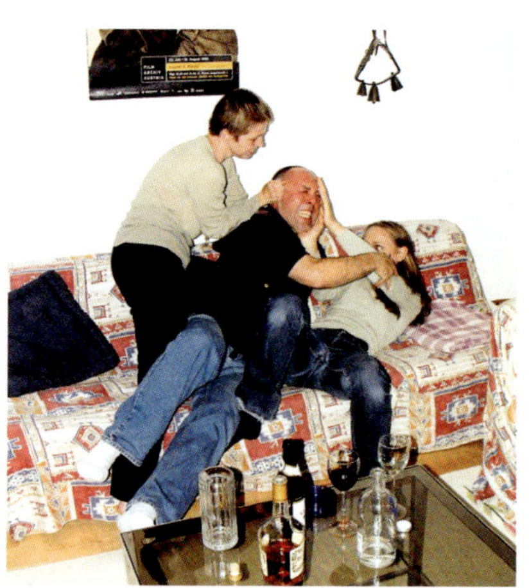

Bild 69b

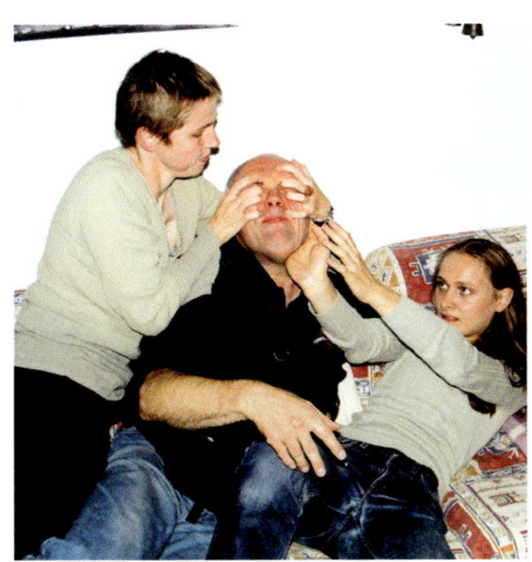

Bild 69c

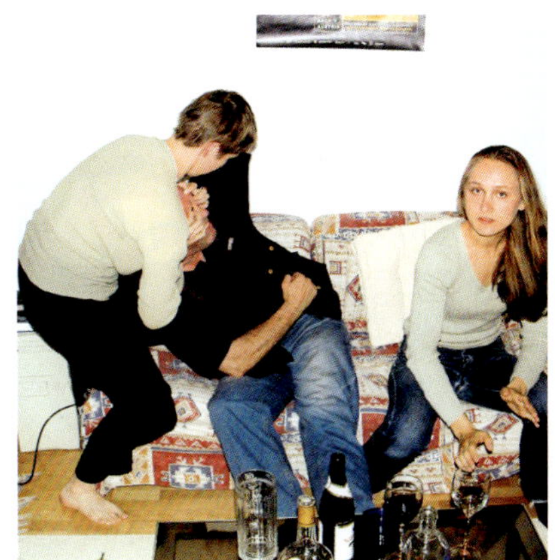

Bild 69d

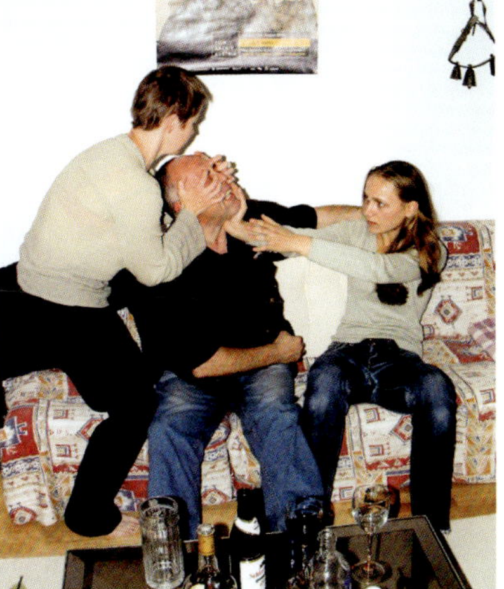

Bild 69e

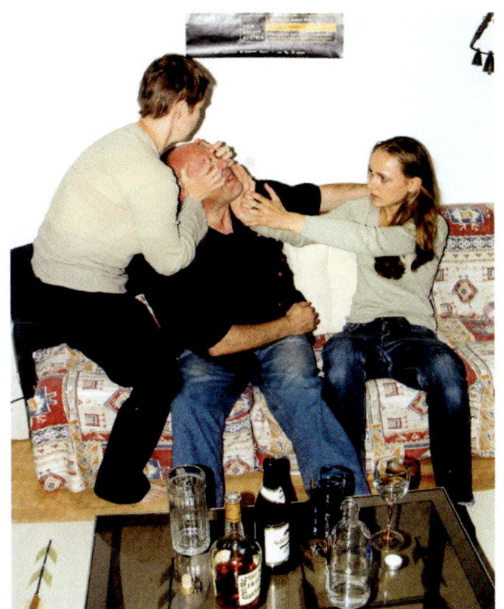

Bild 69f

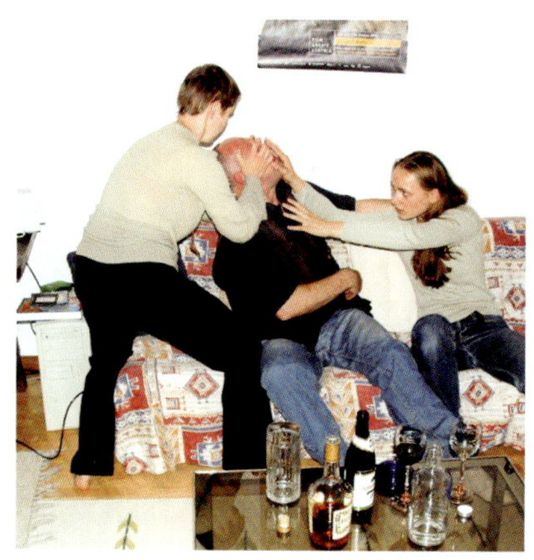

Bild 69g

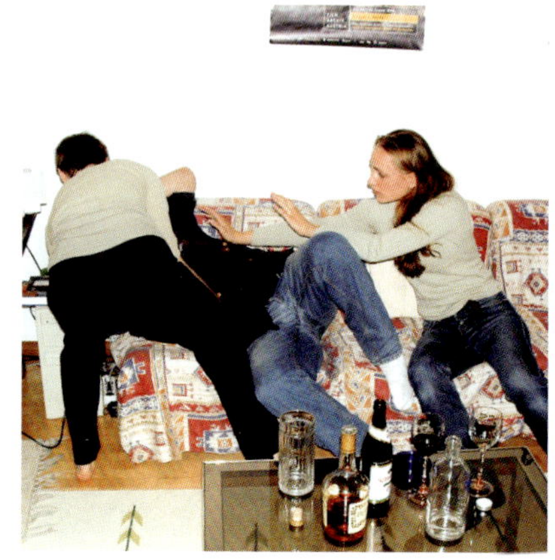

Bild 69h

2.9 ANGRIFFSSITUATIONEN IM ALLTAG

Die Auswahl der Situationen ist eher willkürlich angesetzt. Uns ging es darum, aufzuzeigen, dass die oben erklärten Technikelemente vielseitig einsetzbar und in sehr unterschiedlichen Situationen effektiv wirken.

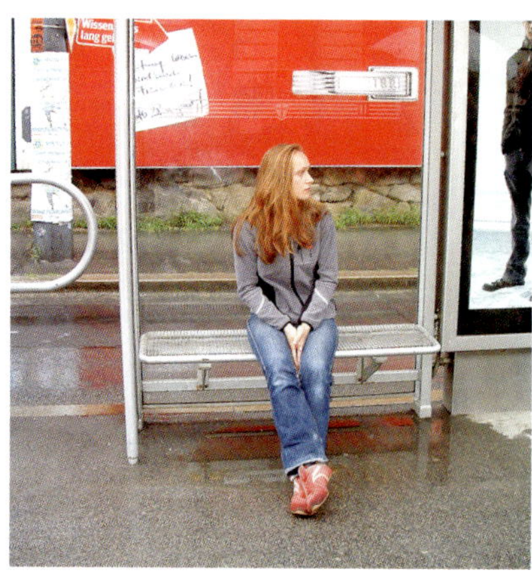

Bild 70a

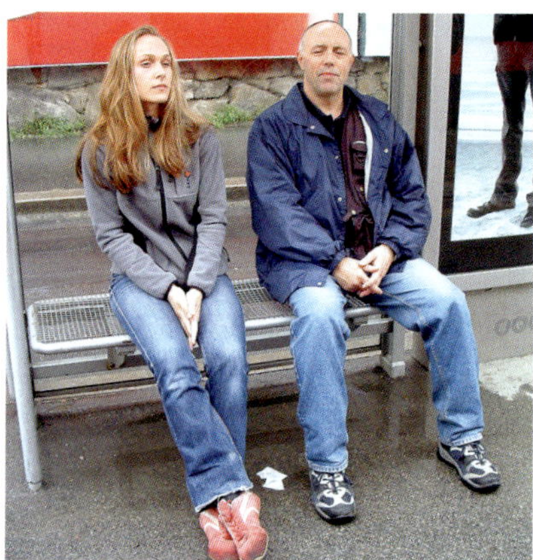

Bild 70b

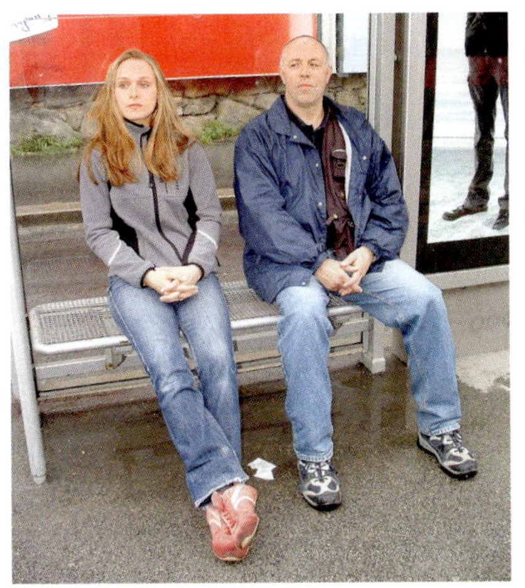

Bild 70c

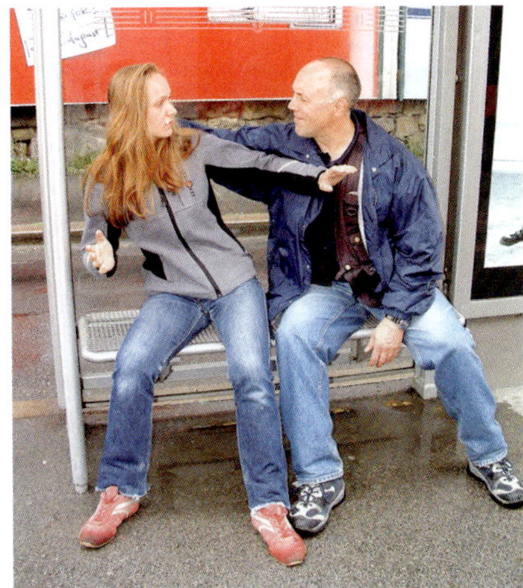

Bild 70d

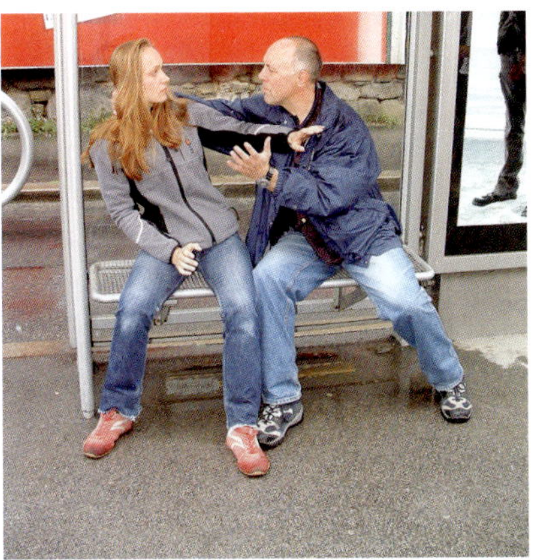

Bild 70e

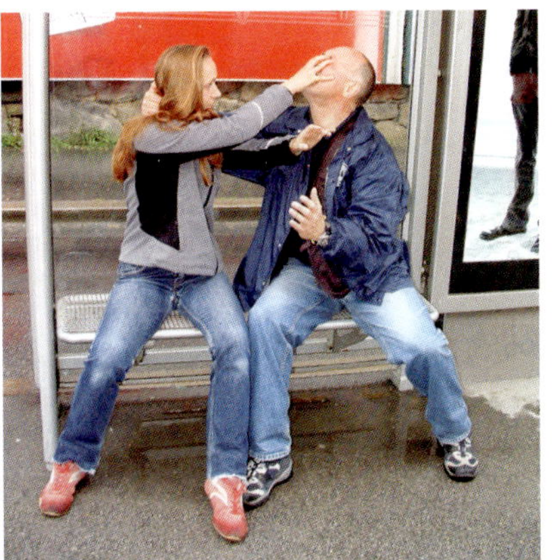

Bild 70f

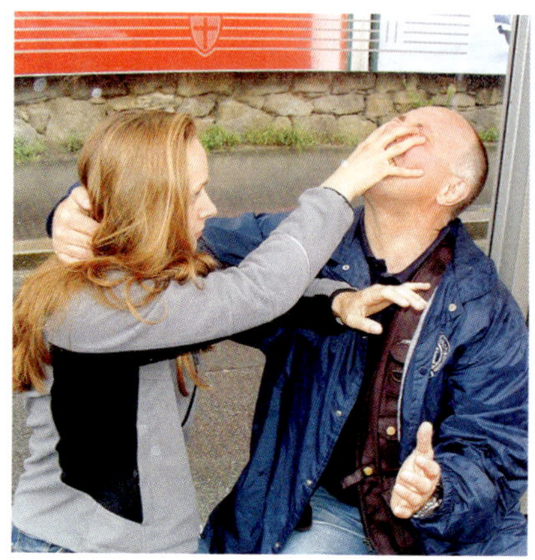

Bild 70g

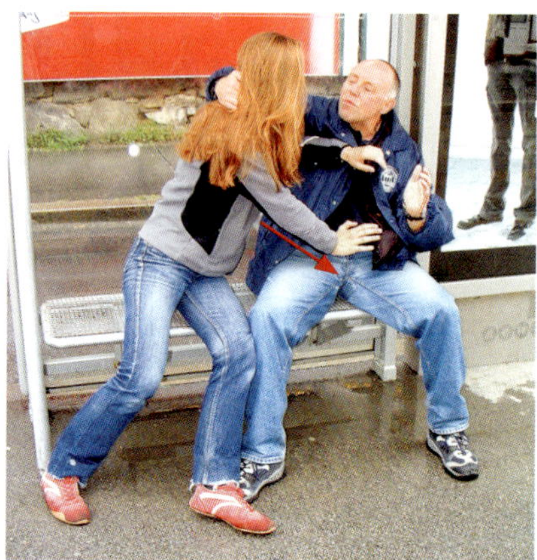

Bild 70h

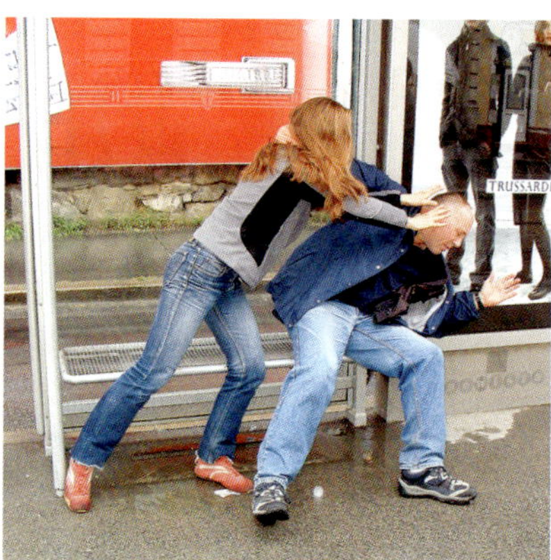

Bild 70i

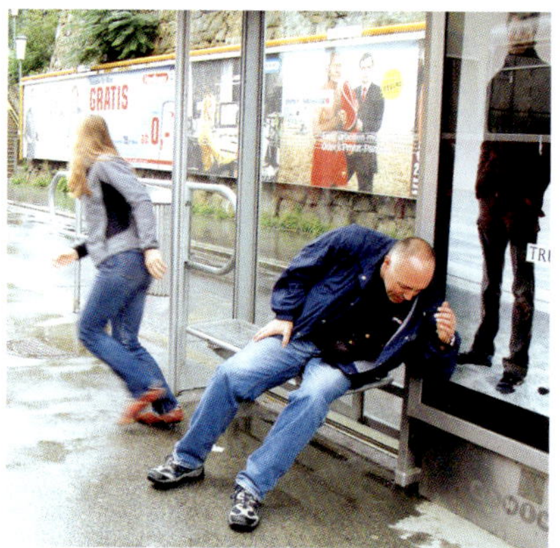

Bild 70j

Nächste Sequenz:

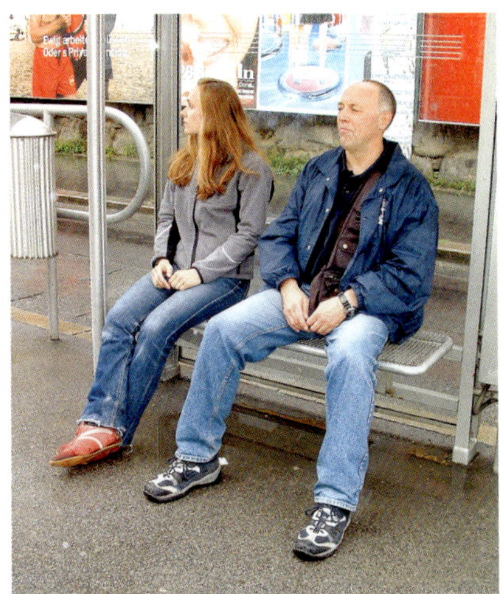

Bild 71a

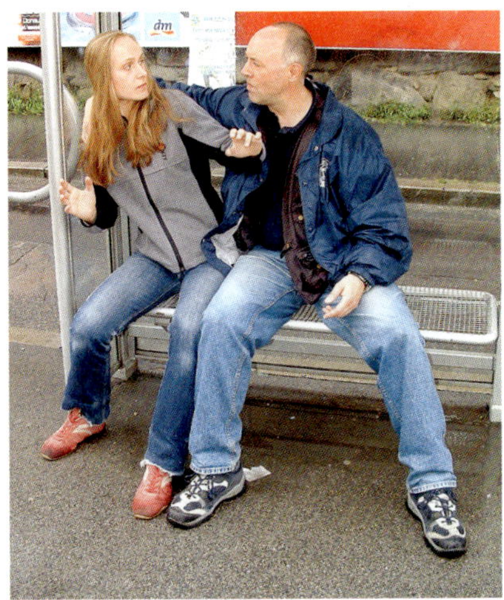

Bild 71b

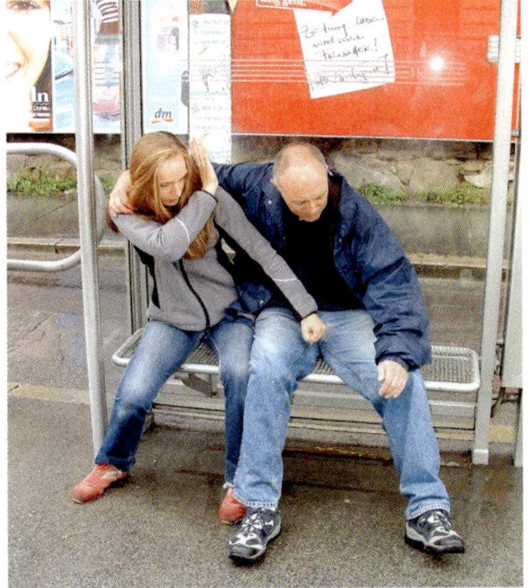

Bild 71c: Hammerfaust zwischen die Beine des Angreifers. Die rechte Hand der Verteidigerin ist zur Eigensicherung zwischen sich selbst und dem Angreifer positioniert.

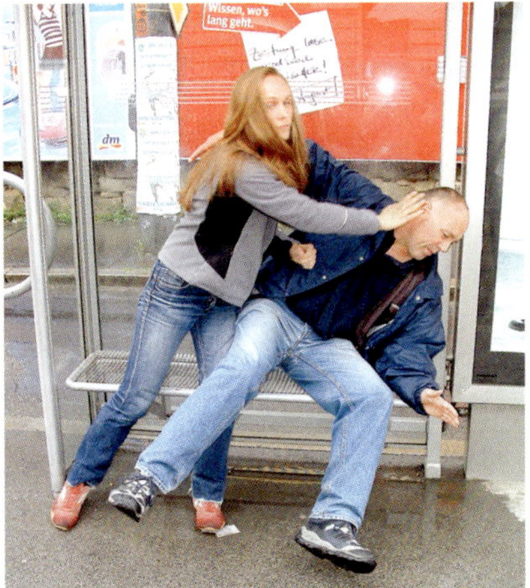

Bild 71d

Noch einmal die Haltestelle:

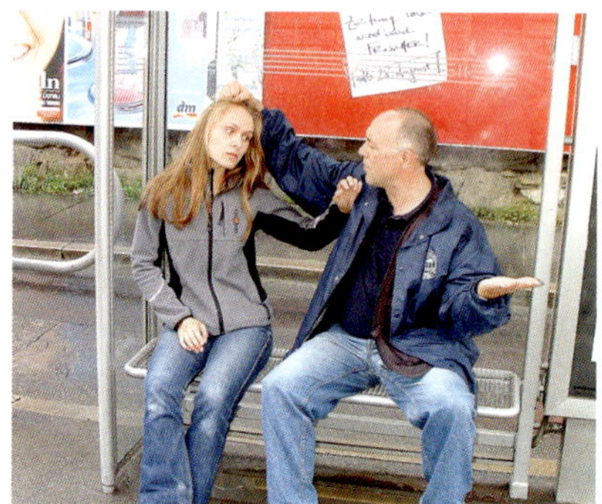

Bild 72a: Der Zug des Angreifers an den Haaren der Verteidigerin ...

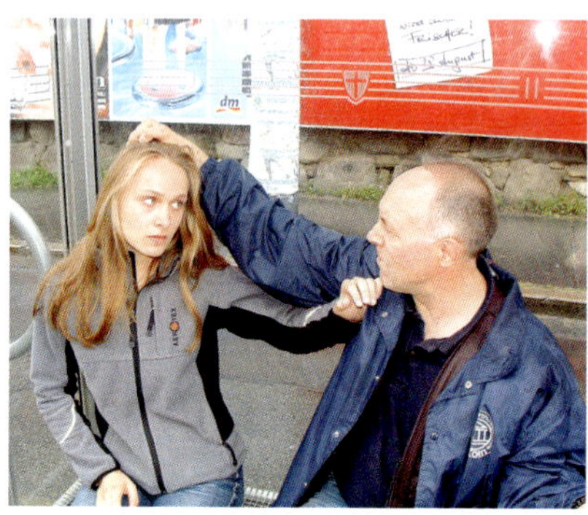

Bild 72b

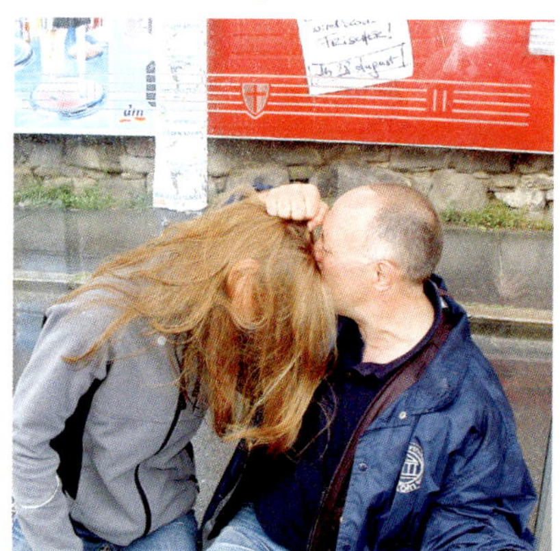

Bild 72c: ... wird von ihr mit einem Kopfstoß in das Gesicht des Angreifers ausgenutzt.

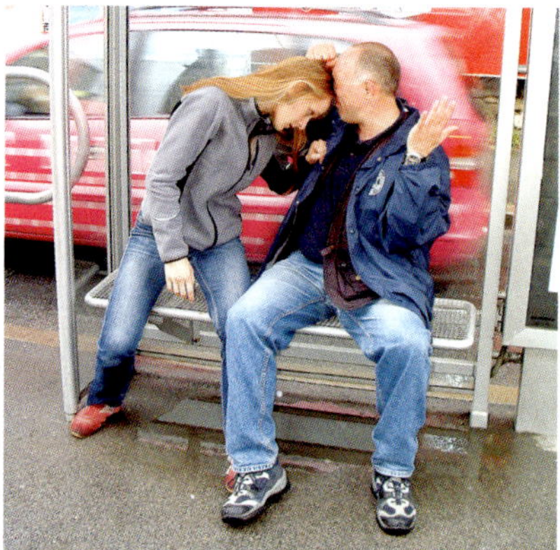

Bild 72d

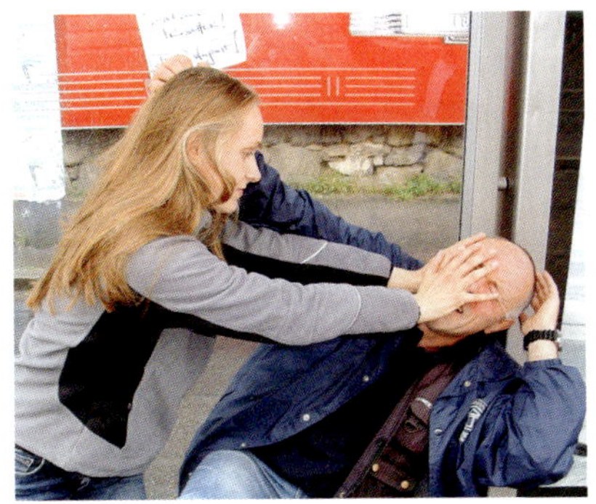

Bild 72e: Der Kopf des Angreifers wird in den Begrenzungspfosten der Haltestelle geknallt. Dadurch wird die Flucht möglich.

Party:

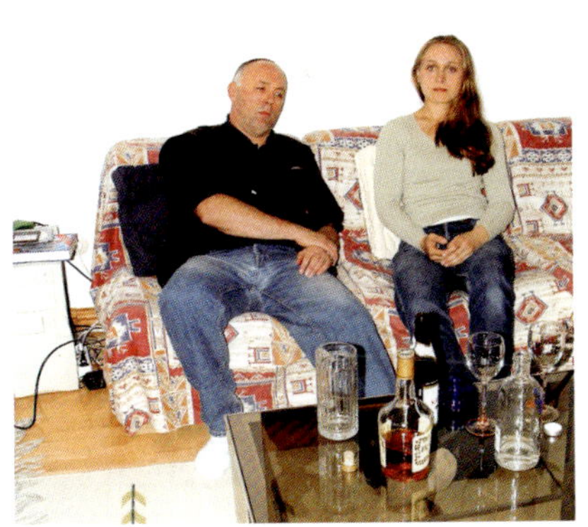

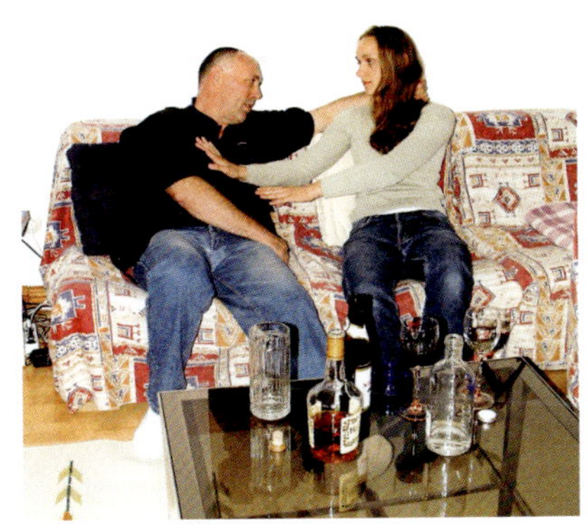

Bild 73a

Bild 73b

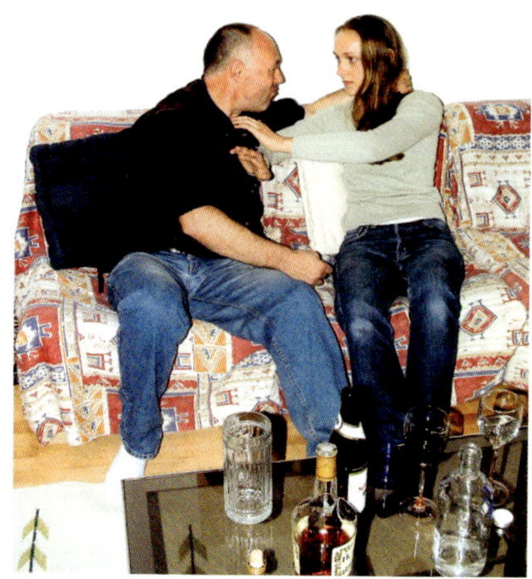

Bild 73c

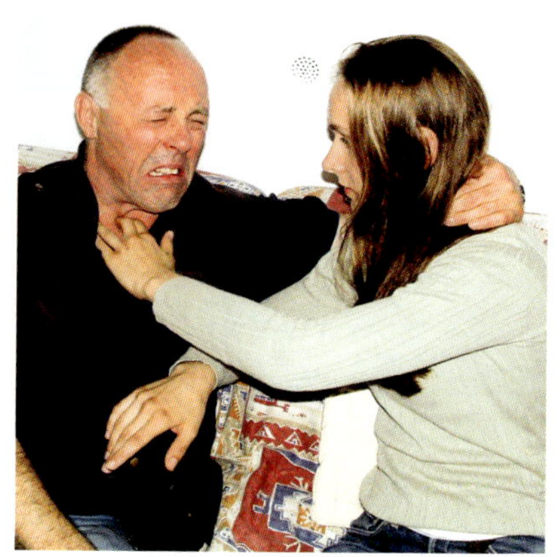

Bild 73d: Zeige- und Mittelfinger der Verteidigerin werden hinter das Brustbein gehakt und üben damit einen Druck auf die Luftröhre aus. Wie zu sehen ist, ist dies kein angenehmes Gefühl.

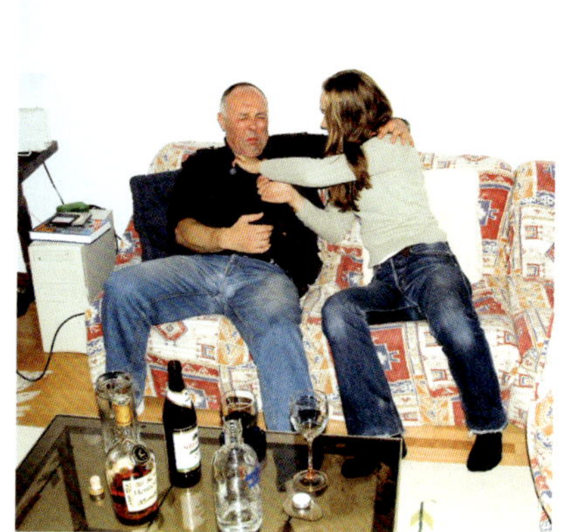

Bild 73e

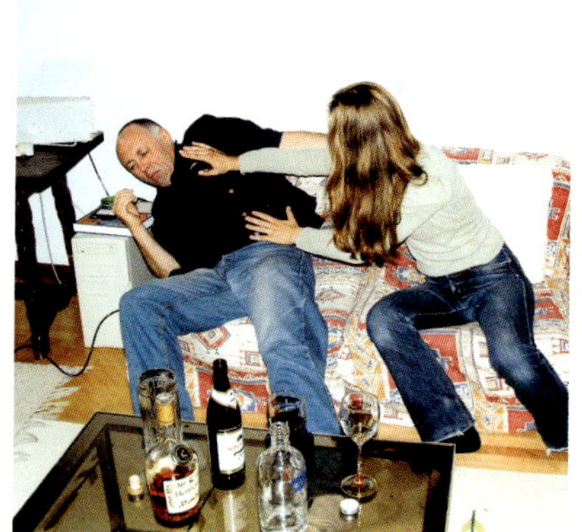

Bild 73f

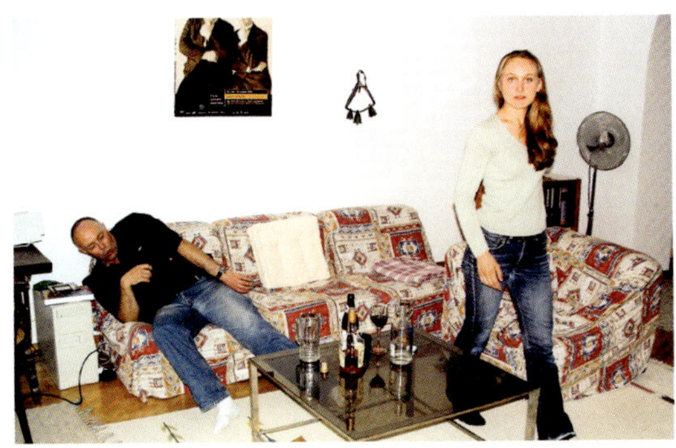

Bild 73g

2.10 EINSATZ VON ALLTAGSGEGENSTÄNDEN ALS WAFFE

Als Waffen gelten in diesem Fall Fall keine Schlag-, Stich- oder ähnliche Waffen. Vielmehr kann eine Vielzahl an Alltagsgegenständen als Waffe eingesetzt werden – sofern zur Hand.

Rucksack

Zur Vorbereitung auf die Rolle als klischeetypische Großmutter (Handtasche schwingend) kann der Rucksack als Abschreckungswaffe eingesetzt werden. Bevorzugtes Ziel: der Kopf des Angreifers. Dies kann sehr gut mit einem Schlagpolster trainiert werden, Gebrüll inklusive. Wird der Rucksack als Schlagwaffe eingesetzt, so sollte er unbedingt diagonal von oben nach unten oder in der Rückholphase von unten nach oben geschwungen werden bzw. umgekehrt. Der Schwung wird nicht unterbrochen, sondern der Rucksack wird durch das Ziel hindurch geschlagen.

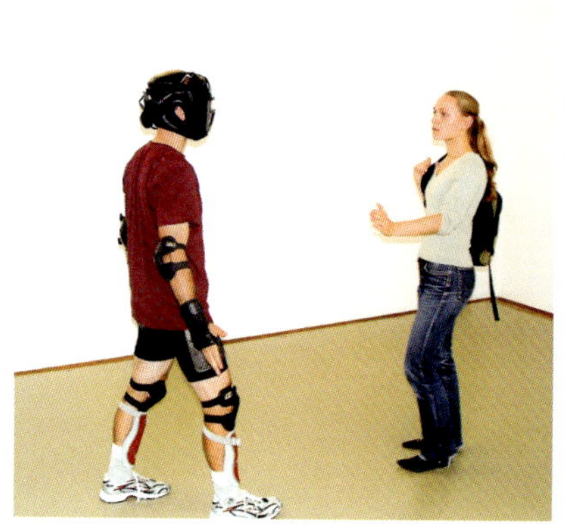

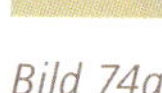

Bild 74a

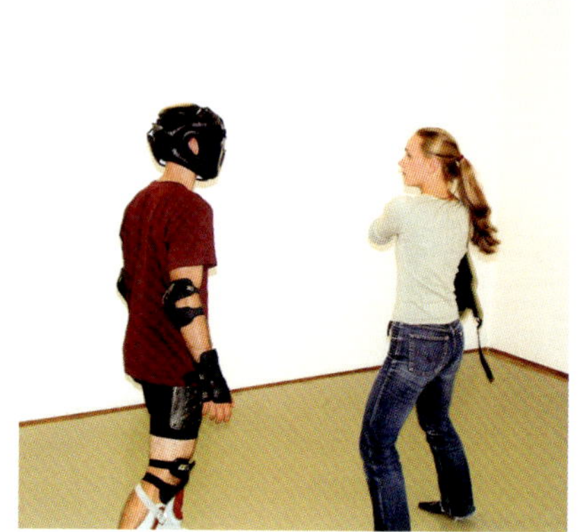

Bild 74b

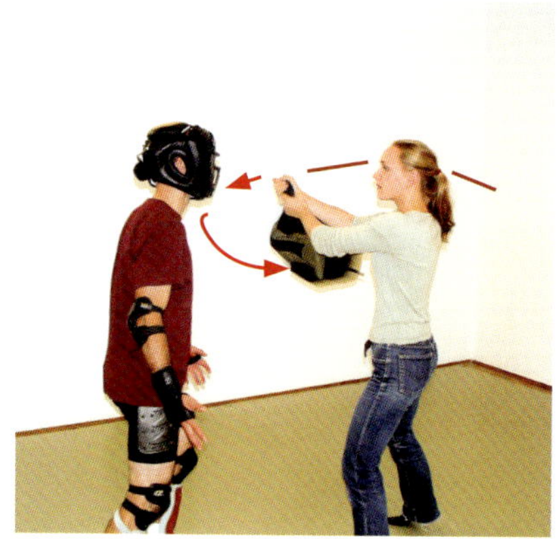

Bild 74c

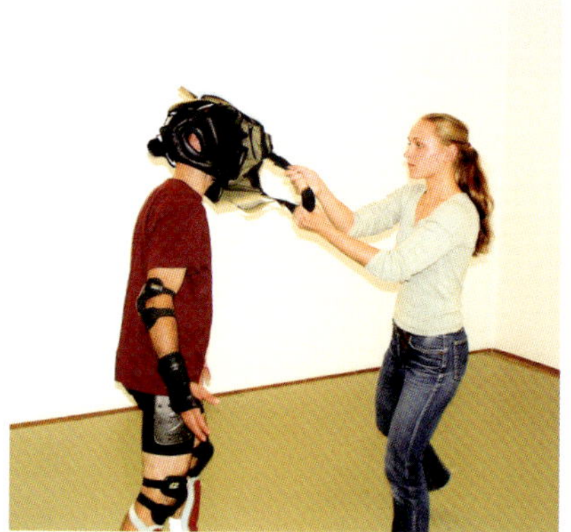

Bild 74d

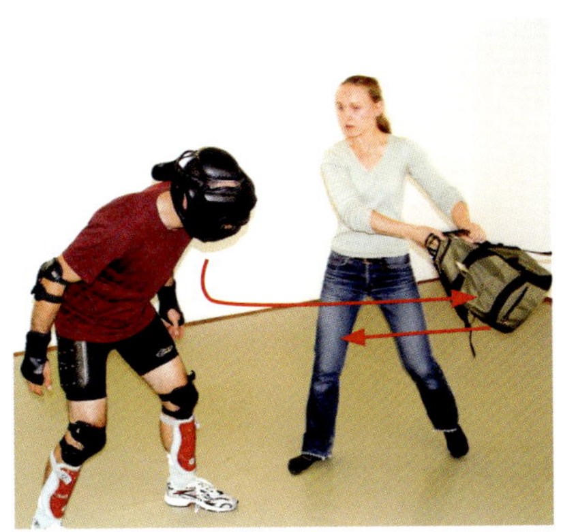

Bild 74e

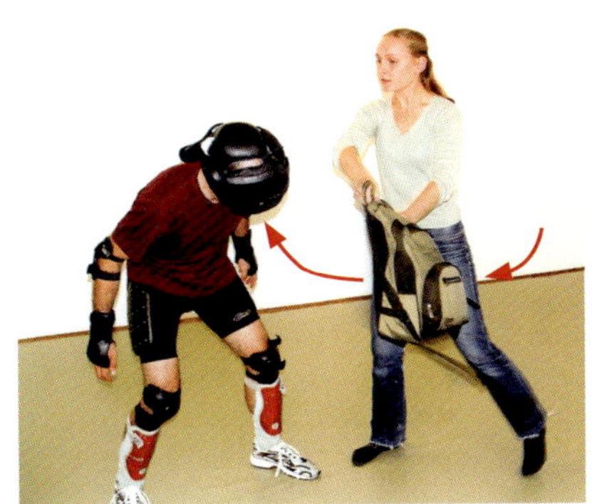

Bild 74f

Ein Rucksack oder ein rucksackähnlicher Gegenstand lässt sich ebenfalls als Wurfgeschoss zur Ablenkung benutzen. Damit kommen wir auch endlich zur Auflösung der wichtigen Frage des Vorworts: Wer ist Norman, das Killerschaf?

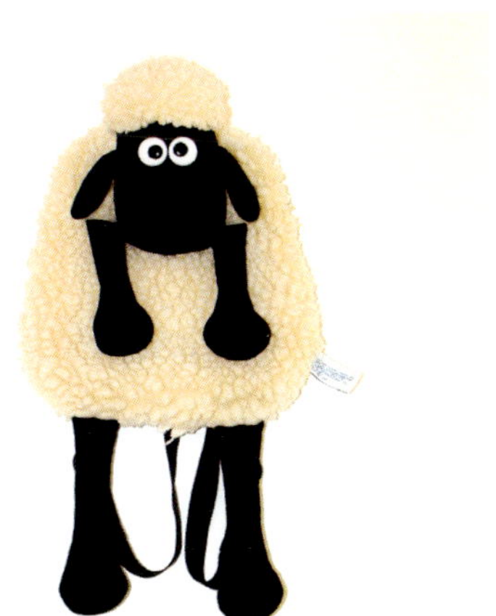

Bild 75: Voilà, die Auflösung!

Norman in der Anwendung:

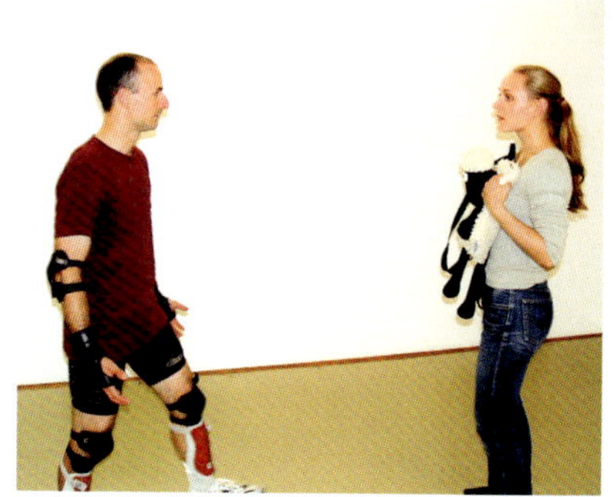

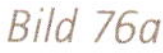

Bild 76a

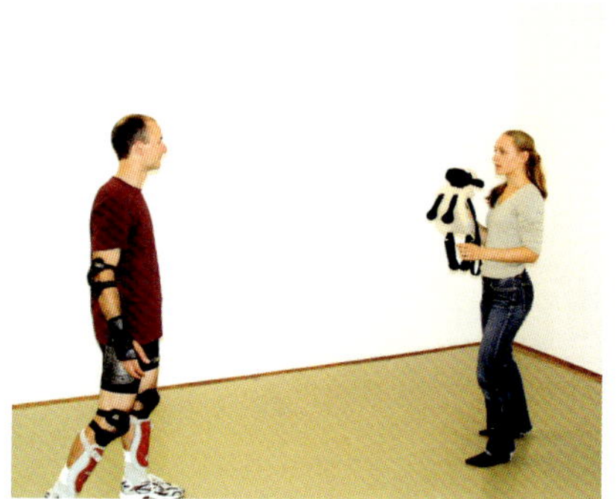

Bild 76b

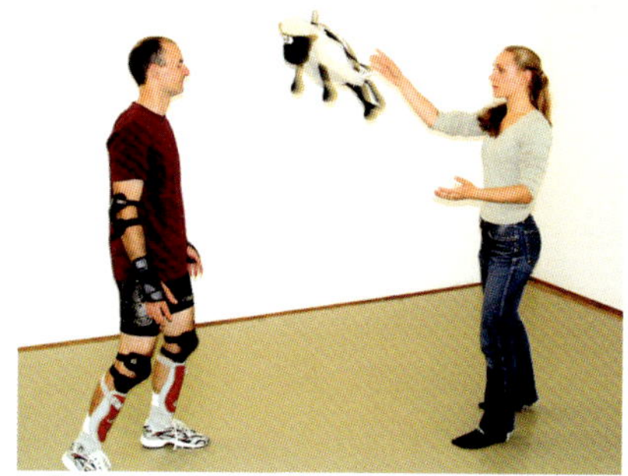

Bild 76c

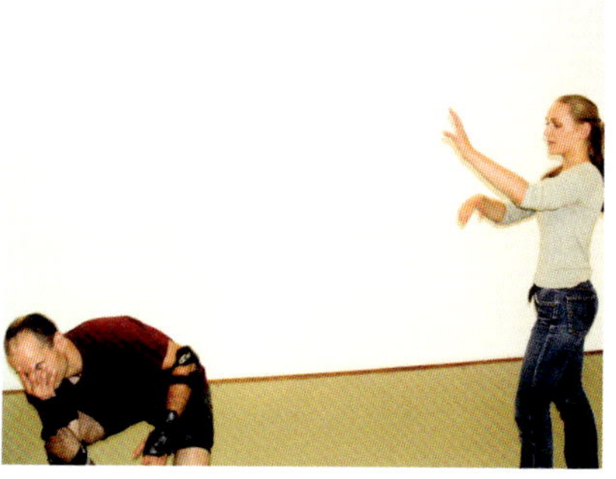

Bild 76d

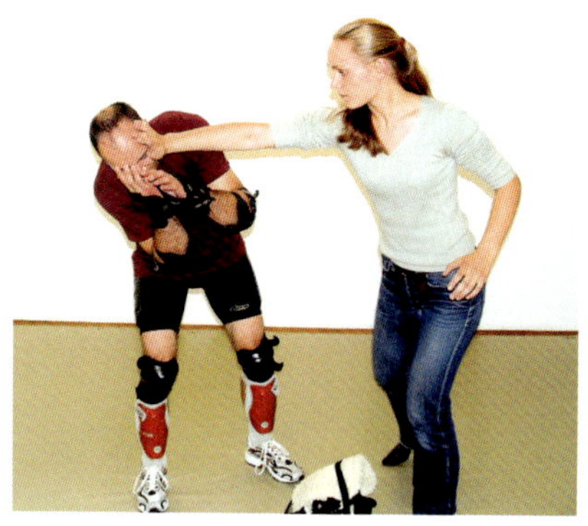

Bild 76e

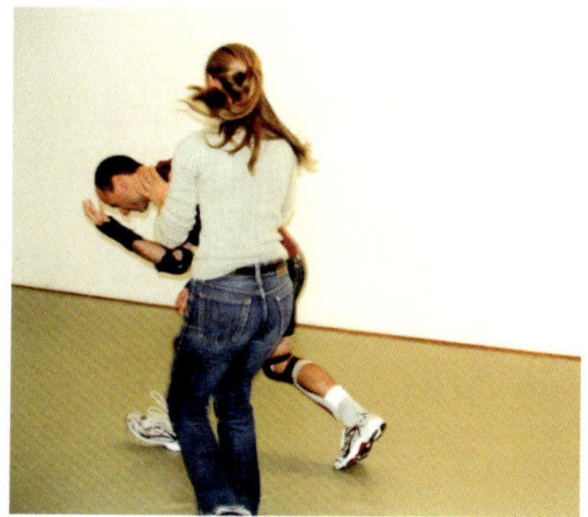

Bild 76f

Jacke

Auch die schwere Leder- oder die metallknopfbestückten Jeansjacke eignet sich gut um, sie einem Angreifer um die Ohren und ins Gesicht zu schlagen.

Ring- oder Collegemappe

Mit der Kante ins Gesicht oder zum Hals des Angreifers stoßen (potenziell tödlich: Kehlkopfbruch!).

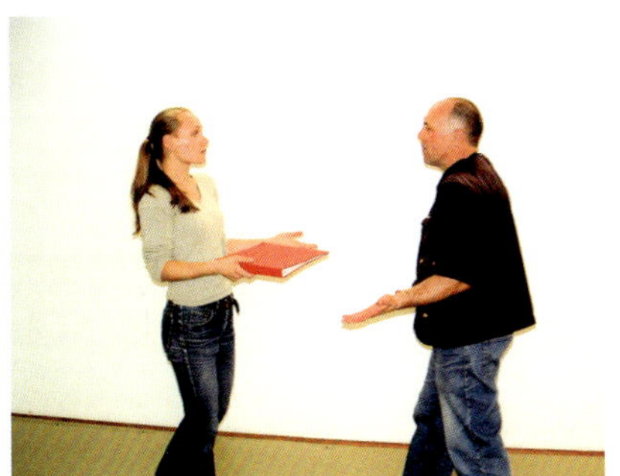

Bild 77a

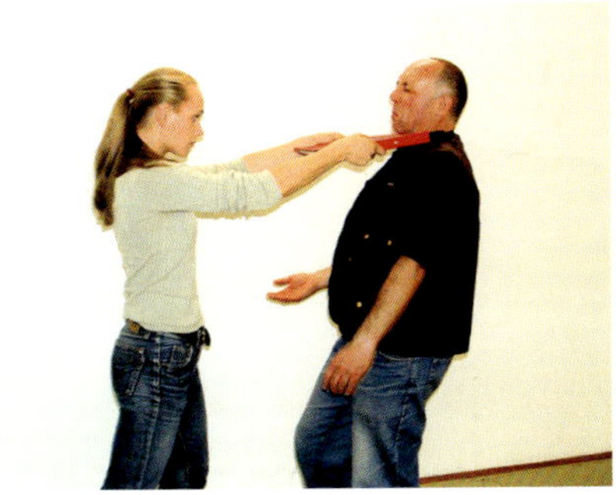

Bild 77b

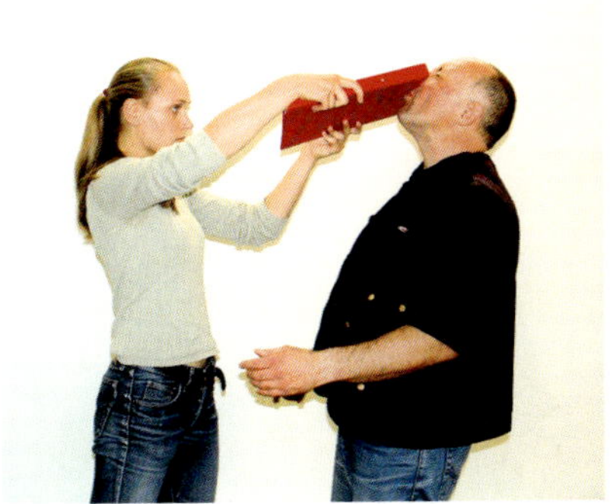

Bild 77c

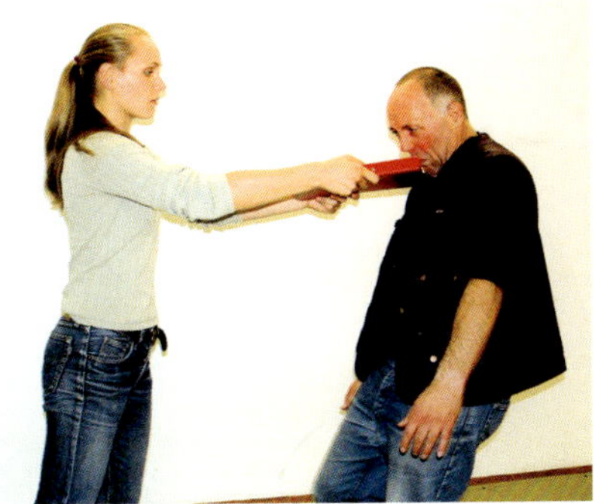

Bild 77d

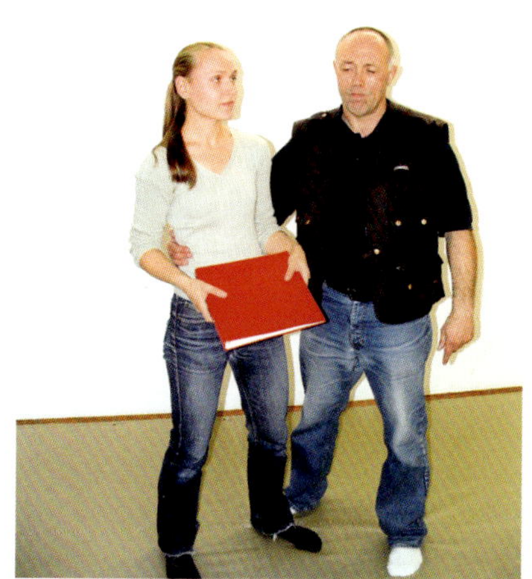

Bild 78a

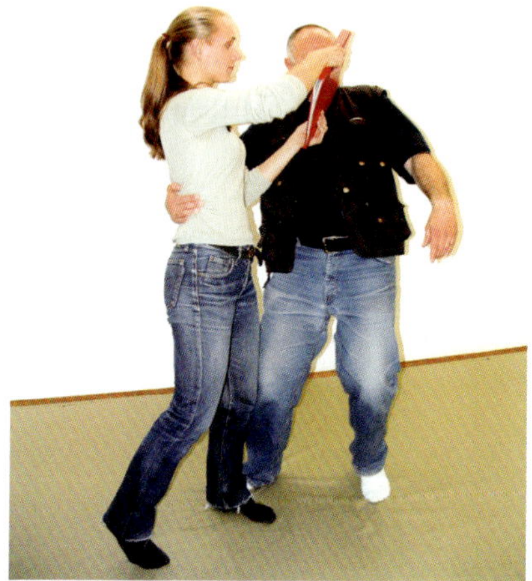

Bild 78b

Zeitschrift oder Heft

Zusammengerollt haben diese fast die Stabilität eines Stocks und sind ausgezeichnet dazu geeignet, sie dem Angreifer ins Gesicht oder zum Hals zu stoßen (potenziell tödlich: Kehlkopfbruch).

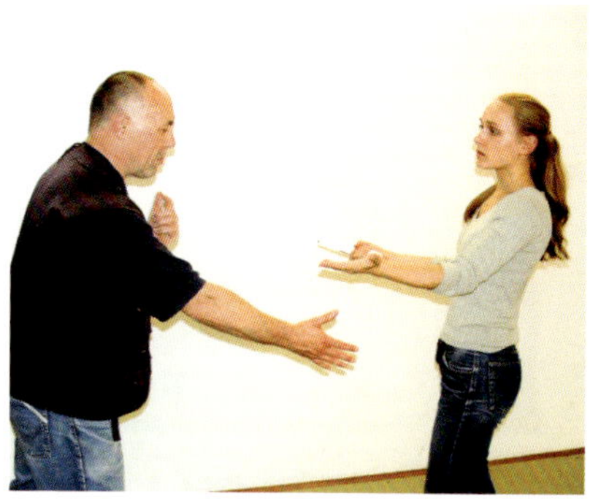

Bild 79a: Der Angreifer versucht, die Verteidigerin zu packen.

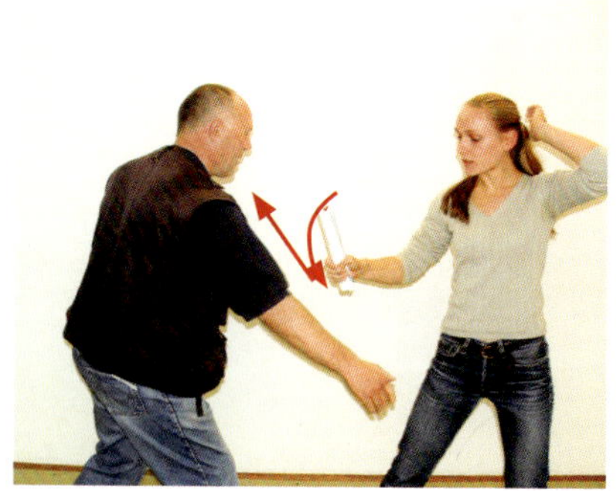

Bild 79b: Erster Konter zum fassenden Unterarm

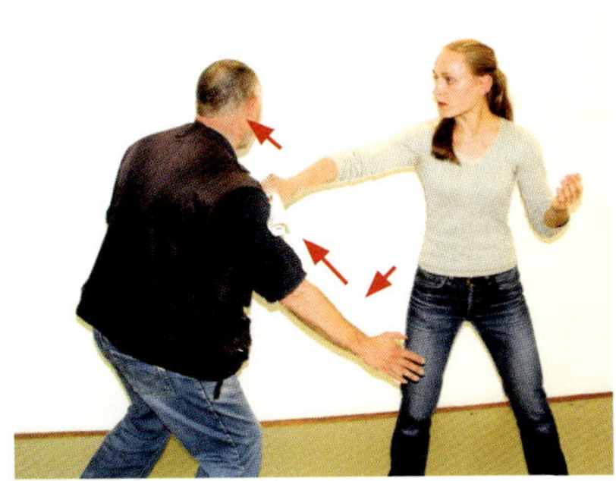

Bild 79c: Die zusammengerollte Zeitung wird am Arm als Leitschiene direkt im Anschluss zum Hals oder Kopf geschlagen.

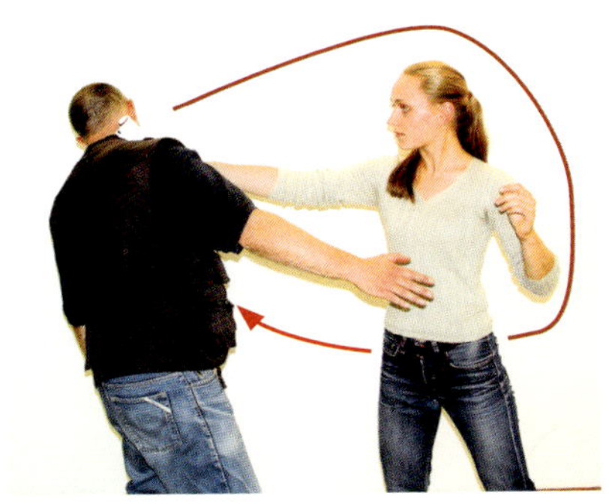

Bild 79d: Nach dem Schlag zum Hals führt die Verteidigerin die „Waffe" kreisförmig nach weiter unten ...

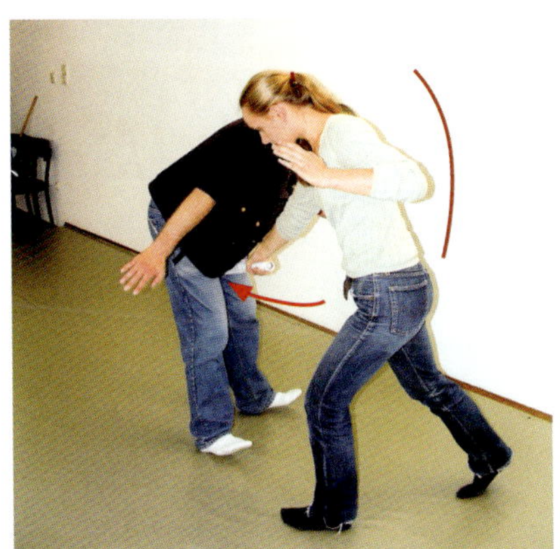

Bild 79e: ..., um sie dem Angreifer zwischen die Beine zu schlagen.

Kugelschreiber oder Stift

Stichwaffe zum Gesicht oder Hals des Angreifers, zu halten als Verlängerung des Zeigefingers (schwere Augenverletzungen möglich und potenziell tödlich: Kehlkopfbruch!). Hält frau den Stift jedoch wie ein Messer (ragt am kleinen Finger oder am Daumen heraus), sind andere Techniken anzuwenden. Im Folgenden zeigen wir ein Beispiel dazu:

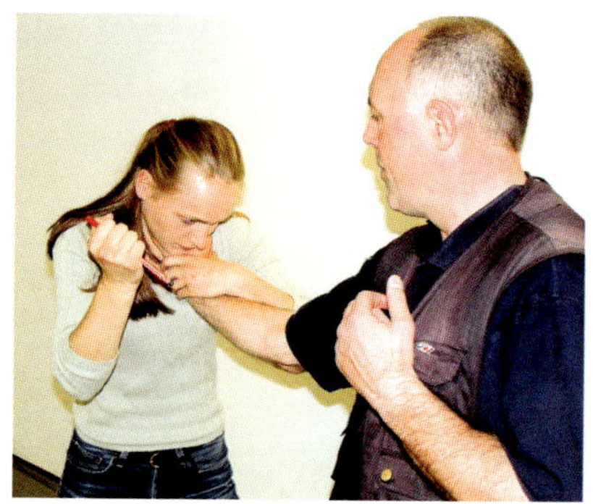

Bild 80a: Angriff mit Zangenhand zum Hals. Verteidigerin fixiert die Hand des Angreifers mit ihrer linken Hand. Der Hals wird gleichzeitig durch das angezogene Kinn geschützt.

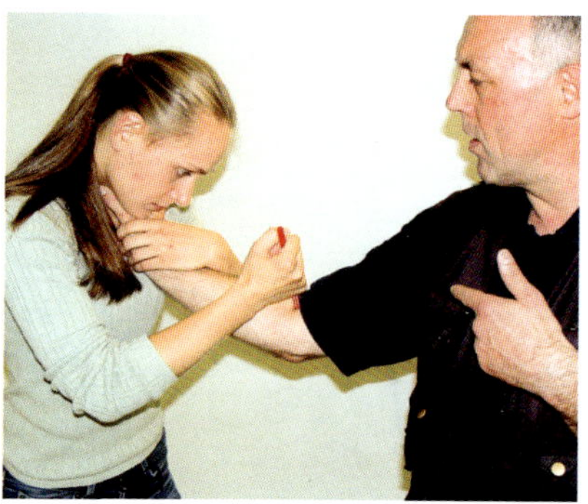

Bild 80b: Der Stift wird in die Ellbogenbeuge gestoßen ...

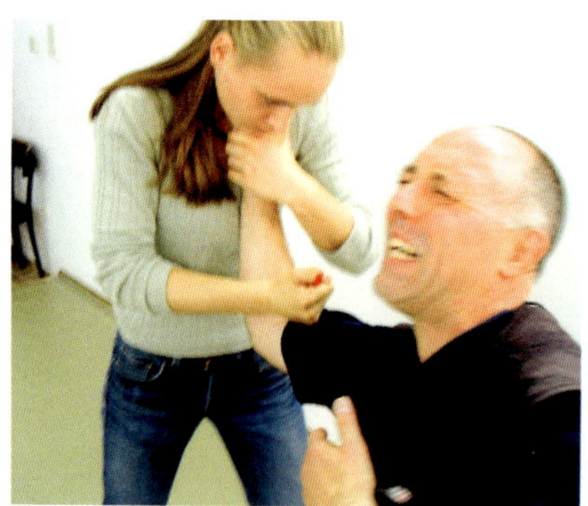

Bild 80c: ... wie man sieht: mit durchschlagendem Effekt.

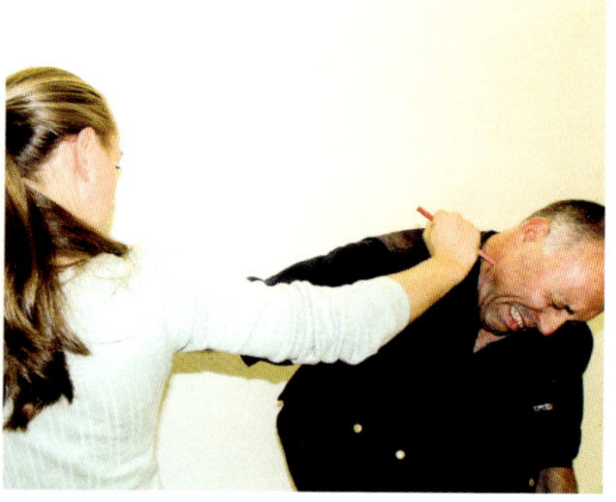

Bild 80d: Die Sequenz wird mit einem Stoß zum Hals beendet.

Schlüssel

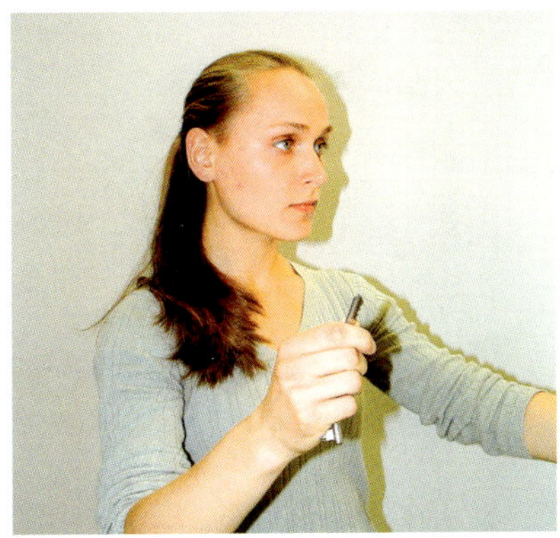

Bild 81: Mögliche Schlüsselhaltung

Einen oder mehrere Schlüssel zwischen den Fingern hervorschauen lassen und im Verteidigungsfall dem Angreifer übers Gesicht ziehen oder ins Gesicht oder Halsbereich stechen (schwere Augenverletzungen möglich und potenziell tödlich: Kehlkopfbruch!). Am besten, der Schlüssel wird schon zur Hand genommen, bevor man am Haustor oder der Wohnungstür steht, dann erspart man sich das Suchen und wird nicht so leicht überrascht.

Hier eine Anwendung:

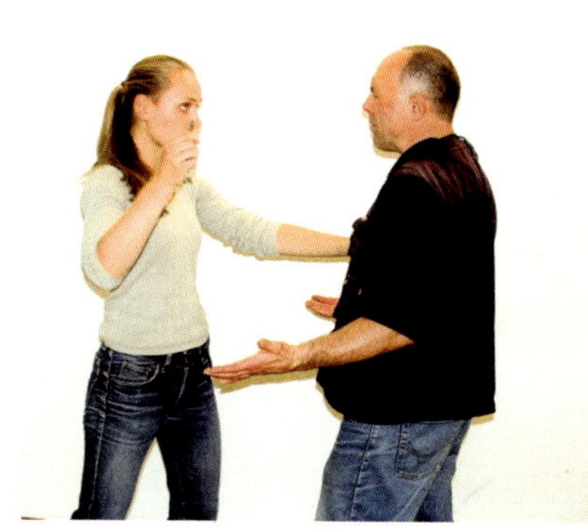

Bild 82a

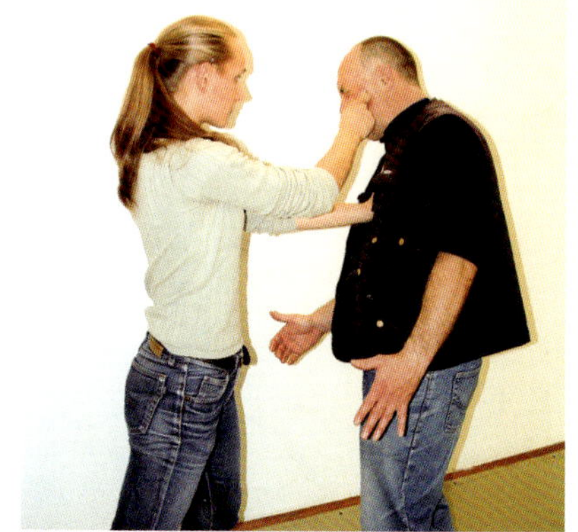

Bild 82b

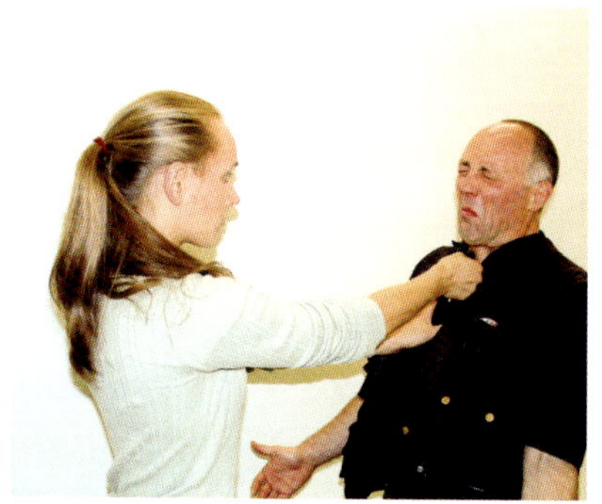

Bild 82c

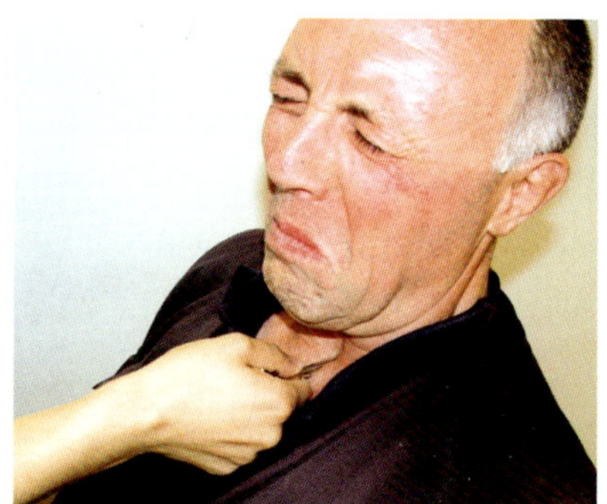

Bild 82d: Detailansicht

Eine längere Sequenz:

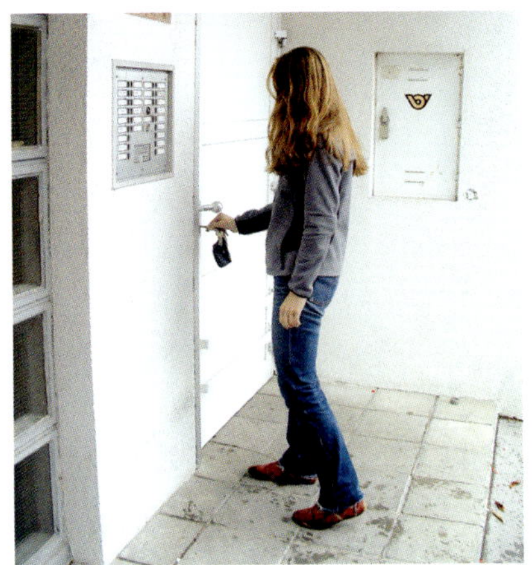

Bild 83a

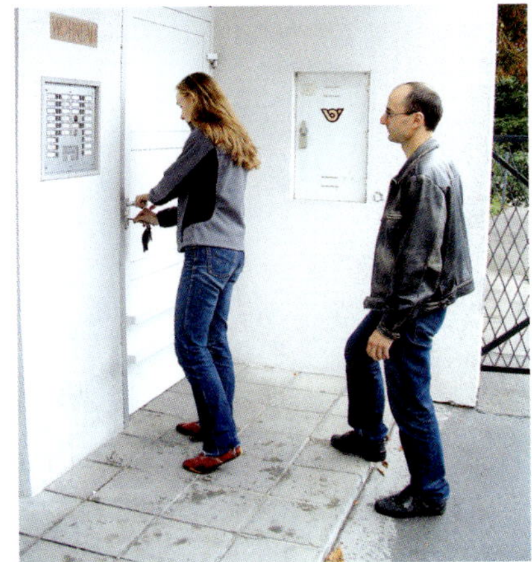

Bild 83b

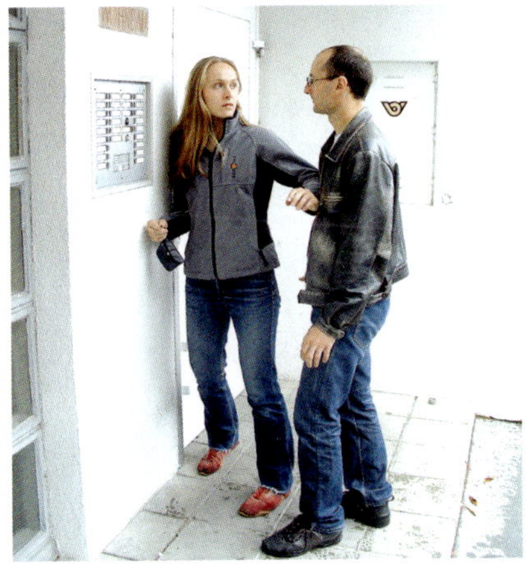

Bild 83c

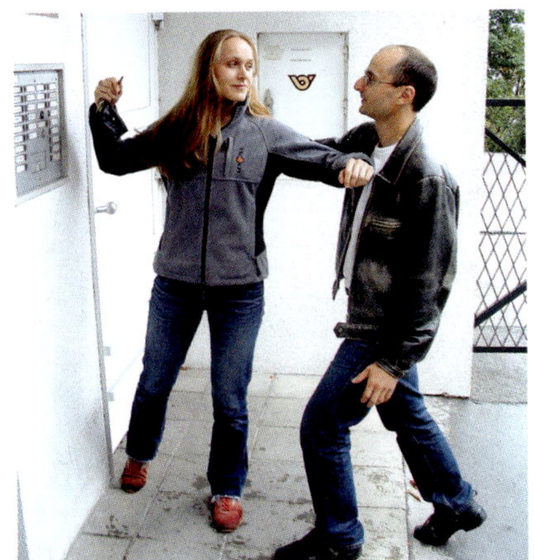

Bild 83d

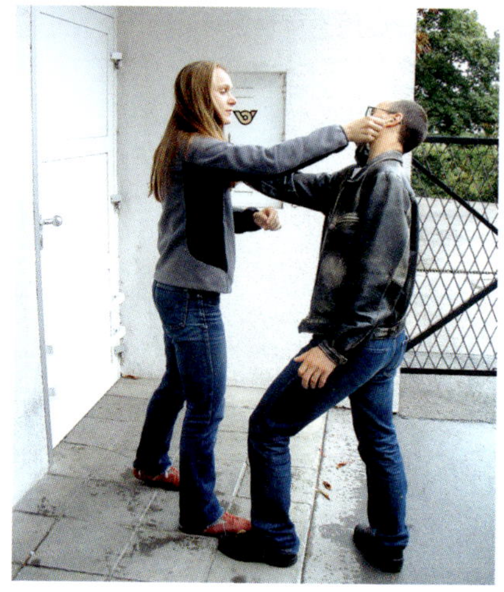

Bild 83e

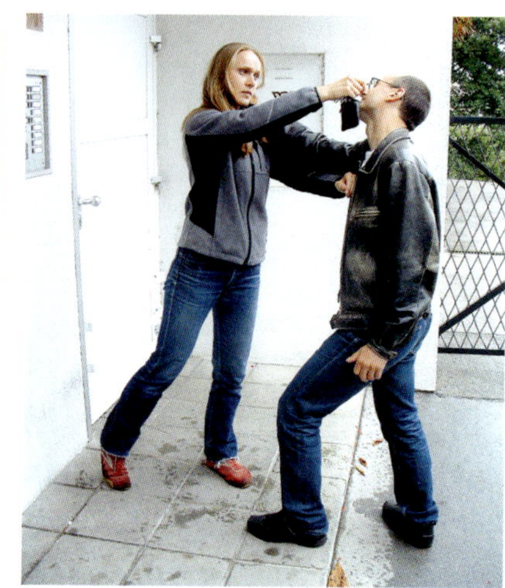

Bild 83f

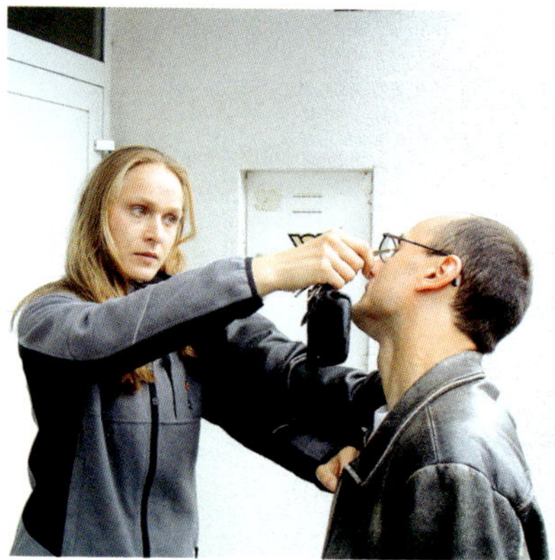

Bild 83g

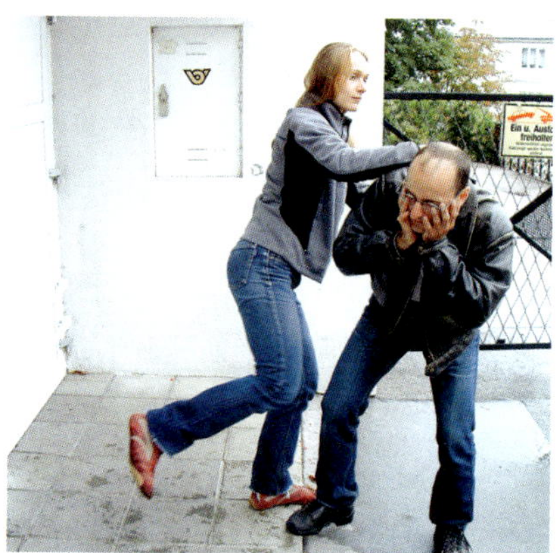

Bild 83h

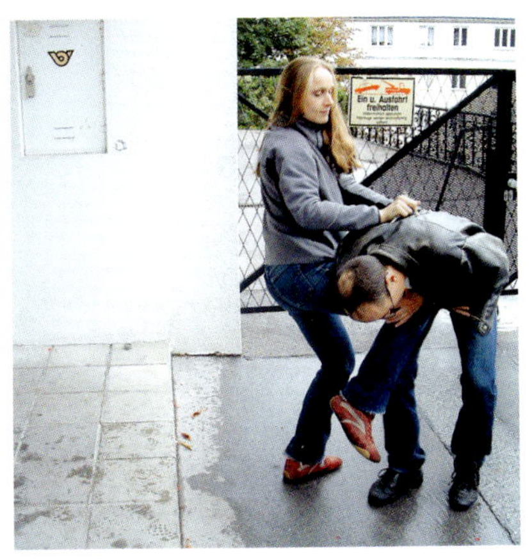

Bild 83i

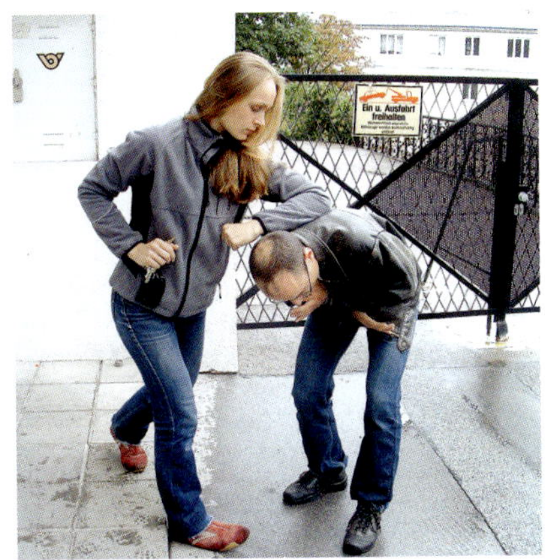

Bild 83j

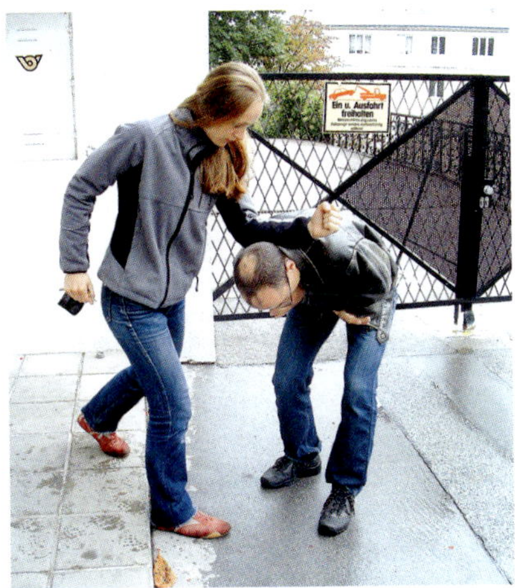

Bild 83k

Noch eine:

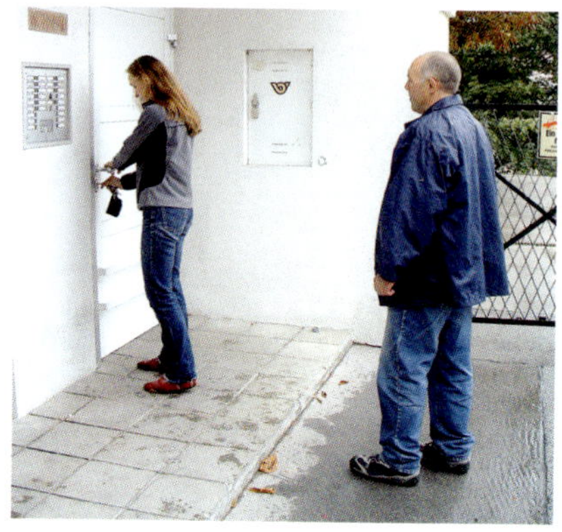

Bild 84a

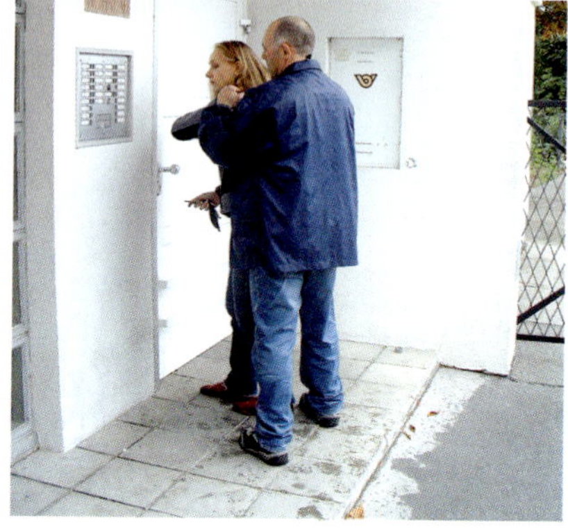

Bild 84b

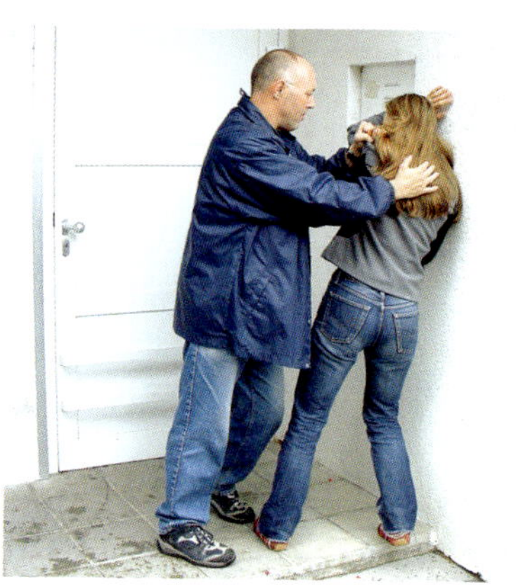

Bild 84c

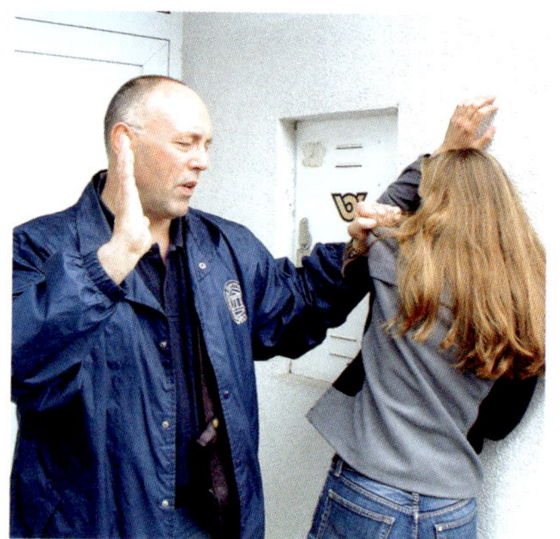

Bild 84d

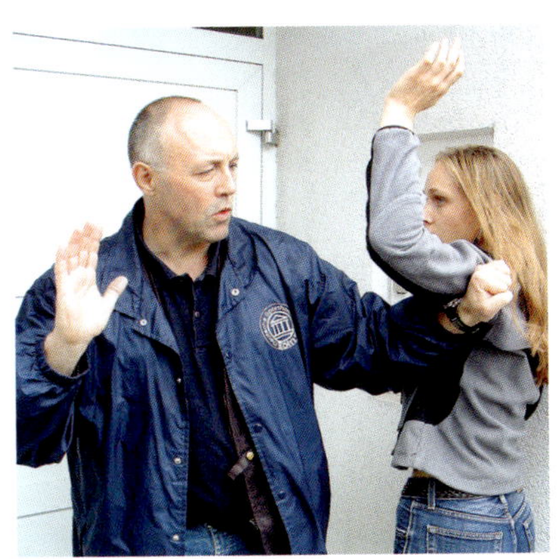

Bild 84e

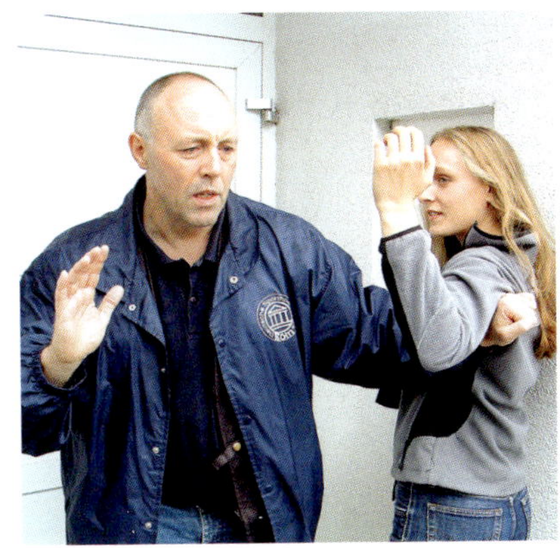

Bild 84f

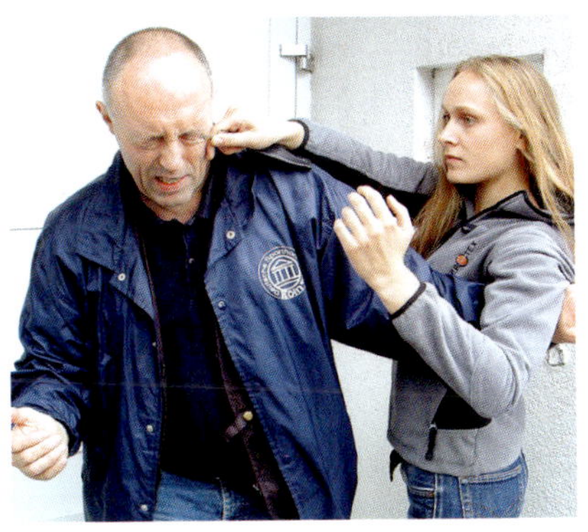

Bild 84g

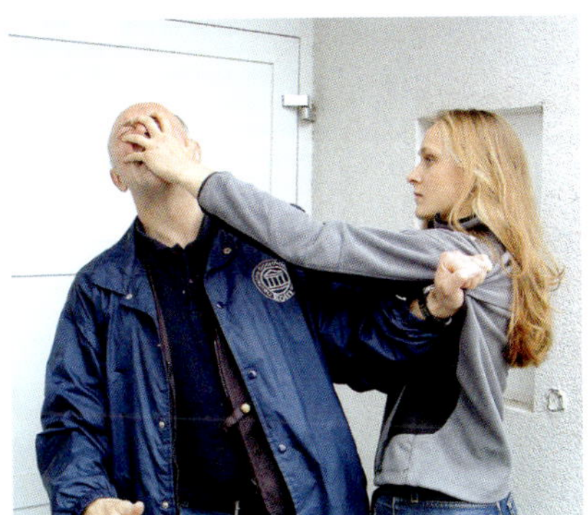

Bild 84h

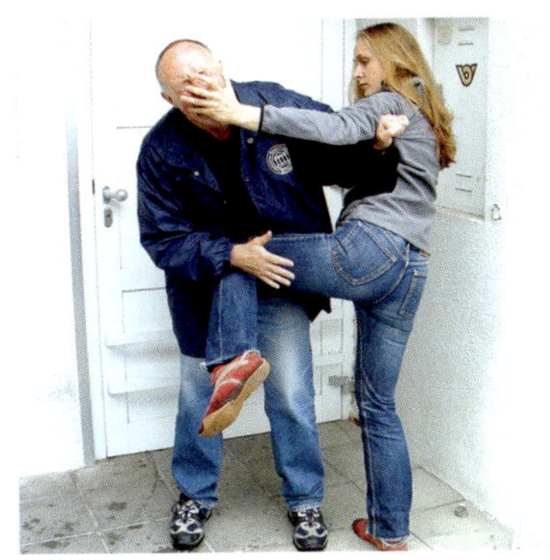

Bild 84i

Deospray

In die Augen des Angreifers sprühen.

Kreditkarte

Wie ein Messer dem Angreifer über das Gesicht oder (am Bankautomaten) über die Finger ziehen.

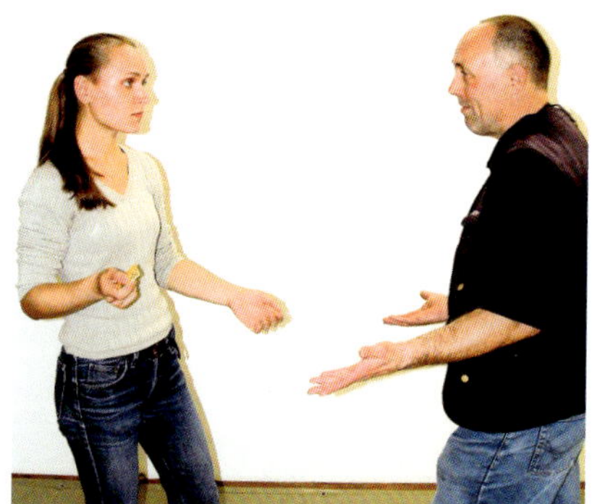

Bild 85a

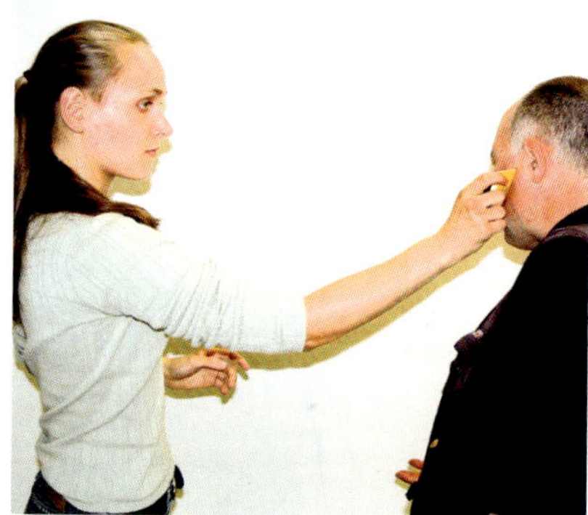

Bild 85b

Handy

Leider (aus Sicht des Verteidigungszwecks) werden sie immer kleiner und leichter ... trotzdem haben sie einen doppelten Nutzen: zum einen als Schlagwaffe:

Zum anderen kann frau damit quasi „offensiv" telefonieren (oder auch nur so tun). Wenn frau sich unwohl fühlt (dunkel, einsame Gasse etc.), nimmt sie das Handy zur Hand und telefoniert („Pfeifen im Wald"). Sie spricht laut und derart, dass es offensichtlich ist, dass sie die Umgebung wahrnimmt: „Hallo, Papa, ich bin jetzt gleich zu Hause. Vielleicht kannst du mir entgegenkommen, da ist so ein komischer Typ hinter mir. Ich bin jetzt gerade in der Blumenstraße bei Hausnummer 20."

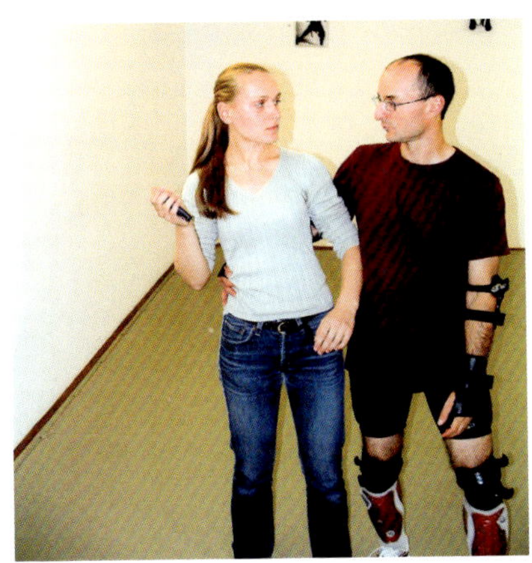

Bild 86a

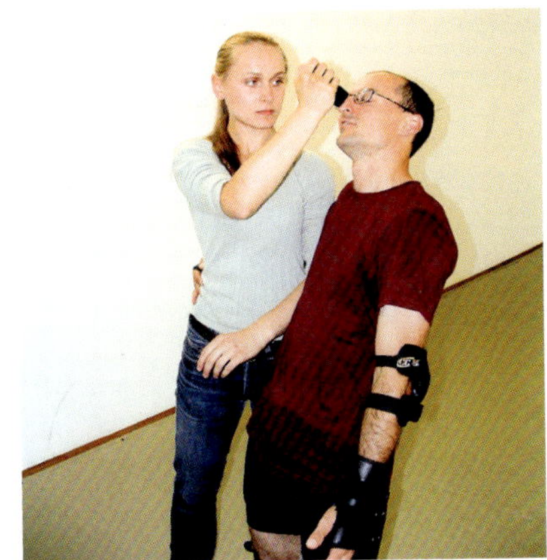

Bild 86b

Pfefferspray

Erst ab einem bestimmten Alter erhältlich (bei der Polizei erkundigen). Wirkt abschreckend, kann aber auch gegen die Verteidigerin eingesetzt werden.

WICHTIG: In den beiden Beispielbildern oben wird das Pefferspray sehr ungünstig gehalten. Die Spraydose wird dabei nämlich gehalten wie ein Deo. Durch diese Griffhaltung (der Druck wird durch den Zeigefinger ausgeübt) liegt das Spray jedoch zu locker in der Hand und kann der Verteidigerin leicht abgenommen oder aus der Hand geschlagen werden. Besser in jeder Hinsicht ist der „Feuerzeug-Griff" (der Druck wird durch den Daumen ausgeübt, siehe Bild 88c/d), er bietet zwei Vorteile: erstens kann durch die geschlossene Faust das Spray nicht mehr so leicht aus der Hand geschlagen werden, zweitens kann er – sollte er leer sein oder eine Fehlfunktion vorliegen – immer noch als Schlagwaffe eingesetzt werden.

Was zum Pfefferspray sonst noch zu sagen ist: Pfeffersprays haben ein Ablaufdatum, das zu beachten ist. Außerdem gehören sie regelmäßig geschüttelt. Auch sollte man sich beim Kauf über die Art des Sprays informieren: Sprühnebel? Strahl? Schaum? Dies hat Auswirkung in Hinblick auf Reichweite, Windanfälligkeit und Einsatz in geschlossenen Räumen. Ideal wäre es, zwei Sprays derselben Bauart zu erwerben. Somit hat man die Möglichkeit, sich mit der Funktionsweise vertraut zu machen (wie lange sprüht er?) und kann dann auf einen voll funktionsfähigen und bereits vertrauten Spray zurückgreifen

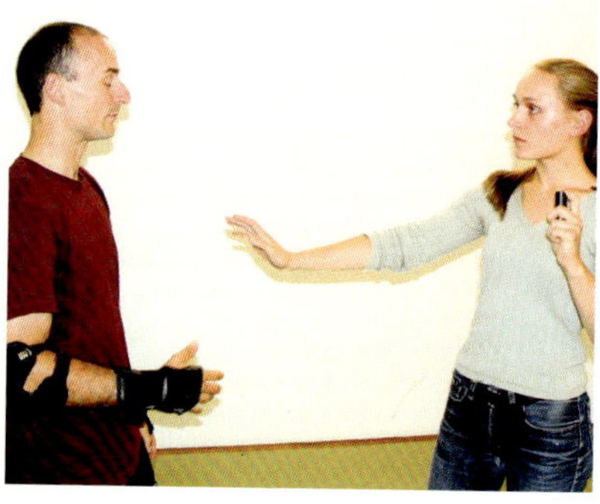

Bild 87a: Das Pfefferspray wird außerhalb der Reichweite des Angreifers gehalten, um zu vermeiden, dass es frau abgenommen wird. Die freie Hand bildet eine Barriere zum Angreifer hin, die dieser erst überwinden muss, bevor er an das Spray kommt.

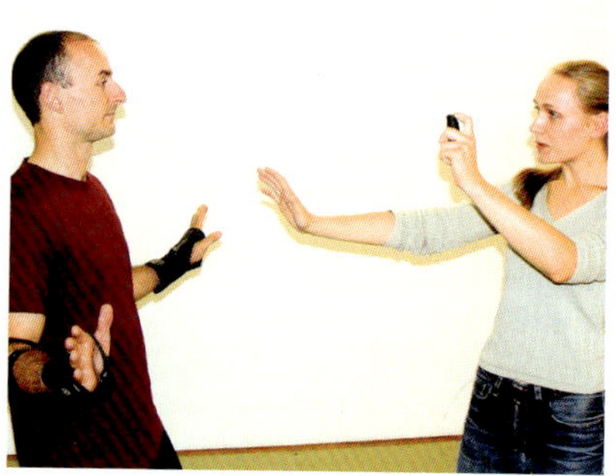

Bild 87b: In die Augen sprühen

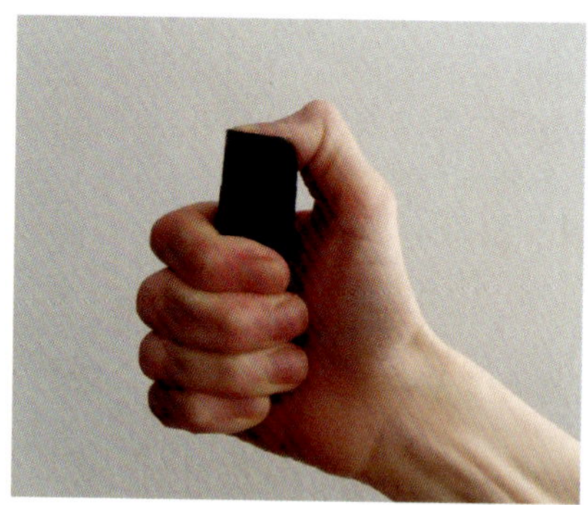

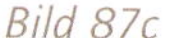

Bild 87c

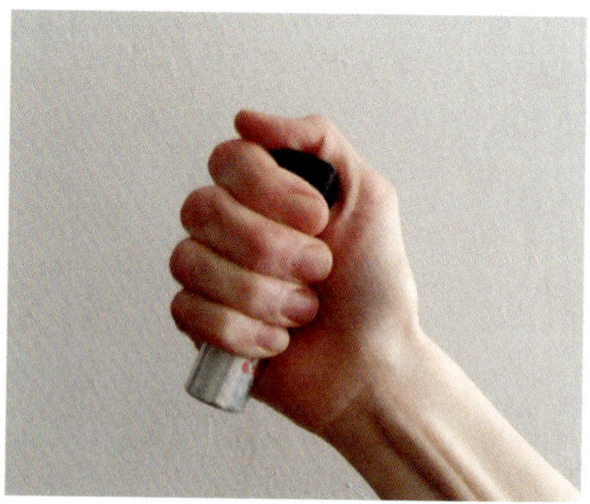

Bild 87d

Flasche

Meistens auf Partys mehrfach vorhanden. Sie können als Waffe umfunktioniert werden, wenn es notwendig wird. Stoß oder Schlag möglich.

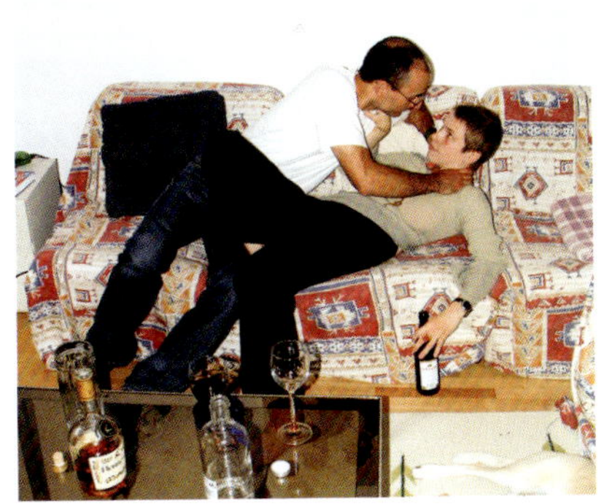

Bild 88a: Potenziell tödlicher Würgeangriff

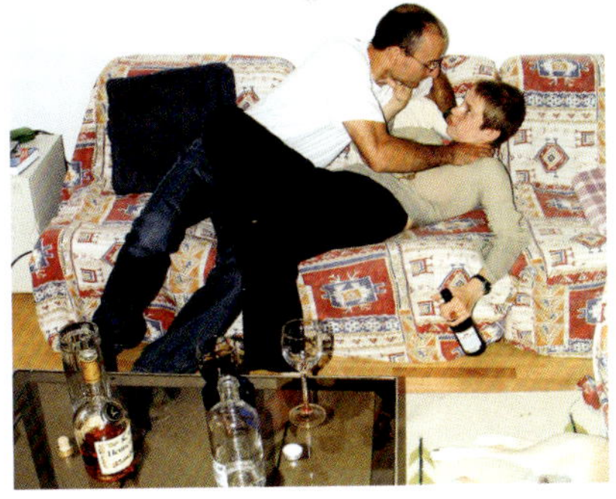

Bild 88b: Griff nach der Flasche

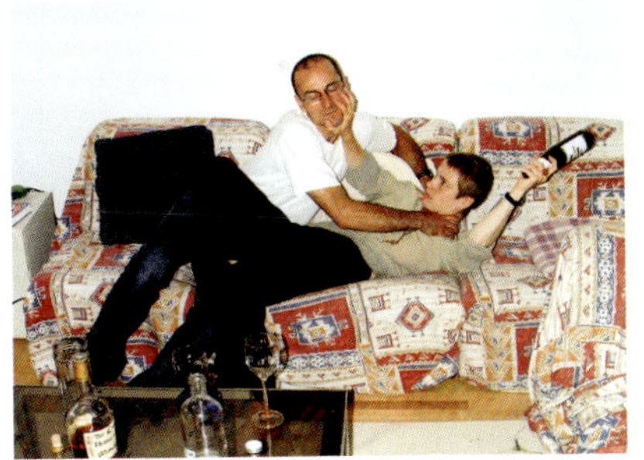

Bild 88c: Schafft mit der freien Hand Distanz. Ausholbewegung ...

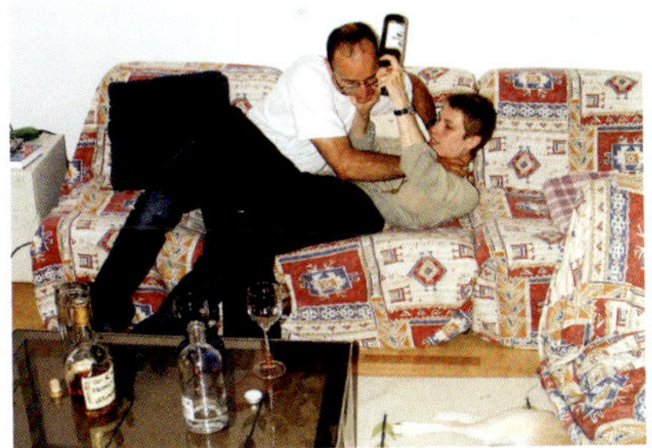

Bild 88d: ... und Treffer

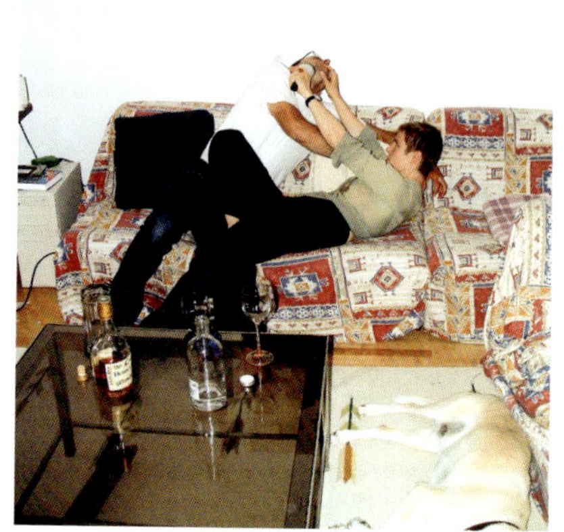

Bild 88e: Und/oder Stoß

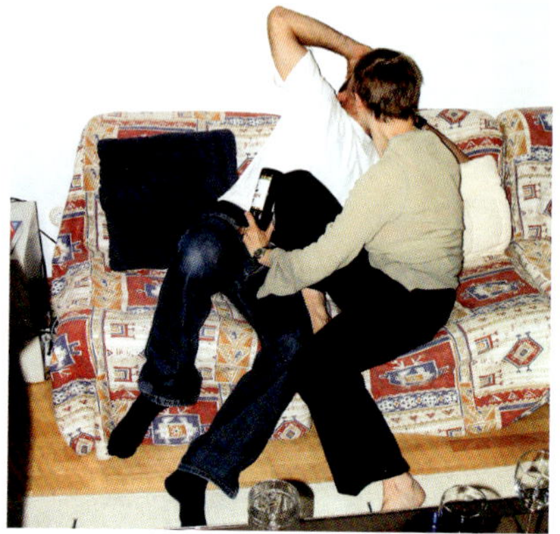

Bild 88f: Die Verteidigerin richtet sich auf und schlägt nochmals mit dem Flaschenhals in die Genitalien.

Aschenbecher

Auch der Aschenbecher kann als Schlaggegenstand genutzt werden.

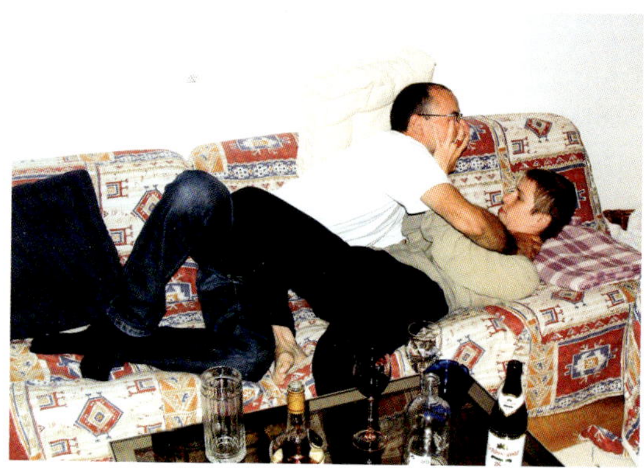

Bild 89a: Würgeangriff

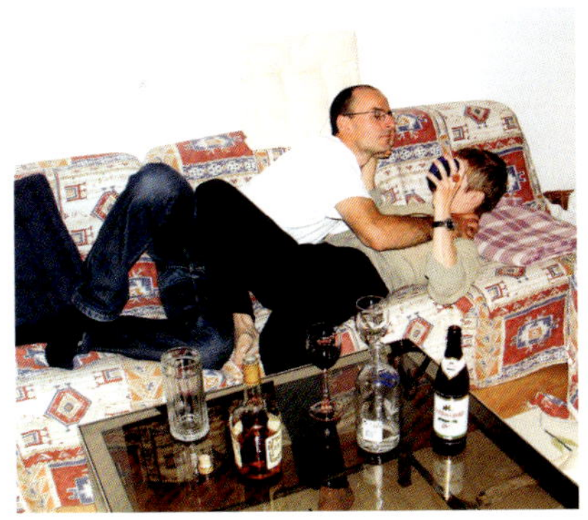

Bild 89b

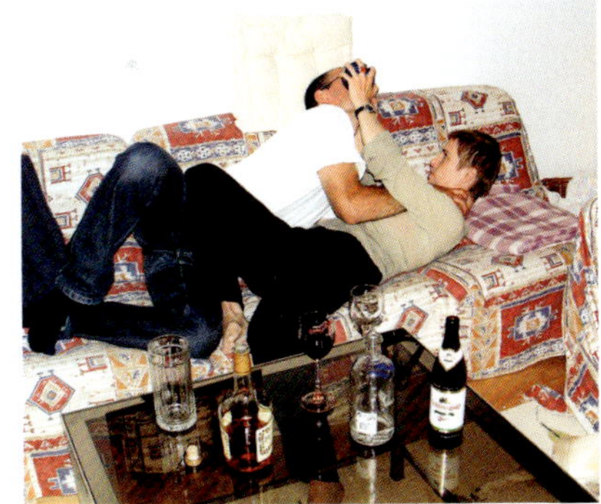

Bild 89c

Alarmsirene

Per Gasdruck oder Batterie, wirkt abschreckend, da der Angreifer Aufmerksamkeit vermeiden will.

Stinkampulle (auch Stinkbombe)

Wird am Kragen befestigt und zerbricht bei einem leichten Schlag darauf. Verströmt einen ekelhaften Geruch und macht das Opfer für den Angreifer (bei sexuell motivierten Angriffen) sehr unattraktiv. In Waffen- oder Scherzartikelgeschäften zu beziehen.

Messer

NEIN! Werden wir von jemandem mit einem Messer bedroht, der unser Geld, unser Handy, unsere Jacke haben will, so geben wir ihm alles, was er will! Unsere Gesundheit sollte uns einiges wert sein. Selbst gute Kampfsportler/-künstler erleben im Training regelmäßig, wie chancenlos sie gegen ein Messer sind.

Schreckschusswaffe

NEIN! Die Gefahr ist viel zu groß, dass der andere die Waffe für echt hält und sich vielleicht seinerseits mit einer Schusswaffe verteidigt – allerdings mit einer echten.

Erfahrungsbericht 22:

Ein 14-jähriger Junge will sich bei seinem Weg durch den Park endlich „sicher" fühlen und steckt sich eine „Softgun" (verschießt Farbkugeln) ein. Prompt wird er von einer Gruppe von Jugendlichen angestänkert. Er greift nach der Softgun und zielt auf den Anführer. Dieser greift ebenfalls in seine Jackentasche, zieht eine Pistole heraus und drückt ab – zum Glück war es ebenfalls nur eine Softgun.

2.11 VERHALTEN NACH DER TAT

In unserem letzten Kapitel kommen wir zur letzten Phase einer Selbstverteidigungssituation. Diese sollte frau nicht als beendet ansehen, wenn der Angreifer (hoffentlich) kampfunfähig am Boden liegt. Vielmehr gilt es nun für die Verteidigerin, besonnen zu handeln.

1. **Im Kopf klarwerden**
   Selbstverteidigungssituationen sind Ausnahmesituationen. Das Adrenalin pumpt durch unseren Körper, wir atmen hastig, vielleicht zittern wir. Eventuell stehen wir sogar unter Schock. Auf jeden Fall sollten wir zuerst versuchen, „wieder herunterzukommen". Wir atmen tief durch, versuchen, unsere Gedanken wieder in halbwegs geordnete Bahnen zu lenken.

Wichtig: Jetzt nicht in sich zusammensacken bzw. unaufmerksam werden. Der Angreifer könnte sich erholen oder es könnte gar Verstärkung anrücken.

2. **Polizei anrufen**
   Dieser Punkt erklärt sich von selbst. Sinnvoll kann auch sein, gleichzeitig nach medizinischer Hilfe zu rufen (für sich und/oder den Angreifer).

3. **Nichts verändern**
   Auf keinen Fall sollte am Tatort etwas verändert werden. Für die Beweisaufnahme durch die Polizei ist es extrem wichtig, dass alles so bleibt, wie es ist.

4. **Zeugen ansprechen**
   Falls Zeugen die Tat gesehen haben, sollte frau sich möglichst frühzeitig an sie wenden. Bitte Namen, Anschrift und Telefonnummern aufschreiben. Es kann passieren, dass Zeugen sich vom Tatort entfernen, weil sie nicht aussagen wollen oder glauben, keine Zeit für Verhöre etc. zu haben. Die Bereitschaft zu helfen (mit Zeugenaussagen) ist kurz nach der Tat noch am größten.

5. **Anzeige erstatten**
   Die Verteidigerin sollte in jedem Fall Anzeige gegen den Angreifer erstatten. So kann er zur Rechenschaft gezogen werden und im besten Fall aus seinem Verhalten lernen. Auch aus Gründen des Selbstschutzes ist die Anzeige wichtig. Zum einen dient sie einem psychologischen Effekt bei der Angegriffenen. Vereinfacht gesagt, wird ihr Gerechtigkeitsempfinden bestärkt, wenn der Angreifer bestraft wird. Somit werden der Schock und eventuelle Langzeitfolgen des Angriffs besser verarbeitet. Zum anderen ist es aber auch schon vorgekommen, dass der Angreifer seinerseits im Nachhinein Anzeige erstattet hat gegen die Angegriffene, weil diese ihn verletzt hätte. Gegen ein solches, besonders niederträchtiges und feiges Verhalten hilft die frühzeitige Anzeige der Angegriffenen.

6. **Gegebenenfalls professionelle Hilfe in Anspruch nehmen**
   Sollte ein angegriffenes Mädchen oder eine Frau psychische Schäden davontragen, kann sie sich an entsprechende Stellen wenden. Eine Auflistung wichtiger Stellen in Deutschland und Österreich findet sich im Anhang.

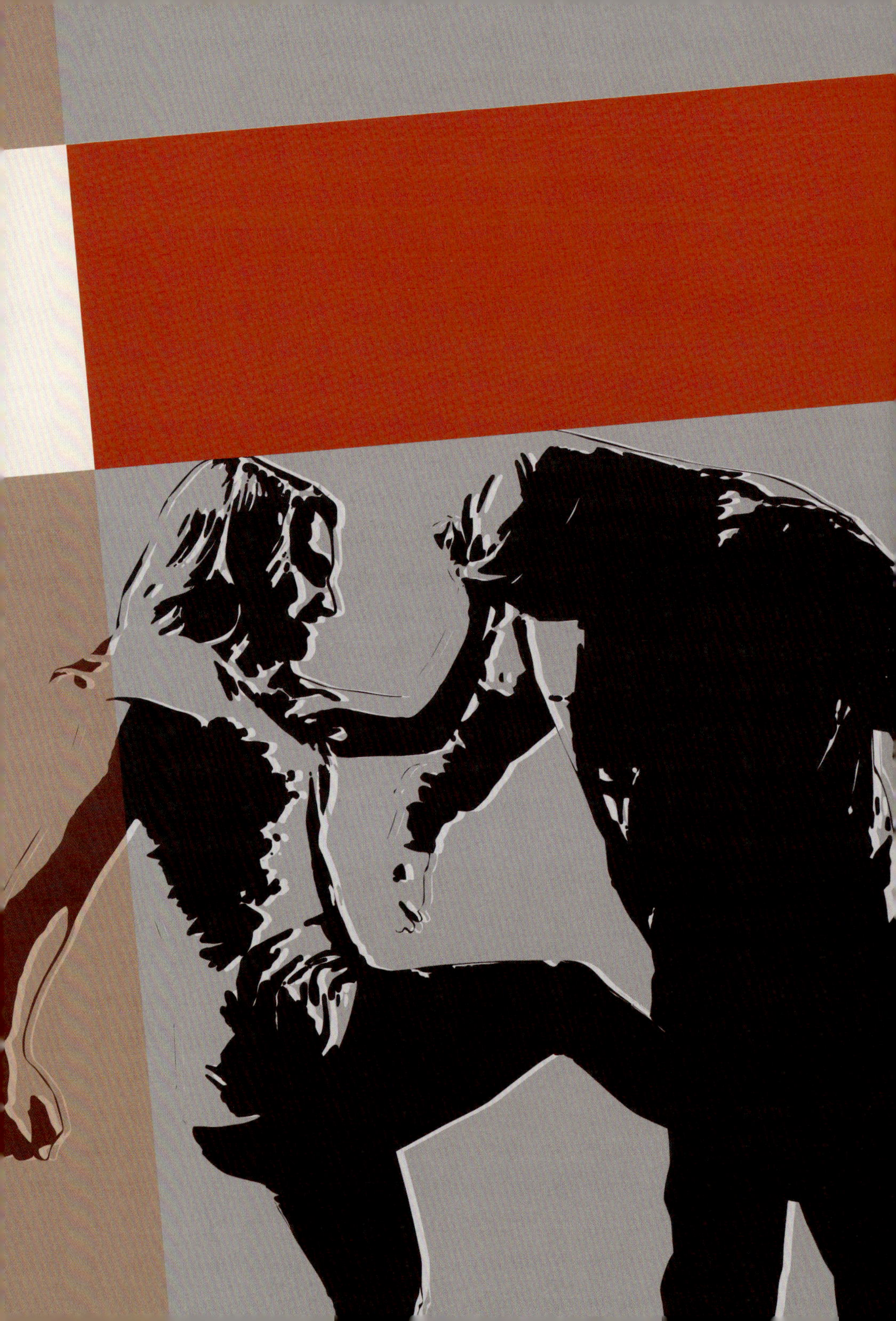

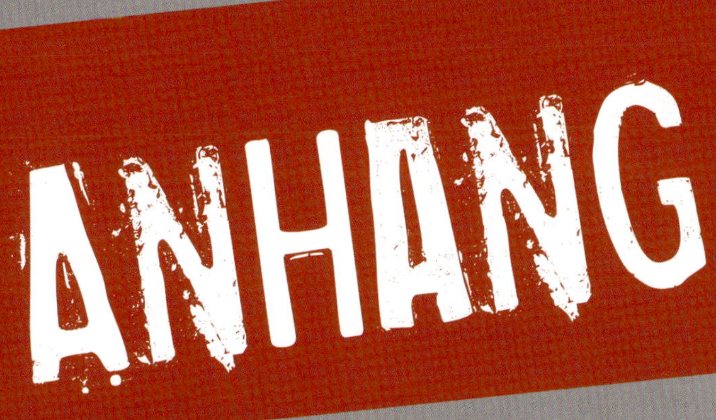
ANHANG

ANHANG 1 - CHECKLISTE ZUR BEURTEILUNG VON FRAUEN-SELBSTVERTEIDIGUNGSKURSEN

Im Folgenden nur ein paar Punkte, die bei der Orientierung über die Realitätstauglichkeit und Qualität eines Frauen- und Mädchenselbstverteidigungskurses helfen können. Die Auswahl ist sicher nicht vollständig, außerdem subjektiv, aber herauskristallisiert durch eine jahrelange Erfahrung in diesem Bereich, und kann deshalb als grobe Leitschnur dienen.

Schlagpolstereinsatz: Ja/Nein

Werden im Training keine Schlagpolster eingesetzt, ist das vergleichbar mit Trockenschwimmen. Es wird zwar über Techniken gesprochen, die Kursteilnehmerinnen verfügen aber nach dem Kurs über keinerlei Erfahrung mit dem Einsatz ihrer Körperkraft bei Schlägen und Tritten. Außerdem ist es wichtig für die Verteidigerin, auf reale Ziele schlagen zu können (im Idealfall: tatsächliche Angreifer). Darüber hinaus schulen die Schlagpolster das Distanzgefühl sowie den richtigen Auftreffwinkel und das Gefühl für die Konsistenz des Ziels.

Männer als Angreifer: Ja/Nein

Männer sind stärker und stabiler als Frauen. Außerdem sind sie die potenziellen Angreifer. Unserer Auffassung nach bildet ein Kurs, der Männer ausschließt, nicht für die Realität aus. Männer, die sich als Partner zur Verfügung stellen, sind Männer, die ehrlich daran interessiert sind, dass Mädchen und Frauen sich wehren können. Diesen Männern ist großer Respekt entgegenzubringen, da sie sich Verletzungsgefahren aussetzen, um den Lernerfolg für die Frauen zu gewährleisten.

Nicht gebunden an einen bestimmten Kampfkunststil: Ja/ Nein

Trainerinnen/Trainern, die einen bestimmten Kampfstil für das Nonplusultra in Bezug auf Selbstverteidigung halten, sollte mit äußerster Vorsicht begegnet werden. Techniken aus verschiedenen Kampfstilen, die für Wettkämpfe, Showvorführungen etc. taugen, müssen, um in Selbstverteidigungssituationen brauchbar zu sein, adaptiert werden. Wie oben erwähnt, steht die Zielorientierung im Vordergrund, nicht Technikverliebtheit. Selbstdarstellungskünstler/-künstlerinnen sind keine guten Selbstverteidigungslehrer/-lehrerinnen!

Rollenspiele: Ja/Nein

Trainingsinhalte müssen in einem Selbstverteidigungstraining in Situationskontexte verpackt werden. D. h., so weit als möglich sollten Faktoren eingebaut werden, wie verbale Rüpeleien, Kampfschreie, ungünstige Lichtverhältnisse, unebene Bodenbeschaffenheit oder gegebene Einschränkungen (nur eine Hand benutzbar, beschränkter Raum etc.).

Psychologisches Training: Ja/Nein

Die Kursteilnehmerinnen sollten im Training dazu geführt werden, über ihre persönlichen Distanzschwellen nachzudenken und darüber Klarheit zu gewinnen, wo ihre Grenzen liegen. Als „Hausaufgabe" sollten die Teilnehmerinnen sich die Frage beantworten, bei welcher Grenzüberschreitung sie auf jeden Fall aktiv werden müssen. In einer gefährlichen Situation kann diese Entscheidungsfindung auf Grund von Zeitmangel nicht erfolgen und führt dann zur Unentschlossenheit und Lähmung.

Feldtest: Ja/Nein

Gegen Ende des Kurses sollte ein Paxistest stehen, der all das zusammenführt, was vorher besprochen, trainiert und gelernt wurde. Im Idealfall wird dieser Praxistest mit Fremden in einem unbekannten Umfeld stattfinden. In diesem Fall muss gewährleistet sein, dass psychologische Auffangmöglichkeiten vorhanden sind.

Resümee: Werden einer oder mehrere der o. g. Punkte mit Nein beantwortet:

Finger weg von diesem Kurs und weitersuchen!

Kriterien

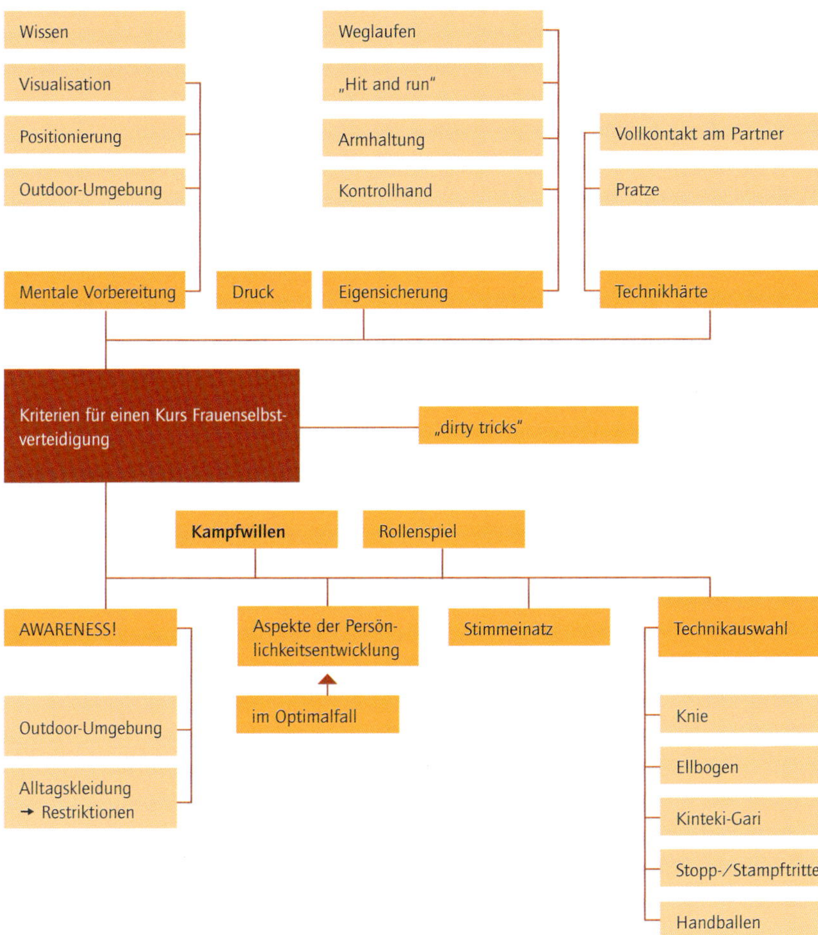
Wissen
Visualisation
Positionierung
Outdoor-Umgebung
Mentale Vorbereitung
Druck
Weglaufen
„Hit and run"
Armhaltung
Kontrollhand
Eigensicherung
Vollkontakt am Partner
Pratze
Technikhärte
Kriterien für einen Kurs Frauenselbstverteidigung
„dirty tricks"
Kampfwillen
Rollenspiel
AWARENESS!
Aspekte der Persönlichkeitsentwicklung
Stimmeinatz
Technikauswahl
im Optimalfall
Outdoor-Umgebung
Alltagskleidung
→ Restriktionen
Knie
Ellbogen
Kinteki-Gari
Stopp-/Stampftritte
Handballen

ANHANG 2 - WICHTIGE ANLAUF-STELLEN

Die Auflistung der nachfolgenden Anlaufstellen für Frauen und Mädchen, die Opfer von Gewalt wurden oder fürchten zu werden, ist nicht vollständig und willkürlich. Dennoch soll sie eine erste Orientierung bieten, an wen Frauen sich wenden können.

Deutschland

Bundesverband Frauenberatungsstellen und Frauennotrufe Frauen gegen Gewalt e. V.
Geschäftsstelle
Tempelhofer Ufer 14
10963 Berlin

Tel.: (030) 32 29 95 00
Fax: (030) 33 29 05 01
info@bv-fgg.de
www.frauennotrufe.de

Auf der Homepage des BaF
(http://www.frauennotrufe.de) finden sich zahlreiche Frauennotrufe in Deutschland. Exemplarisch seien hier die Notrufe der größten Städte aufgezählt:

Hamburg

Fachberatungsstelle Notruf für vergewaltigte Frauen und Mädchen e. V.
Beethovenstraße 60
22083 Hamburg

Tel.: (040) 25 55 66
Fax: (040) 25 83 17
E-Mail: Notruf-Hamburg@t-online.de
Rufzeit: Mo, Do 9.30-13.00 und 15.00-19.00 Uhr, Di 9.30 - 13.00 und 15.00-16.00 Uhr, Mi 15.00-16.00 Uhr, Fr 9.30 -13.00 Uhr
Bürozeit: Mo, Do 9.30-13.00 und 15.00-19.00 Uhr, Di 9.30-13.00 und 15.00-16.00 Uhr, Mi 15.00-16.00 Uhr, Fr 9.30-13.00 Uhr

Berlin

LARA – Krisen- und Beratungszentrum für vergewaltigte und sexuell belästigte Frauen
Tempelhofer Ufer 14
10963 Berlin

Tel.: (030) 216 30 21 (Büro)
Tel. II: (030) 216 88 88 (Hotline)
Fax: (030) 216 80 61
Lara.KuB@t-online.de
www.lara-berlin.de

Beratungszeit: Mo-Fr 9-18 Uhr

München

Frauennotruf München Beratungs- und Fachzentrum bei sexualisierter Gewalt
Fürstenrieder Straße 84
80686 München

Tel.: (089) 76 37 37 (Beratung)
Tel. II: (089) 76 70 30 48 (Öffentlichkeitsarbeit)
Fax: (089) 721 17 15
info@frauennotrufmuenchen.de
www.frauennotrufmuenchen.de

Beratung bei sexualisierter Gewalt:
werktags 10-18 h
Krisentelefon bei Gewalt:
täglich von 18-24 h
auch an Wochenenden und Feiertagen

Köln

Notruf und Beratung für vergewaltigte Frauen
Frauen gegen Gewalt e. V.
Niederichstr. 6
50668 Köln

Tel.: (0221) 56 20 35
Fax: (0221) 56 20 35
mailbox@notruf-koeln.de
www.notruf-koeln.de

Frankfurt a. M.

Beratungsstelle Frauennotruf Frankfurt/M.
Notruf und Beratung für vergewaltigte Frauen und Mädchen e. V.
Kasseler Str. 1A
60486 Frankfurt am Main

Tel.: (069) 70 94 94
Fax: (069) 77 71 09 (mit Vermerk 'Frauennotruf')
info@frauennotruf-frankfurt.de
info@frauennotrufe-hessen.de
www.frauennotruf-frankfurt.de
www.frauennotrufe-hessen.de

Internetnotruf Deutschland e. V.
Weißenburger Straße 6
45886 Gelsenkirchen

Voicebox: (0721) 151 55 44 45
Telefax: (0721) 151 55 44 45
www.internet-notruf.de

Auf der Startseite befinden sich diverse Internet-Notruf-Möglichkeiten u. a. für Frauen, Schüler, Lehrer oder Senioren. Laut Homepage geben Fachberater innerhalb von 48 Stunden nach der Notrufmeldung eine komplett kostenlose Beratung.

Weißer Ring e. V.
Bundesgeschäftsstelle
Weberstraße 16
55130 Mainz

Tel.: (06131) 83 03 0
Fax: (06131) 83 03 45
info@weisser-ring.de
www.weisser-ring.de
Bundesweites Info-Telefon:
(01803) 34 34 34
(0,09 € pro Minute)

Österreich

Nützliche Adressen im Raum Wien (empfohlen von der Magistratsabteilung 57, Frauenförderung und Koordinierung von Frauenangelegenheiten):

24-Stunden-Frauennotruf
frauennotruf@wien.at
Tel.: (+43 1) 7 17 19 (0-24 Uhr)

Wiener Kinder- und Jugendanwaltschaft,
Alserbachstraße 18, 1090 Wien
Tel.: (+43 1) 707 70 00
www.wien.gv.at/kja

Beratungsstelle für sexuell missbrauchte Mädchen und junge Frauen, Verein
Ziegelofengasse 33/2
Tel.: (+43 1) 587 10 89
maedchenberatung@aon.at

Die Möwe - Kinderschutzzentrum
Börsegasse 9/1, 1010 Wien
Tel.: (0 800) 80 80 88
ksz-wien@die-moewe.at

Tamar – Beratungsstelle für misshandelte und sexuell missbrauchte Frauen und Mädchen, Frauen- und Familienberatung
Wexstraße 22/3/1, 1200 Wien
Tel.: (+43 1) 334 04 37

Unabhängiges Kinderschutzzentrum
Mohsgasse 1/3/3.1, 1070 Wien
Tel.: (+43 1) 526 18 20
office@kinderschutzzentrum.wien

Frauenhelpline gegen Männergewalt
Österreichweit, kostenlos rund um die Uhr, anonym und vertraulich: (0 800) 22 25 55

Selbstlaut - Verein gegen sexuelle Gewalt an Mädchen und Buben
Thaliastraße 2/2a, 1160 Wien
Tel.: (+43 1) 810 90 31
office@selbstlaut.org

NotrufBeratung für vergewaltigte Frauen & Mädchen
Rötzergasse 13/8, 1170 Wien
Tel.: (+43 1) 523 22 22
notruf@frauenberatung.at

Die im Folgenden angeführten **Interventionsstellen** sind Opferschutzeinrichtungen. Sie bieten allen Frauen (und deren Kindern) – die Gewalt in der Familie erleiden –kostenlos psychosoziale Betreuung und rechtliche Beratung an. Hier finden Sie die Adressen und Telefonnummern der Interventionsstellen (IST) in Österreich.

Wiener Interventionsstelle gegen Gewalt in der Familie:
Neubaugasse 1/3
(Ecke Mariahilfer Straße)
1070 Wien

Tel. (+43 1) 585 32 88
Fax: (+43 1) 585 32 88 20
office.st.poelten@gewaltschutzzentrum-noe.at

Interventionsstelle Niederösterreich:
Grenzgasse 11, 4. Stock
3100 Sankt Pölten

Tel.: (+43 2742) 319 66 0
Fax: (+43 2742) 319 66 6
office.st.poelten@istnoe.at

Interventionsstelle Burgenland
Steinamangererstraße 4/1
7400 Oberwart

Tel.: (+43 3352) 314 20 0
Fax: (+43 3352) 314 20 4
burgenland@gewaltschutz.at

Interventionsstelle Oberösterreich
Stockhofstraße 40, 4020 Linz

Tel.: (+43 732) 60 77 60
Fax: DW 10
ooe@gewaltschutzzentrum.at

Interventionsstelle Salzburg
Paris-Lodron-Straße 3a/1/5
5020 Salzburg

Tel.: (+43 662) 87 01 00 0
Fax: (+43 662) 87 01 00 44
office.salzburg@gewaltschutzzentrum.at

Interventionsstelle Steiermark
Granatengasse 4/II. Stock
8020 Graz,

Tel.: (+43 316) 77 41 99
Fax: (+43 316) 77 41 99 4
office@gewaltschutzzentrum.at

Interventionsstelle Klagenfurt
Radetzkystraße 9
A-9020 Klagenfurt

Tel.: (+43 463) 59 02 90
Fax: (+43 463) 59 02 90 10
info@gsz-ktn.at

Interventionsstelle Tirol
Maria-Theresienstraße 42a
6020 Innsbruck

Tel.: (+43 512) 57 13 13
office@gewaltschutzzentrum-tirol.at

Interventionsstelle Vorarlberg
Johannitergasse 6
6800 Feldkirch

Tel.: (+43 517) 555 35
gewaltschutzstelle@ifs.at

ANHANG 3 - EMPFOHLENE LITERATUR ZUM „WEITERSCHMÖKERN"

Auch hier gilt: Die Auswahl ist nicht umfassend und vollständig, natürlich nicht! Sie enthält aber Bücher, die zur Vertiefung es wert sind, gelesen zu werden. Diese Bücher haben wir zwei Gruppen zugeordnet. Die Erste befasst sich schwerpunktmäßig mit der Entwicklung, dem Umfeld, in dem Gewalt entsteht, Aggression, Aggressionsbewältigung und Erfolgsgeschichten. Die zweite Büchergruppe thematisiert vor allem die Selbstverteidigungspraxis. Allerdings ist anzumerken, dass in manchen Fällen die Zuordnung etwas willkürlich erscheinen mag.

1. Frauenselbstverteidigung im umfassenden Kontext

Bach, Georg R. & Goldberg, Herb
Keine Angst vor Aggression – Die Kunst der Selbstbehauptung.
Frankfurt a. M. 1993.

De Becker, Gavin
Mut zur Angst
Wie Intuition uns vor Gewalt schützt
Frankfurt a. M. 1999.

Bloom, Lynn Z. et al.
Die selbstsichere Frau – Anleitung zur Selbstbehauptung
Reinbeck bei Hamburg 1989.

Eichhorst, Sabine
Mut zur Gegenwehr – Strategie gegen sexuelle Gewalt
Bergisch Gladbach 1996.

Caignon, Denise & Groves, Gail (Hrsg.)
Schlagfertige Frauen – Erfolgreich wider die alltägliche Gewalt.
Berlin 1991.

Dr. Czerwenka-Wenkstatten, Heribert.
Kanon des Nippon-JuJutsu.
Innsbruck-Wien, Tyotia-Verlag 1993.

Graff, Sunny
Mit mir nicht!
Selbstbehauptung und Selbstverteidigung im Alltag
Berlin 1995.

Herle, Ulrike
Selbstverteidigung beginnt im Kopf
Ein psychologischer Ratgeber mit praktischen Übungen
München 1994.

Höller, Jürgen & Maluschka, Axel
Taekwondo Selbstverteidigung
– Grundlagen, Trainingspraxis, Gürteltraining,
Aachen 2003.

Keutz, Reinhard
Handeln statt wegsehen – Wie wir uns und andere vor Gewalt im Alltag schützen
München 1997.

Müller, Thomas
Bestie Mensch. Training – Lüge – Strategie
econin Verlag der Top Akademie GmbH 2004.

Prahm, Gabriela
Wir sind so frei!
Wie Frauen lernen, die Angst vor Belästigung unterwegs abzubauen und kritische Situaionen zu entschärfen.
München 1994.

Tampe, Evelyn
Frauen, wehrt euch endlich!
Die Opferrolle verlassen und sich vor Gewalt schützen.
Freiburg i. Br. 1995.

Leung Ting
Dynamic Wing-Tsun.

Thompson, Geoff
Die Angst – Techniken zur Angstkontrolle.
Burg & Fehmarn 2001.

2. Frauen-Selbstverteidigung in der Praxis

In der zweiten Gruppe, die den Schwerpunkt mehr auf die Praxis legt, finden sich die folgenden Bücher:

Anke, Mario & Seißelberg, Klaus
Wehr Dich!
Das Sicherheitsbuch für Frauen.
Stuttgart 1993.

Davies, Barry
Self Defence.
Glasgow 2001.

Fast, Julius.
Körpersprache.
Reinbeck 2003.

Götz, Barbara & Späth, Gabi
Ich bin stark!
Selbstverteidigung für Mädchen.
Würzburg 2002.

Kernspecht, Keith R. & Kerkelis, Andre
Verteidige Dich.
Selbstverteidigung für Frauen.
Grenzen ziehen – Grenzen bewachen – Grenzen verteidigen.
Burg/Fehmarn 2003.

Kernspecht, Keith R.
Blitzdefense – Angriff ist die beste Verteidigung
Wu-Shu-Verlag Kernspecht. 2002.

Köhler, Karin
Stop heißt Stop!
Frauenselbstverteidigung
Ein Kurs in 12 Doppestunden.
München 1996.

Lichthardt, Christiane
Laut(er) starke Mädchen
Selbstverteidigung und Selbstbehauptung an Schulen
Münster 1995.

Mahl, Eckhardt
Faß mich nicht an!
Richtig reagieren im Ernstfall: Wie Frauen sich gegen Belästigungen und Angriffe wehren können
München 1991.

Thompson, Geoff
The fence – The art of protection.
Chichester 1999.

O'Keefe, Jamie
Dogs don't know Kung fu.
A guide to female self protection.
Dagenham, Essex 1996.

O'Keefe, Jamie
Pre-Emptive Strikes for winning fights.
Dagenham, Essex 1999.

BILDNACHWEIS

Titelbild:	Illustration modifiziert nach © Thinkstock/videodet
Cover- sowie Umaschlaggestaltung, Layout und Satz:	Eva Feldmann
Fotos Innenteil:	Axel Maluschka
Lektorat:	Dr. Irmgard Jaeger

Abonnieren Sie unseren kostenlosen Newsletter unter **www.dersportverlag.de**

EINE WEITERE SELBSTVERTEIDIGUNGSTECHNIK

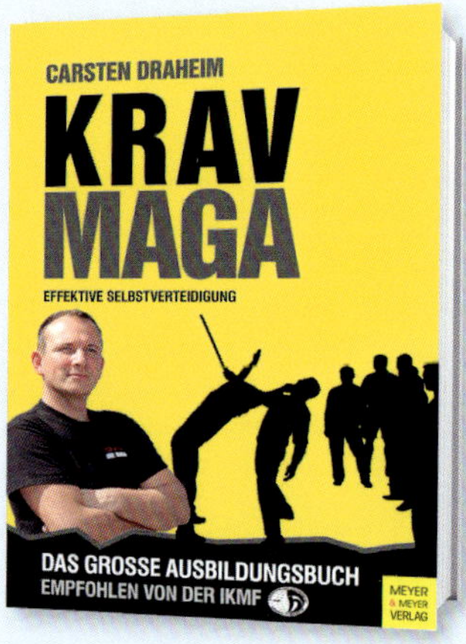

232 Seiten
16,5 x 24 cm, vierfarbig,
215 Fotos
Klappenbroschur

ISBN 978-3-89899-907-6
€ 24,95/ € [A] 25,70
Auch als E-Book erhältlich.

Das große Ausbildungsbuch - empfohlen von der IKMF Ursprünglich für die israelische Armee entwickelt und in Kriegs- und Krisengebieten erprobt, boomt das Selbstverteidigungssystem „Krav Maga" weltweit. Unabhängig von Alter oder Geschlecht bietet Krav Maga defensive Techniken zur Verteidigung. Die intuitive und somit schnelle Abrufbarkeit dieser Techniken und die Effektivität machen den Erfolg und die internationale Verbreitung dieses einzigartigen Selbstverteidigungssystems aus. Carsten Draheim ist DER Ausbilder für das israelische Selbstverteidigungssystem im deutschsprachigen Raum. Möchten Sie wissen, wie der moderne Selbstverteidigungsunterricht beim Militär, der Polizei oder im zivilen Bereich ausgerichtet ist, dann ist dieses Buch genau die richtige Lektüre!

MEYER & MEYER VERLAG

MEYER & MEYER
Fachverlag GmbH
Von-Coels-Str. 390
52080 Aachen

Telefon 02 41 - 9 58 10 - 13
Fax 02 41 - 9 58 10 - 10
E-Mail vertrieb@m-m-sports.com
Website www.dersportverlag.de